Gui Bonsiepe

Do material ao digital

Contribuições
David Oswald | Ralf Hebecker

Blucher

Gui Bonsiepe

Do material ao digital

Blucher

Publisher
Edgard Blücher

Editor
Eduardo Blücher

Produção editorial
Évia Yasumaru

Traduções:
Ângela Rangel, do espanhol e inglês ao português: cap. 1, 3, 6, 7, 8, 9, 11, 12, 13, 15, 18, 19, 20, 21, 22.
Adélia Borges, do espanhol ao português: cap. 2, 4, 5, 10, 14, 16, 17.

Preparação dos textos
Tássia Santana

Revisão dos textos
Ana Maria Fiorini

Projeto gráfico
Silvia Fernández

Diagramação e montagem
Gaspar Mostafá Fernández

Modelagem digital
Lucía Sosa Verna

Assistência em prepress
Anahí Morales

Copyright © Gui Bonsiepe, 2015
Editora Edgard Blücher Ltda.

Rua Pedroso Alvarenga, 1.245, 4° andar
04531-012 – São Paulo – SP – Brasil
Tel.: 55 (11) 3078-5366
editora@blucher.com.br
www.blucher.com.br

Segundo Novo Acordo Ortográfico, conforme 5. ed. do *Vocabulário Ortográfico da Língua Portuguesa*, Academia Brasileira de Letras, março de 2009.

É proibida a reprodução total ou parcial por quaisquer meios, sem autorização escrita da Editora.

Todos os direitos para o português reservados pela **Editora Edgard Blücher Ltda.**

FICHA CATALOGRÁFICA

Bonsiepe, Gui
    Do material ao digital / Gui Bonsiepe; com contribuições de David Oswald, Ralf Hebecker. -- São Paulo: Blucher, 2015.

ISBN: 978-85-212-0871-6

1. Design 2. Desenho industrial 3. Desenho (Projeto) I. Título II. Oswald, David III. Hebecker, Ralf

14-0690   CDD 745.4

Índices para catálogo sistemático:

1. Design

Conteúdo

7 **Prefácio**

Design digital (interfaces)

11 Um sistema de símbolos para um computador de grande porte

21 Design de software

29 Sobre um método para quantificar a ordem no design tipográfico

41 Infodesign e hipermídia

45 Multimídia e design de CD-ROM

53 Design de interface para aplicações móveis ‹multi-touch›. David Oswald

67 Design de ‹games›. Ralf Hebecker

Ensaios

85 Arabescos da racionalidade – Uma revisão crítica da metodologia do design

99 Do ‹design turn› ao ‹project turn›

109 As sete colunas do design

115 Projetando o futuro: perspectivas do design na periferia

121 Tendências e antitendências no design industrial

127 Sobre a aceleração do período de semidesintegração dos programas de estudo de design

135 Meio ambiente e antagonismo Norte-Sul

141 Antinomias centro-periferia do design na América Latina

151 Design e gestão

163 A cadeia da inovação

Entrevistas

169 Design | Ensino | Ruptura – entrevista com Antonino Benincasa

175 Visão periférica – entrevista com James Fathers

185 O designer e a leitura – entrevista com Alex Coles

193 Sobre design e política – entrevista com Justin McGuirk

Design material (produtos)

201 Projetos

Prefácio

Este livro é o terceiro volume da trilogia do design. Ele trata de uma fase de transição ou – dependendo do ponto de vista – de uma ruptura do design. Recuperei um projeto dos anos 1960 (período no qual ainda não existiam computadores pessoais) sobre o que agora se denomina ‹interface design›. Considero esse projeto um precursor da fase atual, na qual se registra um deslocamento dos conteúdos do trabalho dos designers da esfera material para a esfera digital – processo aludido no título. Em geral, os textos surgiram de palestras, entrevistas e ensaios relacionados com temáticas que se encontram no centro dos meus interesses: os aspectos político-culturais do design nos países periféricos, o ensino do design, a prática profissional e o discurso projetual. Uma parte dos textos está sendo republicada neste volume com ajustes e revisão. Incluí dois textos de ex-alunos meus que hoje trabalham no campo do design de interfaces, contribuindo para uma discussão atualizada.

Os projetos de design industrial descritos datam de uma época na qual ainda podiam ser desenvolvidos em instituições públicas, um fenômeno que deve parecer anacrônico sob a hegemonia do mercado na fase do semiocapitalismo, caracterizado pela financialização dos processos produtivos e da reprimarização dos países periféricos (exportadores de produtos primários). Servem, porém, para ilustrar algumas possibilidades de design, além de um contexto condicionado pelos critérios unidimensionais contingentes.

Segundo Fernand Braudel, seria mais apropriado falar de ‹polos de desenvolvimento› em vez de usar o binômio ‹centro e periferia›, pois a antiga estrutura monocêntrica foi substituída por outra policêntrica. Porém, hoje, como anteriormente, o contraste entre os polos e as zonas periféricas se mantém com igual força – um contraste que afeta também o design nas suas diversas manifestações, sobretudo o design industrial e o design gráfico.

Observando os programas de modernização e industrialização, inclusive as políticas científico-tecnológicas na América Latina, pode-se perguntar por que essas iniciativas tiveram um sucesso apenas parcial. Uma explicação plausível – seguramente não exclusiva – é que a esses programas faltaria o ingrediente essencial da inovação, incluindo o design. Porém, constatar esse fato não é suficiente para explicar tudo. Porque o espaço de manobra dos governos locais não é somente determinado pelos limitantes internos, mas, de maneira muito mais decisiva, pela constelação de interesses geopolíticos dos centros atuais do poder imperial político, financeiro, econômico e comercial. Por isso, embora no debate sobre a situação dos países periféricos se fale hoje da fase pós-colonial, uso esse conceito com certa cautela, pois me parece que o colonialismo não desapareceu, e sim continua sob novas formas.

Nas versões originais dos textos (escritos em alemão, inglês ou espanhol), utilizei a palavra ‹design› como sinônimo para ‹projeto›. O conceito ‹design› experimentou, durante a década passada, uma acentuada difusão e popularização, o que pode ser considerado um fato positivo. Por outro lado, sofreu também uma estranha limitação aos produtos do microambiente da casa. Na opinião pública, o conceito ‹design› – atualmente um modismo de valor questionável – vem associado à ideia de caro, complicado, de curta duração e individualmente rebuscado, com a promessa do *glamour* instantâneo. O teor deste livro deixará claro que não compartilho dessa interpretação. Ao contrário, interessa-me recuperar uma interpretação mais rigorosa do conceito ‹design› como um expoente do projeto da modernidade, defendendo-o contra tendências do oportunismo ágil que descaracteriza esse termo com uma compreensão distante do profissionalismo.

G. Bonsiepe

La Plata / Buenos Aires
Florianópolis / Santa Catarina
Agosto de 2014.

Design digital (interfaces)

Um sistema de símbolos
para um computador de grande porte*

* O projeto desenvolvido para a empresa Olivetti sob a direção de Tomás Maldonado data de 1960-1961, quando o termo ‹interface› no sentido de ‹interface para usuário humano› ainda não existia. Hoje, após a consolidação desse novo campo de ação para os designers, o projeto de Maldonado pode ser considerado um precursor ou um dos primeiros exemplos do interface design. Dadas as características tecnológicas do computador, trata-se de uma interface para usuários altamente especializados, distante das soluções atuais para computadores pessoais, *notepads* e *smartphones*.

Computador ELEA 9003 (Olivetti). Projeto: Ettore Sottsass. (Fonte: Associazione Archivio Storico Olivetti, Ivrea - *Italy*).

O projeto aqui apresentado serve para ilustrar os enormes avanços do desenvolvimento dos meios de computação nas últimas cinco décadas. Ao mesmo tempo, também mostra a relevância dos fatores de uso, ou do design de interfaces, que surgiram como temática nova quando não especialistas em ciências exatas começaram a aprender a usar esses artefatos cognitivos. Dificilmente aquelas máquinas do período do processamento de dados de grande porte, nos anos 1960, seriam consideradas *user-friendly*. O projeto descrito contém, *in nuce,* um caso precursor do design de interfaces, hoje tecnologicamente superado, ainda que a temática não tenha perdido vigência.

No começo dos anos 1960, não existiam ainda os termos interface e *interface design,* que adquiriram seu significado atual a partir da introdução dos computadores pessoais (*personal computers*) duas décadas mais tarde, nos anos 1980. Naquele tempo, os computadores de grande porte (*mainframe computers*) eram desenvolvidos com o objetivo de processar uma enorme quantidade de dados para fins diversos: militares, financeiros (bancos) e administrativos (grandes empresas). Seus usuários eram especialistas, tais como matemáticos, físicos e engenheiros, com o *know-how* necessário para lidar com um sistema de máquinas composto por perfuradores de fita (máquinas telex), fitas e tambores magnéticos, armários com componentes elétricos e eletrônicos, tudo isso conectado por uma complexa fiação de cabos.

Esse sistema de máquinas era controlado por meio de um painel vertical com numerosos componentes luminosos (lâmpadas) e um teclado inclinado sobre uma mesa de escritório. Não existiam nesse momento o *mouse* e, menos ainda, interfaces gráficas. Conhecimentos de matemática e programação eram requisi-

Modelo do conjunto. Projeto: Ettore Sottsass. (Fonte: Associazione Archivio Storico Olivetti, Ivrea - *Italy*).

tos básicos para se poder operar essas máquinas complexas. O usuário, em geral um cientista com formação em ciências exatas, era informado por meio dos dispositivos visuais sobre o funcionamento – processos, na maior parte automáticos – do computador. Ele intervinha nesses processos inserindo comandos com o teclado a fim de controlar e corrigir processos/operações. Além do painel de controle, as diferentes unidades do sistema, tais como perfuradores de fita e tambores magnéticos, eram equipadas com pequenos painéis com lâmpadas e teclas. Em todos os sistemas de processamento de dados disponíveis no começo dos anos 1960, uma miríade de lâmpadas e teclas era rotulada com palavras e/ou abreviações. Com relação à aprendizagem e ao reconhecimento inequívoco, eliminando possíveis interpretações erradas, esse método de simbolização tem certas desvantagens, além de não ser muito apropriado para o uso internacional.

Partindo de uma sugestão de Ettore Sottsass, designer industrial do ELEA 9003, computador de grande porte da empresa Olivetti, foi considerado o redesign dos displays e painéis de controle para essa máquina. A proposta inovadora de Sottsass para o sistema físico consistia em transferir a fiação a canais acima das unidades, entre os diferentes componentes, em vez de colocá-la no chão. Com isso, ele conseguiu maior flexibilidade no arranjo dos componentes.

O trabalho abarcou, por um lado, o desenvolvimento de um sistema de símbolos não fonogramáticos; e, por outro lado, um sistema modular com lâmpadas, teclas e uma estrutura física para o suporte desses componentes elétricos.

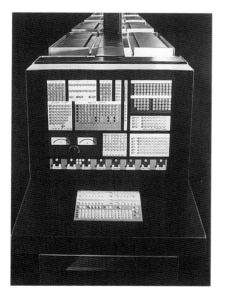

Painel de controle. (Fonte: Associazione Archivio Storico Olivetti, Ivrea - *Italy*).

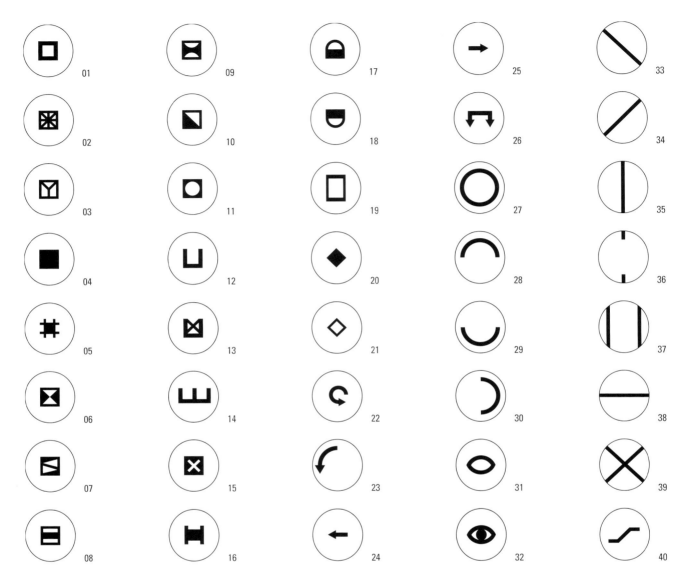

Sistema de símbolos para computadora *main frame* ELEA 9003 (Olivetti) [1960-1961].
Projeto: Tomás Maldonado com a colaboração de Gui Bonsiepe.

01 Unidade funcional
02 Unidade central
03 Unidade periférica
04 Memória
05 Micromemória
06 Contador
07 Flip-Flop
08 Comparador
09 Díodo leitura-escrita
10 Transformador
11 Fita magnética
12 Acumulador / Dispositivo para armazenagem de impulsos
13 Multiplicador
14 Dispositivo auxiliar de armazenagem de impulsos
15 Unidade aritmética
16 Tambor magnético
17 Unidade perfuradora de fita
18 Unidade leitora de fita perfurada
19 Programa
20 Canal interno
21 Canal externo
22 Retorno
23 Atrás
24 Atrás
25 Adiante / Passo livre
26 Overflow / Transbordamento
27 Operação / Ativo
28 Escrever / Gravar
29 Ler
30 Receber
31 Buscar
32 Encontrar
33 Erro
34 Negação / Não
35 Ligar
36 Desligar
37 Isolado / Absoluto
38 Fim / Terminado
39 Ocupado
40 Salto

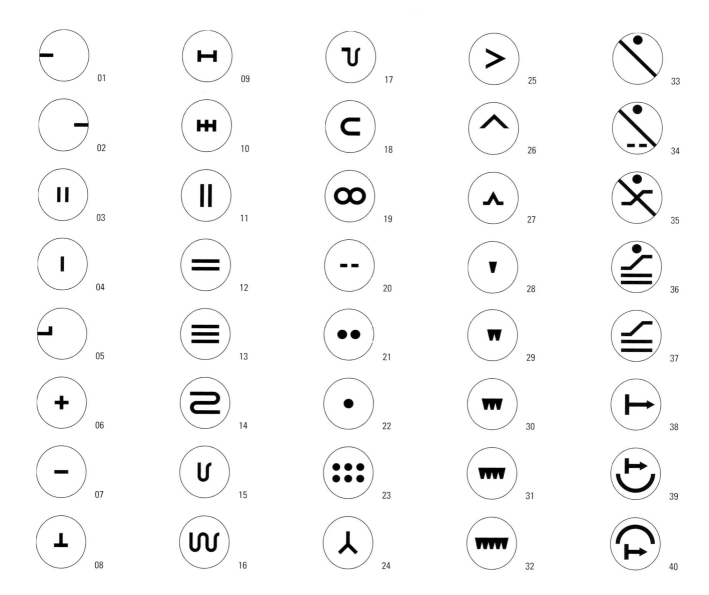

01 Input
02 Output
03 Par
04 Ímpar / Signo / Bit
05 Complementado
06 Mais
07 Menos
08 Endereço
09 Palavra / Comprimento
10 Track / Trilha lógica
11 Síncrono
12 Comparação
13 Linha por linha
14 Contínuo
15 Bloco
16 Sequência
17 Começo de um bloco
18 Condição externa
19 Automático
20 Passo a passo
21 Pronto
22 Stop
23 Manualmente / Teclado
24 Selecionar
25 Maior que
26 Modificar
27 Fase
28 Unidade
29 Unidade de dezena 10
30 Unidade de centena 100
31 Unidade de milhar 1.000
32 Dezena de milhar 10.000
33 ‹Stop› em caso de erro
34 ‹Stop› em cada posição em caso de erro
35 ‹Stop› em caso de erro causado por um salto
36 ‹Stop› em caso de erro causado por um salto devido à comparação
37 Salto em caso de comparação
38 Começar operação / Caminho livre.
39 Começar com leitura
40 Começar com escrita (gravação)

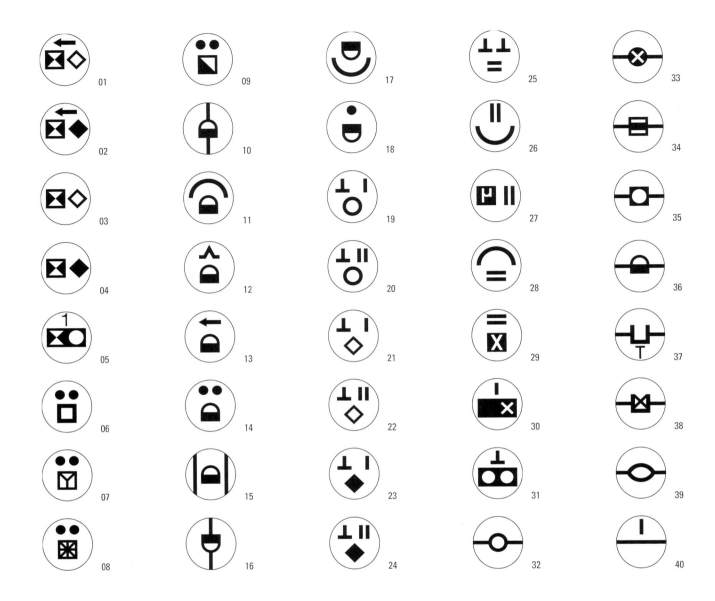

01 Contador para canal externo para trás
02 Contador para canal interno regresssivo
03 Contador para canal externo
04 Contador para canal interno
05 Contador 1 da fita magnética
06 Unidade funcional
07 Unidade periférica pronta
08 Unidade central pronta
09 Transformador pronto
10 Perfuradora de fita ligada
11 Gravar / Escrever perfuradora de fita
12 Fase da perfuradora de fita
13 Retorno da perfuradora de fita
14 Perfuradora de fita pronta
15 Perfuradora de fita isolada
16 Díodo da perfuradora de fita ligada
17 Perfuradora de fita lendo
18 ‹Stop› da perfuradora de fita
19 Operação com endereços ímpares
20 Operação com endereços pares
21 Canal externo opera com endereços ímpares
22 Canal externo opera com endereços pares
23 Canal interno opera com endereços ímpares
24 Canal interno opera com endereços pares
25 Endereços iguais
26 Sincronismo na leitura
27 Sincronismo de memória µ (mu)
28 Gravar / Escrever uma comparação
29 Comparação da memória X (qui)
30 Símbolo se move da memória à unidade aritmética
31 Conexão de duas fitas magnéticas via unidade de endereçamento
32 Fim de uma operação
33 Fim de uma operação aritmética
34 Fim do comparador
35 Fim de uma fita magnética
36 Fim da perfuradora de fita
37 Fim do acumulador T
38 Fim do multiplicador
39 Fim da busca
40 Fim da informação

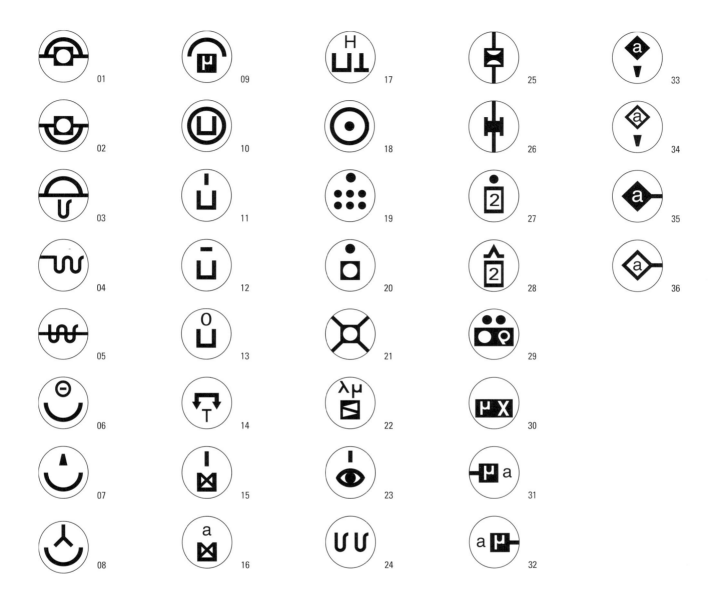

01 Fim da operação ‹gravar na fita magnética›
02 Fim da operação ‹ler a fita magnética›
03 Fim da operação ‹gravar de um fragmento na fita magnética›
04 Começo de uma sequência
05 Fim de uma sequência
06 Leitura do bit θ (teta)
07 Leitura de um símbolo
08 Seleção durante leitura
09 Escrever na memória μ (mu)
10 Acumulador operando
11 Acumulador contém um símbolo
12 Conteúdo do acumulador é negativo
13 Conteúdo do acumulador é zero
14 Overflow T
15 O multiplicador contém um símbolo
16 Bit a, b, c do multiplicador
17 Registro H, J, M, N, O, P, Q, R, S para endereços
18 Operação ‹Stop›
19 Input manual (com teclado)
20 ‹Stop› fita magnética
21 Fita magnética ocupada
22 Flip-flop λ μ (lambda mu)
23 O símbolo foi encontrado
24 Fragmento por fragmento
25 Díodo para escrever / ler ligado
26 Tambor magnético ligado
27 Programa 1, 2, 3 ‹Stop›
28 Fase do segundo programa
29 Fita magnética da memória ρ (rô) pronta
30 Memória μ χ (mu qui) valor 1 até 7
31 Input bit a, b, c, d, e, f, k na memória μ (mu)
32 Output bit a, b, c, d, e, f, k da memória μ (mu)
33 Canal interior, unidade, bit a, b, c, d, e, f.
34 Canal exterior, unidade, bit a, b, c, d, e, f.
35 Canal interior, output, bit a, b, c, d, e, f.
36 Canal exterior, output, bit a, b, c, d, e, f

Cores para diferenciar grupos funcionais nos painéis de controle.
01 Acumulador
02 Condições várias
03 Fim
04 Unidade leitora de fita perfurada / Unidade perfuradora de fita
05 Função
06 Memória
07 Comprimento memória
08 Fita magnética
09 Tambor magnético
10 Temporizadores
11 Unidade aritmética
12 Unidade on-line
13 Símbolos com significado geral
14 Teclas gerais
15 Erro (luz vermelha)

Método

Para excluir um crescimento artificial do novo sistema de símbolos, foram analisados aproximadamente vinte sistemas de símbolos existentes, provenientes de áreas tão diversas como cartografia, meteorologia, tipografia, circuitos eletrônicos, química e música, colocando-os em um fichário. Com isso, foram detectadas constantes semânticas derivadas de determinados ‹referentes› (no sentido semiótico), ou objetos aos quais um signo se refere, pois, um referente – entendido como a totalidade do que é indicado por um signo – pode aparecer em mais de um sistema de símbolos.

Estrutura do sistema de símbolos

Inicialmente estabeleceu-se um inventário ou ‹alfabeto› de elementos, cuja combinação permitiu a apresentação dos diversos referentes. O alfabeto é composto de duas classes de símbolos: os símbolos-base, comparáveis aos substantivos na linguagem, e os símbolos ‹determinativos› (qualificativos), comparáveis aos adjetivos e verbos. Os referentes dos símbolos-base são as unidades funcionais do computador, por exemplo, fita magnética, perfurador de fita e tambor magnético (disco rígido). Os referentes dos símbolos determinativos são predominantemente estados e funções do sistema, tais como ‹Pronto›, ‹Comparar› e ‹Em processo›. O quadrado foi a forma geométrica escolhida para os símbolos-base que possuem um caráter de plano, enquanto os determinativos têm caráter linear. Existem relações, tanto sintáticas quanto semânticas, entre as duas classes. O símbolo para ‹Escrever / Gravar› é composto pelo símbolo que indica ‹Perfurador de fita›. O símbolo para ‹Ler› é o inverso do símbolo ‹Escrever›. Para não prejudicar a clareza do reconhecimento, sobre a superfície quase circular, com 14 mm de diâmetro, usam-se no máximo até três símbolos de cada vez.

‹Linguagem› em três níveis

As comunicações entre o operador e a máquina processadora de dados se dão mediante três sistemas de símbolos ou ‹linguagens›:
(1) no nível da linguagem algorítmica;
(2) no nível da linguagem de programação, a linguagem usada para descrever problemas específicos e métodos para sua solução em determinado sistema de computação;
(3) no nível da linguagem do operador, a linguagem usada para controlar e operar a máquina.
Essas três linguagens não são independentes entre si. O sistema de símbolos descrito aqui é baseado na linguagem (3). Com essa finalidade, alguns símbolos estabelecidos e caracteres são transferidos da linguagem (2) para a linguagem (3). A influência exercida pela linguagem do operador sobre as outras linguagens não pode ser determinada até que os matemáticos tenham decidido o caráter geral da linguagem multifuncional para máquinas eletrônicas de processamento de dados.

Uma uniformização, em nível internacional, com a participação de todas as empresas produtoras de máquinas de processamento de dados, seria desejável. Além disso, seria recomendável estabelecer conexões transversais com outros sistemas de símbolos, garantindo, assim, a criação de um sistema de símbolos internacional e uniforme para a comunicação técnica.

Design de software

- Definições de interface
- Componentes da interface gráfica
- Livros de estilo (*style books*)
- *Know-how* necessário para o design de software
- Contribuições do designer
- Design de interface para um programa de e-mail

O design de interfaces para software é uma nova área de trabalho profissional. Na ciência da computação, em geral, o trabalho do design de interfaces é subestimado como algo cosmético.[1] Esse juízo não difere de outras interpretações do design com suas variáveis múltiplas e, às vezes, intangíveis. De acordo com o paradigma dominante, a interface de usuário humano para software é «um meio através do qual as pessoas e o computador se comunicam.»[2] «A interface para usuário humano é o conjunto de toda a comunicação entre computador e usuário», define um documento da Apple.[3]

É compreensível a tendência de entender a relação entre usuário e computador em termos de comunicação, na qual – como se pressupõe – informações são intercambiadas. Porém, essa interpretação desloca o foco de atenção e não permite ver os programas em termos de ferramenta e de ação. Ao lado do para-

---

1 A preocupação com a interface não pode ser mais considerada como um *face-lifting*. Nos últimos anos, em geral, 48% do trabalho da programação foi dedicado à interface. (Myers/Rosson [1992]. *Apud* Nielsen, Jakob. *Usability Engineering*. Boston: Harcourt Brace & Company, 1993, p. ix). Obviamente, esse dado não permite tirar conclusões com referência ao esforço no design da interface.

2 *Systems Application Architecture (SAA) – Common User Access – Panel Design and User Interaction*. IBM (1987).

3 *Human Interface Guidelines: The Apple Desktop Interface*. Reading: Addison Wesley, 1987.

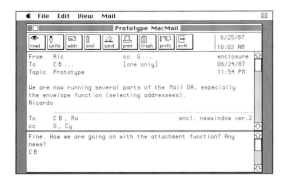

Anteprojeto do interface design de um programa de mala eletrônica.

Janelas múltiplas. O cursor em forma de mão indica a presença de uma tecla.

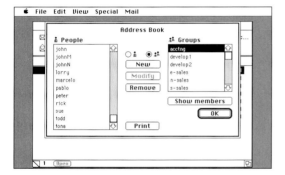

Janela de endereços e subjanela com barra de rolagem para criar grupos de destinatários.

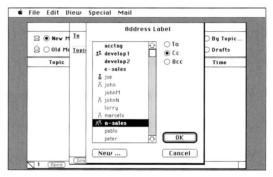

Janela para seleção do destinatário.

Janela de ‹bem-vindo›.

Janela de ‹novas mensagens›. Na área superior, diferentes filtros para extrair as mensagens do banco de dados.

digma da comunicação, encontramos outra afirmação de que o papel do design de interfaces consiste em ajudar o usuário a construir um modelo que reproduziria o conhecimento do programador, o qual tem uma visão íntima dos detalhes do funcionamento do programa. O usuário teria aprendido o programa quando tivesse construído uma réplica do modelo do programador. As dificuldades no aprendizado e no uso do programa se explicam como consequência de um modelo mental incorreto por parte do usuário. Esse paradigma da construção de um modelo baseia-se em algumas hipóteses sobre o processo de aprendizagem que não deveriam ser aceitas sem questionamento. Podemos dizer que o usuário aprendeu o programa quando este se fez transparente, de maneira tal que possa utilizá-lo de forma automática. Ainda, outra diretriz técnica define a interface gráfica da seguinte maneira: «a especificação do *look and feel* de um sistema computacional, o que inclui os tipos de objetos que o usuário vê no monitor e as convenções básicas para interatuar com esses objetos».[4]

Essa proposta capta mais adequadamente a essência da interface e do design de interfaces mencionando especificações, vale dizer, o design de componentes gráficos (ou algoritmos visuais) e de regras (convenções) para lidar com tais componentes. As assim chamadas interfaces de manipulação direta, ou interfaces gráficas, são constituídas por janelas, ícones, menus e teclas. Elas são compreendidas como instrumentos metafóricos de uma realidade com a qual o usuário está hoje em dia familiarizado. Porém, os objetos gráficos *não representam* uma realidade, mas a *constituem*. Para o usuário, a diferença entre mundo metafórico e mundo real é de pouco interesse. O usuário vive e trabalha em um só mundo, por isso podemos dizer que os elementos visuais sobre o monitor não são a réplica de uma realidade, pois ela abre um espaço para a ação. Esse espaço de ação é articulado por meio de propriedades gráficas que pertencem ao domínio da competência profissional do design gráfico.

A interface é o domínio do acoplamento estrutural entre ferramenta e usuário. O atraso da informática com relação a essa dimensão motivou M. Kapor a falar no seu manifesto do design de software (1992) da «vergonha escondida» da indústria de software. Para confrontar essa situação, era preciso inventar um atributo novo: amigável ao usuário (*user friendly*). O fato de se reconhecer por fim a existência dos usuários, fazendo uma concessão às suas necessidades, é um sintoma alentador. Porém, o descobrimento do *user friendly* equivale a um anúncio da indústria automobilística declarando o óbvio: que os carros fabricados por ela andam – o mínimo que se pode esperar de tais objetos. O déficit da qualidade de uso, sinônimo de qualidade de design, levou ao crescimento de uma nova disciplina: o *usability*

---

4   *The Open Look User Interface Style Guide.* Sun Microsystems, 1989, p. 1.

 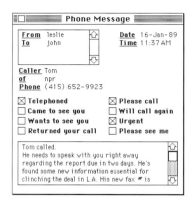

O espaço de leitura/escritura.	Formulário para mensagem telefônica.

engineering. Um estranho híbrido, pois, de todas as disciplinas, as mais desorientadas, quando tratam de lidar com a dimensão do uso, são as engenharias – ficam perplexas quando se confrontam com a dimensão perceptivo-estética. Os méritos dos textos do *usability engineering* consistem em sensibilizar os programadores com a dimensão do uso; porém, em geral, trazem poucas novidades para os designers. Essa crítica à informática não nega as contribuições inovadoras nesse campo, mas, às vezes, se faz necessário relativizar a importância dessa tecnologia de ponta, que apresenta sérios déficits na qualidade do design de interfaces.

Usando a noção do ‹acoplamento estrutural› de Maturana e Varela, podemos dizer que a interface é para o programa o que o cabo é para o martelo. Esse acoplamento (*structural coupling*) ocorre, em primeiro lugar, através do espaço retinal. A noção ‹*look and feel*› se refere a esse processo de acoplamento entre corpo e ferramenta através da percepção visual. O espaço retinal é estruturado por meio de qualidades gráficas, tais como forma, cor, tamanho, posição, orientação, textura, transições ou transformações no tempo.

Têm particular importância no design de interfaces os desencadeadores de eventos (*action triggers*, tais como teclas e menus). A seleção dos comandos, sua organização em grupos e a distribuição em diferentes níveis também fazem parte do design de interfaces e requerem uma competência linguística, que, geralmente, os programas de ensino do design não proporcionam. Por isso, raramente encontramos programas com uma boa interface – entendo por ‹boa› aquela interface que abre novas possibilidades de ação para uma comunidade de usuários. A falta de especialistas em design de software no Brasil trará dificuldades à meta fixada para o ano 2000 de captar uma fatia de 1% do mercado mundial de exportação de software. Para alcançar essa meta, deve-se – entre outras coisas – superar o conceito ultrapassado do design como ‹*souping up*› e de reparação *a posteriori* dos resultados da programação. Essa constatação vale também para a multimídia e o lixo digital de grande parte do www com ‹design› de *homepages* que ignoram um requisito básico: fazer informação inteligível e transparente para os usuários. A despeito de consideráveis investimentos em software educativo e das promessas megalomaníacas de alguns *software developers*, vale ainda hoje a conclusão de Cohen: «Esses programas são frequentemente exercícios intelectuais chatos. Falta a força motivacional do bom ensino nas salas de aula».[5]

Já se afirmou que, do ponto de vista do usuário, a interface *é* sinônimo de programa. Essa é uma afirmação forte porque o programa é avaliado em termos de rapidez, confiabilidade e *power* (lista de possibilidades de ação). Essas distinções vão além da interface, muito embora o poder e a rapidez de um programa se manifestem através da interface. Tem-se reconhecido que programas não devem simplesmente funcionar em termos estritamente computacionais, mas devem também ser aprendidos e usados por pessoas que não são, nem precisam ser, competentes na computação. Além disso, os produtos devem ser vendidos mediante esforços do marketing – uma tarefa difícil quando se trata de programas projetados sem se prestar atenção às questões de interface. No novo campo do design, estruturado pelas diretrizes do design de interfaces, possivelmente os esforços mais conhecidos são as guias para o *Apple Desktop*.

Os argumentos a favor da consistência dentro de e entre programas são simples: interfaces consistentes são mais fáceis de aprender e usar. Com livros de estilo, a consistência é garantida. O conteúdo desses livros consiste em:

- Definição dos componentes
- Indicadores visuais e auditivos
- Design gráfico dos componentes
- Regras de operação
- Distribuição dos componentes
- Princípios gerais.

Partindo da base do trabalho pioneiro da interface Star, iniciado nos anos 1970, na empresa Xerox, o valor exemplar desses esforços se faz presente quando são observados trabalhos similares da Sun Microsystems, IBM e OSF.

As considerações anteriores servem como referencial para descrever o desenvolvimento de um programa de correio eletrônico. A equipe começou com esboços

---

5   Cohen, V. B. «A Reexamination of Feedback in Computer-Based Instruction: Implications for Instructional Design». Educational Technology 1, n. 25 (1985): 33-37.

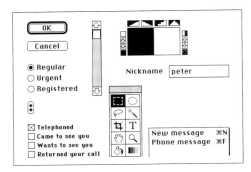 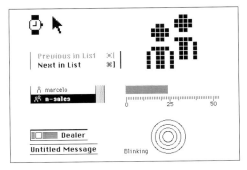

Desencadeadores de ação (*action triggers*) em interfaces gráficas.

Indicadores visuais (*visual cues*).

a lápis, uma vez formuladas as especificações gerais, no quadro das condições técnicas vigentes no fim da década de 1980: uso do Macintosh SE (1987-1990) com monitor monocromáticco de nove polegadas, resolução 512 x 342 pixels.[6]

Além das questões centrais de conectividade, proteção de dados e arquitetura do programa, as seguintes operações foram incluídas nas especificações:

- Escrever e ler mensagens
- Organizar as mensagens automaticamente em um banco de dados criado
- Acessar as mensagens do banco de dados através de diferentes filtros (data, pessoa, tópico e rascunho)
- Criar grupos de destinatários
- Enviar em diferentes modalidades (regular, urgente e registrada)
- Anexar um documento a uma mensagem
- Reenviar uma mensagem com comentário
- Notificação visual e auditiva na chegada de uma correspondência
- Garantia de privacidade
- Copiar endereços de uma agenda para outra
- Usar diferentes formatos (nesse caso, implementou-se apenas a notificação de uma chamada telefônica).

Nos rascunhos iniciais, foram usadas barras de ferramentas (*tool palettes*) verticais e horizontais, com diferentes ferramentas para escrever, ler, endereçar, enviar etc. O argumento para essa tentativa era que o usuário deveria ter todas

---

6   O programa foi desenvolvido pela Action Technologies Inc., 1987-1988.

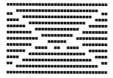
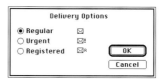

Ícones para comandos do programa.

Ícone do programa.

Janela para selecionar o tipo de entrega.

as ferramentas disponíveis ao redor de sua área de trabalho. Posteriormente esse enfoque foi descartado, quando mais funções foram agregadas. Por isso, adotou-se o princípio de HyperCard, permitindo que qualquer ponto no monitor pudesse ser um desencadeador de ações. Esse princípio abriu novas possibilidades para o layout de tela. Por exemplo, a tecla *Enviar* foi posicionada perto do espaço de escrever. Outros comandos foram agrupados em um menu *pull-down*. Alguns comandos são invisíveis e aparecem apenas quando o cursor passa sobre eles. O espaço de leitura e escrita foi dividido em duas áreas, pois essas ações são complementares. Uma mensagem que chega se abre com um espaço para a resposta. Nesse aspecto, a abordagem de usar metáforas que imitariam o mundo real foi deliberadamente descartada.[7] Clicar na tecla *To*, abre-se uma janela que mostra os nomes dos destinatários individuais e agrupados. Clicando em um nome dessa lista faz com que ele seja copiado automaticamente para o cabeçalho de destinatário.

Em geral, os manuais para usuário são tratados como um mal necessário. De acordo com uma exigência exagerada, os programas deveriam ser tão simples que poderiam prescindir de manuais. Programas mais complexos, todavia, requerem um suporte em forma de manuais impressos. Esses manuais deveriam ser tratados como parte do design da interface, pois a aprendizagem da ferramenta é parte do seu design.

[7] Existia uma intensa polêmica entre defensores e críticos do uso de metáforas visuais para interfaces – polêmica sobre o que hoje se chama ‹esqueuomorfismo›, vale dizer, a transferência de componentes visuais (e auditivos) do mundo dos objetos físicos ao mundo virtual das interfaces. Para informáticos ortodoxos, o uso de metáforas é nada mais do que uma concessão aos não especialistas e – visto das alturas etéreas do purismo de programação – deveria ser evitado. Por enquanto, o uso de metáforas continua na terra baixa da vida cotidiana.

Contribuições do designer:

- Observar, analisar e interpretar o processo de trabalho
- Formular a funcionalidade de uso
- Inventar uma ‹metáfora› para interfaces
- Organizar os comandos
- Definir a sequência de ação (roteiro)
- Design dos componentes gráficos
- Estruturar o espaço de ação
- Design das transições entre telas
- Design das ferramentas (*tool palettes*)
- Design dos modelos
- Design da documentação
- Design dos tutoriais.

Know-how para o design de software:

- Conhecer *standards* de interface
- Conhecer conceitos básicos de computação
- Conhecer técnicas do *business process analysis* crítico
- Conhecer programas de geração de protótipos
- Conhecer técnicas de animação
- Saber desenvolver roteiros
- Conhecer linguagens de programação do tipo *scripting*
- Conhecer as potencialidades do design gráfico no meio computacional
- Conhecer técnicas da funcionalidade de uso
- Ter competência linguística
- Conhecer teorias da aprendizagem
- Conhecer noções de sistemas de especialistas.

No futuro, uma mudança poderá ser vista na metodologia de trabalho: a superação do enfoque *programming-oriented* pelo enfoque *design-oriented* ou *user-oriented*. Com isso, será superada a idade da pedra da informática e da qualidade *sub-standard* do design de software.

Sobre um método para quantificar a ordem no design tipográfico

- Estética matemática
- Criação da ordem
- Dois tipos de ordem
- Apuração do grau da ordem
- Uma heurística de design
- Estética e ordem

A tentativa de expressar em termos matemáticos um correlato físico dos perceptos expõe a suspeita de ser acadêmico na intenção e conservador no resultado. E essa suspeita é agravada ainda mais quando afirmações sobre o *pattern* dos estímulos (descrição objetiva) são confundidas com afirmações sobre atributos estéticos (valorização subjetiva).

A matematização da estética e, mais especificamente, da estética visual perfilou--se na forma de duas doutrinas principais: a doutrina das proporções e a doutrina das distribuições (e arranjos). A primeira trata das relações quantitativas entre elementos (por exemplo, as proporções de distâncias entre valores de luminosidade). A segunda trata da distribuição de componentes em configurações. Uma das teorias tomou como ponto de referência a geometria, e a outra, a estatística. Em ambos os tipos de estética baseada na matemática, os aspectos explicativos não podem ser nitidamente separados dos aspectos generativos, ainda que devessem se diferenciar claramente entre si. O esquema construtivo matemático subjacente às proporções da fachada de um edifício deveria explicar o agrado que evoca e, ao mesmo tempo, ilustrar o método com o qual foi criado. Apesar das diferenças substanciais no uso dos recursos matemáticos entre essas abordagens estéticas, as características que elas analisam são bastante similares. São atributos sintáticos, quer dizer, atributos que consistem nas relações formais entre signos. A dimensão semântica até agora esteve inacessível para a estética matemática – fato que leva a perguntar se a historicidade poderia ser expressada em valores numéricos. A ideia de que um número – além da sua função como um *tag* numérico – tenha força explicativa, ou possa levar informação sobre uma obra, ainda é questionada.

A busca por explicações matemáticas para o belo tem raízes no desejo de racionalizar preferências. Esse desejo não pode ser mantido quando se admite que o fenômeno da beleza é mais complexo que a sua descrição matemática, e não convém misturar dois discursos diferentes, mutuamente irredutíveis. Se não se aceita essa recomendação, corre-se o risco de celebrar a precisão em trivialidades e de cultivar um pitagorismo elevando um conjunto de formas trans-históricas ao *status* glorificado de museu. Ainda que a beleza não seja inerente à matemática, isso não implica que ela não possa ser codificada mediante processos matemáticos. Mesmo assim, para o design inovador, o valor heurístico da matemática excede seu valor explicativo. A matemática oferece mais precisamente uma série de recursos para a criação de formas – consciente e controlada – do que um recurso para explicar fenômenos estéticos. A matemática registra antes sucessos no âmbito do fazer do que no âmbito da explicação sobre a beleza do projeto. Não se pode mais recorrer a desculpas metodológicas para a pobreza dos objetos com os quais a matemática da estética está lidando, argumentando que é necessário começar com o simples antes de avançar para o complicado.

Realmente, não falta simplicidade nos padrões geométricos. Traçados de polígonos e transições formais de contornos de vasos para flores pertencem ao grupo de objetos para os quais dificilmente seja possível pretender uma posição de destaque nas experiências estéticas. Na sua aplicação aos problemas estéticos, a teoria da informação era acusada, e com razão, de haver produzido um monte de parafernália com poucos resultados convincentes. Não obstante, deve-se admitir que uma teoria estatística do substrato físico da informação tem tido uma influência positiva no desenvolvimento da estética, ainda que somente no sentido de que uma terminologia moderna permitiu enfocar alguns fenômenos conhecidos com maior precisão. Porém, permanece sujeita ao serviço a estética clássica enquanto considera o problema mais urgente na formulação de uma teoria da beleza. Para superar esse impasse, um conjunto de axiomas deveria ser substituído por uma teoria empírica das preferências. Só dessa maneira a estética poderia ser liberada das suas algemas conservadoras. Por isso, enfatiza-se a recomendação de traçar – com grande cautela – os paralelos entre expressões de preferências e a categorização matemática de *patterns* de estímulos.

Outra observação restritiva é necessária: no atual estado de conhecimentos, trabalhos anteriores (1965, 1967), nos quais usei a fórmula da complexidade de Shannon para problemas de design, devem ser relativizados. Existem dois motivos para isso. Em primeiro lugar, até o momento não foi determinado qual o número de elementos que torna viável a fórmula estatística – com 10, 50, 100, 500 ou 1.000 elementos. E, em segundo lugar, não se levou em conta as consequências teoréticas surgidas do fato de que elementos qualitativamente diferentes, por exemplo, linhas retas e círculos, são comparados referente ao esforço necessário para sua descrição e criação.

Um simples lugar-comum pode ser considerado evidente para as atividades do designer, vale dizer que um estado ordenado é preferível a um estado desordenado. Pois projetar significa, entre outras coisas, criar ordem, reduzir a desordem, organizar e estruturar elementos formando um todo que faz sentido. Provavelmente a criação de ordem é o tema do dia a dia dos designers, porém, até o momento, (A) não foi formulada uma heurística do design como conjunto de regras operacionais que dizem como criar ordem, (B) tampouco foram formulados procedimentos com os quais o grau variado da ordem manifestada nas diferentes soluções projetuais possa ser quantificado com certa precisão.

Comparando a ordem de dois projetos, em geral e predominantemente, usa-se um juízo de evidência. E, na prática, isso pode ser suficiente. Porém, um correlato matemático para esses juízos psicofísicos também pode vir a ser útil, por mais inexequível que pareça para o senso comum. Dois psicólogos devem ser citados – com pequenos ajustes – para inferir que evidentemente resulta mais difícil medir a ordem que lidar/operar com ela.[1]

Segue a descrição de uma tentativa de quantificar a diferença na ordem de duas propostas de design para uma página impressa. O conceito ‹ordem› é relacional. A ordem é invariável em transformações de tamanho. Para poder falar da ordem em uma configuração ou de um conjunto, é preciso que alguns elementos se encontrem em determinada relação. Na tipografia, trata-se predominantemente de relações métricas dentro de grupos de elementos (por exemplo, proporções de ilustrações e larguras das linhas) e da distribuição desses elementos numa página impressa. Por isso, devem ser diferenciados dois tipos de ordem nesse contexto: ordem sistêmica e ordem distributiva.

Ordem sistêmica. Referente à ordem dos elementos tipográficos como partes de um sistema (elementos são: manchetes, blocos de texto, número da página, ilustrações, tabelas, notas de rodapé). Essa ordem é uma função das classes de medidas e da frequência das medidas necessárias para descrever todos os itens ocorrentes. Como hipótese, formula-se: quanto menor o número de classes de medidas e quanto maior o tamanho de cada classe, tanto maior será o grau de ordem do conjunto, pois a ordem depende amplamente da repetição dos elementos.

Ordem distributiva. Referente à ordem das relações entre itens em uma configuração (ou em um supersigno, usando a terminologia da teoria da informação).

---

1   Attneave, F. and Malcolm D. Arnoult. «The quantitative study of shape and pattern perception». In: *Pattern Perception*, edited by L. Uhr. New York, London, Sydney: John Wiley, 1966.

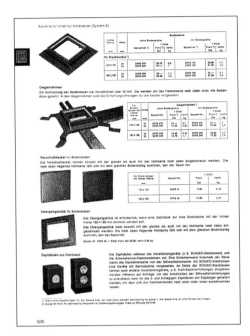 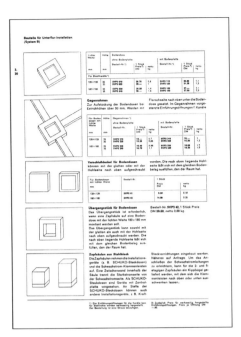

Original da página.   Esquema do redesign.

Essa ordem é uma função das linhas horizontais e verticais de referência em uma página e da frequência dos vértices sobre as linhas.

Ambos os tipos de ordem, embora devam ser separados analiticamente, na prática se sobrepõem e interatuam. A interação determina a relativa simplicidade de uma página.

Para poder comparar a versão original como uma nova proposta e fazer visível sua estrutura, seria necessário manter uma série de condições e aplicar uma operação aos itens:

1   O tipo de item deveria ficar constante – uma tabela da versão original corresponde a uma tabela na nova versão.
2   A informação de ambas as versões deveria ficar constante – as informações contidas em uma nota de rodapé são transferidas à nova versão. Sem mexer no conteúdo, o volume de um bloco de texto foi minimamente reduzido para poder ser colocado no espaço disponível. A redundância do texto permitiu essa redução.
3   A orientação dos itens paralelos às margens deveria ser mantida – por isso, os itens não são colocados verticalmente nem inclinados.

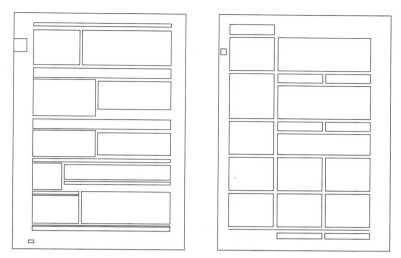

Linhas de contorno da versão original e do redesign.

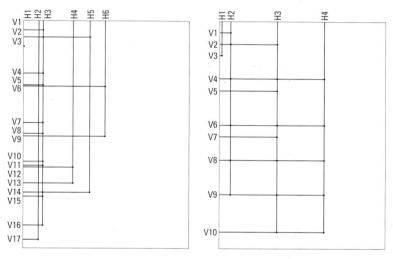

Distribuição dos pontos de localização vertical e horizontal da versão original e do redesign.

4   De acordo com suas extensões, reais ou virtuais, os itens foram colocados em contornos retangulares, sem sobrepor um item a outro. Todos os itens são similares pelo menos com relação aos quatro ângulos retos. A semelhança aumenta se outros elementos – lados verticais e/ou horizontais – forem iguais.

		Fonte tipográfica	Tamanho	Peso	Tipo (por exemplo expandido)	Inclinação	Versalete	Espaçado	Sobre fundo	Invertido	Cor	Orientação	Linha vazia 1	Linhas vazias N	Entrelinha	Traço inclinado	Traço horizontal	Grifado	Posição fixa	Linha nova	Recuo da margem	Com moldura de linhas
Título	1. Grau			•									•						•			
	2. Grau			•									•									
	3. Grau												•									
	4. Grau																•			•		
Texto	Básico																					
	Especial										•											
	Lista																			•		
	Fórmula																			•		
	Parágrafo												•									
	Subparágrafo																			•		
	Nota de rodapé		•													•	•					
	Referência		•																			
	Legenda																			•		
Nome	Mercadoria																					
	Empresa																					
	Logotipo			•																		
Número	do grupo			•																•		
	de página			•																•		
Quadro																						•
Desenho a traço																						•
Ilustração																						

Matriz das variáveis tipográficas (recursos) e funcionais. As linhas do texto *standard*, do nome do produto e do fabricante ficam vazias, pois o tamanho da fonte selecionada serviu como ponto de referência.

Primeiro, foram comparadas as alturas e larguras dos itens em ambas as versões. Para esse fim, supõe-se que a ordem métrica, ou, ainda, a ordem dos itens tipográficos distribuídos em uma página, seja uma função das informações necessárias para gerar esses itens utilizando as medidas das larguras. Então, pergunta-se: quantas vezes ocorre a medida i, j, ..., n? Dessa maneira, é apurada a quantidade de classes de larguras e de alturas e sua relativa frequência. Os seguintes valores foram detectados:

- Versão original: 19 larguras distribuídas em 9 classes, e 19 alturas distribuídas em 14 classes.
- Versão nova: 20 larguras distribuídas em 3 classes, e 20 alturas distribuídas em 5 classes (o número maior de itens na versão nova se explica pelo fato de que um texto de uma coluna na versão original foi distribuído em duas colunas no redesign).

Para calcular a complexidade do sistema que se manifesta nesse contexto como ordem, usou-se a fórmula famosa de Shannon do ano 1948:[2]

$$\sum_{n=1}^{n} - p(mi) \log2 (p(mi))$$

A informação em uma mensagem é uma função da probabilidade da ocorrência de cada mensagem possível. Dado um universo de mensagens M = {m1, m2, ... mn}, e a probabilidade p(mi) para a ocorrência de cada mensagem, a informação é quantificada. Aplicado ao caso apresentado, substitui-se o termo ‹mensagem› pelo termo ‹ponto de referência› dos itens e da frequência desses pontos de referência. Substitui-se, por sua vez, o termo ‹informação› pelo termo ‹ordem›. Os valores colocados na fórmula de Shannon levam aos seguintes resultados:
- Versão original: larguras 18 bit, alturas 70 bit.
- Nova versão: larguras 18 bit, alturas 37 bit.
- Uma proporção de 123:56. Expressa em porcentagem (100:45), pode-se ver que a nova versão comparada com a versão original é 55% mais simples, menos complexa. E isso, nesse contexto, quer dizer: mais ordenada. Como já foi mencionado, esse valor refere-se ao grau de ordem dos conjuntos comparados à ordem sistêmica, porém não ao arranjo dos itens na página impressa.

Para o segundo tipo de ordem, vale também a hipótese de que a ordem distributiva seja uma função das informações necessárias para gerar o arranjo dos itens na página. A posição de um item é determinada por duas coordenadas. A origem da rede de coordenadas é colocada na margem superior esquerda da página. Uma ilustração é posicionada quando se indica a distância entre o vértice superior da ilustração e a margem esquerda superior (origem) da página. Se os itens são

2 Shannon's formula. Stack Exchange Mathematics. Disponível em: http://math.stackexchange.com/questions/25353/shannons-formula. Acesso em: 18 dez. 2013.

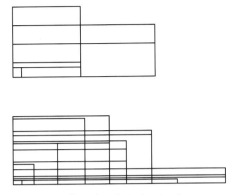

Comparação da ‹ordem sistêmica› dos elementos. Versão original e redesign.

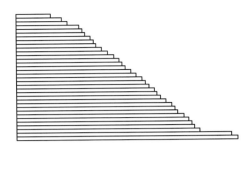

Comparação da quantidade de linhas com diferentes comprimentos. Versão original: 34. Redesign: 2.

posicionados em uma mesma linha, o valor ‹y› ocorre várias vezes, aumentando a frequência. O mesmo vale para as linhas verticais de referência e os vértices distribuídos sobre essa linha. Para a ordem distributiva, resultaram os seguintes valores:

- Versão original: 19 distâncias verticais da margem superior, distribuídas em 17 classes; 19 distâncias horizontais, distribuídas em 6 classes.
- Versão nova: 20 distâncias verticais da margem superior, distribuídas em 6 classes; 20 distâncias horizontais da margem esquerda, distribuídas em 4 classes.

Inserindo esses valores na fórmula de complexidade de Shannon, obtêm-se os seguintes resultados:

- Versão original: 90 bit + 37 bit = 127 bit.
- Nova versão: 63 bit + 35 bit = 98 bit.

Uma relação, portanto, de 127:98. Em valores de porcentagem, 100:77. A ordem de distribuição aumentou 23%. Esse fato é evidenciado por meio da menor alternância nos vértices da nova versão, como se pode ver no diagrama. Em termos da psicologia da gestalt, o valor menor corresponde à ‹lei do destino comum› (*law of common destiny*): os vértices dos itens da versão nova formam traços retangulares, claramente visíveis. Supondo que a ordem total da página impressa resulte da ordem dos itens e do arranjo, é possível somar esses dois valores. Da relação 250:153 – uma porcentagem de 100:61 – pode-se deduzir que o grau da ordem da nova versão seja 39% maior. O juízo de evidência constata que uma das duas versões é mais ordenada que a outra. O resultado matemático empírico confirma quanto uma versão é mais ordenada que a outra.

As soluções projetuais diferem no seguinte: podem se tratar de um resultado único, fixo, ou do planejamento de decisões de design, em cujo quadro devem se desenvolver visando a uma série de resultados. Nesse segundo caso, o designer planejador determina o espaço de decisões do designer implementador. Esse tipo de atividade projetual poderia ser chamado de pré-design, com o objetivo de rotinizar ou semirrotinizar um grande número de decisões projetuais possíveis no futuro. O grau de rotina varia caso a caso. É de se questionar sobre a possibilidade e o sentido de uma rotinização completa, principalmente no caso de problemas tipográficos complexos, pois, nesse caso, a flexibilidade do sistema projetual sofreria com a determinação completa.

Usando um exemplo, descreve-se um método de trabalho e um resultado em forma de um pequeno manual tipográfico gráfico. No design desse manual, participou, além do autor, Franco Clivio. O tema do trabalho era um catálogo com aproximadamente 600 páginas, com duas edições diferentes impressas ao ano. Uma parte das páginas mantinha-se sem modificações, outra parte apresentava ajustes com informação aprimorada. O problema consistiu em formular um conjunto de regras cuja aplicação garantisse a coerência e a clareza do catálogo em permanente revisão. Então, tratou-se de eliminar decisões *ad hoc*.

O manual foi dividido em sete capítulos: Layout, Fonte, Texto, Material visual não verbal, Tabelas, Regras de composição, Páginas-padrão. No ‹Layout› são determinados os seguintes atributos simpáticos: formato da página, margens, largura das colunas, altura das colunas, tamanho da unidade, altura das linhas do texto, tamanhos das ilustrações, tamanhos das tabelas. Em vez dos 34 tamanhos de linhas de texto, na nova versão usam-se somente dois tamanhos em proporção adequada ao tamanho da fonte.[3] As regras sobre tipografia, em ‹Fonte›, referem-se aos seguintes atributos: família/tipo de fonte, tamanho de fonte, estilo de fonte, correlação entre variáveis e itens tipográficos. Exemplo de regra: usar somente três tamanhos de fonte em vez de oito, pois não fazem falta mais tamanhos para uma diferenciação entre as classes de texto. Em uma matriz, correlacionam-se as possíveis variáveis com os itens tipográficos. Não é preciso usar itálico, negrito, expandido ou versalete, já que as variáveis selecionadas bastam para hierarquizar os blocos de texto. Em ‹Texto›, são definidos os seguintes itens compositivos: texto *standard*, texto especial, manchetes, parágrafos, nova linha, listas, fórmulas, notas de rodapé, nomes de mercadorias, número de página, epígrafes das ilustrações e referências.

O capítulo 4, ‹Material visual não verbal›, trata das ilustrações (por exemplo, enquadramento fotográfico), desenhos lineares, recursos gráficos para represen-

---

3   Tinker, M. A. *The Legibility of Print.* Ames: University of Iowa State Press, 1963.

tações esquemáticas e diagramas de curvas (por exemplo, cruzes de coordenadas, espessuras das linhas e similares). O capítulo ‹Tabelas› contém o maior número de máximas (23), pois era necessário determinar muitos detalhes. Tratou-se de reduzir ao mínimo a quantidade das linhas de referência verticais e horizontais para conseguir uma maior ordem e clareza.

As ‹Regras de composição› do capítulo 6 foram formuladas com a cautela de que o sistema gráfico tipográfico pode simplificar a variedade do design das páginas do catálogo, mas não pode substituir o trabalho do designer implementador. Além disso, deve-se admitir que os problemas surgidos não podem ser previstos em sua totalidade e, por isso, não são planejáveis. O manual de design abrange apenas cem instruções formuladas observando dois axiomas: o axioma da economia e o axioma da coerência.

O trabalho se resolveu em três fases: na fase 1, foram determinados quais elementos formariam parte do sistema, usando listas. Na fase 2, foram diferenciados grupos de elementos, usando o método de verificar a pertinência funcional. Na fase 3, foram formuladas as regras usando os dois axiomas mencionados. Um exemplo para uma regra geral aplicada (heurística) é: qual a largura de layout que permite dividir, em cíceros completos ou cíceros médios, uma composição de duas ou três colunas com uma distância de 1 cícero entre as colunas? As restrições são: largura do papel 21 cm, margem externa mínima, margem interna máxima, largura máxima da composição no layout. Solução ideal: 41 cíceros (20/1 / 20 cíceros; 13/1 / 13/1 / 13 cíceros). Solução selecionada: 38 cíceros (18,5/1 / 18,5; 12/1 / 12/1 / 12). Nada foi dito sobre preferências estéticas, apesar de os motivos estéticos terem participado da formulação das máximas do sistema. Para a conclusão de que a versão nova – comparada com a versão original – seja mais bela, falta validade. Porém, pode-se supor que, no design, os conceitos de ordem e ‹beleza› muitas vezes coincidem. Afirmar o sinônimo dos conceitos, ou subordinar o conceito de beleza ao conceito de ordem, só será possível no quadro de uma estética que consiga explicar os dados descritivamente recolhidos. Pressupondo que as reações de um conjunto de pessoas de teste produzam um resultado positivo, uma estética teórica poderia fortalecer a hipótese ‹beleza projetada = uma função da ordem projetada›, utilizando a correlação objetiva, matematicamente codificada, como correlação dos juízos subjetivos.

Bibliografia

Bonsiepe, Gui. «Konstruktion und Komplexität»,
form 29 (1965): 16-19.
Bonsiepe, Gui. «Messer, Gabel, Löffel», *form* 38 (1967): 28-33.
Eysenck, H. J. «Aesthetics and personality». *Exakte Ästhetik* 1 (1965):
35-49.
Frank, H. *Kybernetische Analyse subjektiver Sachverhalte.* Quickborn:
Schnelle, 1964.
Garnich, R. *Konstruktion, Design und Ästhetik.* Esslingen:
Selbstverlag, 1968.
Kiemle, M. *Ästhetische Probleme der Architektur unter dem Aspekt der
Informationstheorie.* Quickborn: Schnelle, 1967.
Meyer-Eppler, W. *Grundlagen und Anwendungen der Informationstheorie.*
Berlin, Göttingen, Heidelberg: Springer, 1959.
Moles, A. A. «Produkte: Ihre funktionelle und strukturelle
Komplexität». *ulm* 6 (1962): 4-12.
Moles, A. A. *Sociodynamique de la culture.* Paris: Mouton, 1967.

Infodesign e hipermídia

- Interface
- Hipermídia
- Ciberespaço
- Realidade virtual
- Máquinas de iconicidade
- Ampliação do design gráfico
- Visualização
- Ensino do design gráfico

O design de interface surgiu no campo da informática, tendo importância central tanto na computação gráfica quanto em multimídia, realidade virtual e telepresença. Além disso, fornece uma base sólida para o design industrial e gráfico. Trata-se de uma reconstrução ontológica, pois é válida independentemente das contingências históricas. O design é hoje uma atividade sem fundamentos em razão de que, entre outras coisas, nos faltam conceitos fundamentais para um discurso rigoroso. O conceito que permite captar as diferentes modalidades da informática mencionadas anteriormente chama-se ‹interface›. Se analisarmos as tradicionais interpretações do design, constataremos que elas fazem uso de uma constelação de conceitos, tais como forma, função, função simbólica, qualidade estética, economia e diferenciação no mercado.

Há trinta anos o ICSID mantém uma formulação de Tomás Maldonado, elaborada em 1964. Isso é um indício de uma grande perspicácia, mas também de que os designers não tendem a refletir sobre sua atividade. O design, como domínio próprio, ao lado das ciências, da tecnologia e das artes, foi reinterpretado com ajuda do diagrama ontológico.[1] De acordo com esse enfoque, a interface permite aceder

---

1   Ver o capítulo «As sete colunas do design», p. 109.

ao potencial instrumental de artefatos materiais e comunicativos. Por isso, parece contraditório falar de ferramentas sem interface. Uma pesquisadora do ciberespaço, tema tão em moda, e da realidade virtual formulou a tese de que no ciberespaço a interface desaparece. Porém, é contraditório falar de artefatos sem interface como se fosse possível conectar o corpo humano com os artefatos de forma direta.

«No ciberespaço a aparência *é* realidade», diz Meredith Bricken.[2]

A autora postula, então, a superação da quebra entre realidade físico-material e realidade virtual. Se tomarmos essa afirmação literalmente, a realidade virtual desapareceria, pois ela tem uma existência parasitária e encontra os seus limites na materialidade do corpo humano. Utilizando o diagrama ontológico do design, chegamos a uma conclusão contrária: na realidade virtual, tudo é interface, tudo é design. Ciberespaço e realidade virtual são o clímax do design, porque a interface abrange tudo. As técnicas para produzir realidade virtual são de simulação, com alto grau de iconicidade em tempo real.[3]

O diagrama ontológico pode ser aplicado também no campo do design gráfico. Em lugar do artefato material, coloca-se o artefato imaterial chamado informação. Um designer gráfico que projeta a diagramação de um livro não faz apenas o texto visível e legível, mas também interpretável, por meio do trabalho da interface, utilizando distinções visuais: fontes, tamanhos, espaço negativo, espaço positivo, contraste, orientação, cor, articulação em unidades semânticas. De acordo com a concepção tradicional, o designer gráfico é, em primeiro lugar, um visualizador. Esse conceito precisa ser revisado, pois, na sociedade da informação, trata-se não só de visualizar, mas de organizar a informação. O designer gráfico se transforma em *information manager*.

Isso requer um trabalho cognitivo e organizado que, no ensino atual, é tratado com indiferença. Sharon Helmer Poggenpohl, editora da revista *Visible Language*, lamentou o que chama de ‹tendência a treinar habilidades› (*skill-oriented training*). No quadro dessa tradição, nem aparece a formação de competência cognitiva, o que quer dizer que a competência linguística ganhará mais peso no futuro. O design não pode se esquivar da linguagem. O conceito de infodesign implica capacidades de coordenação que não são treinadas nos programas atuais. *Infomanagement* visa menos à criação da informação do que à seleção de informações, coordenando-as hermeneuticamente. Essa nova tarefa sugere a revisão dos programas de ensino.

2   Bricken, Meredith. «Virtual worlds: no interface». In: Benedikt, Michael (ed.): *Cyberspace – First Steps*. Boston: MIT Press, 1992, p. 363-383.

3   Maldonado, Tomás. *Reale e virtuale*. Milano: Giangiacomo Feltrinelli Editore, 1992.

O design gráfico é fortemente determinado pela tecnologia da impressão. Por isso, corre o risco de perder o contato com fenômenos decorrentes das mudanças tecnológicas. Os conteúdos de trabalho do design gráfico são: logotipos, papelaria, design de fontes, *layouts* de livros e revistas, cartazes, anúncios, etiquetas e embalagens, diagramas, sistemas visuais de orientação, exposições, *displays*, manuais de identidade corporativa.

O conceito de visualização ligado a tais conteúdos parece estreito demais em vista da informatização da sociedade. Uma possível solução consistiria em orientar o designer gráfico ao conceito da informação. Com isso, toca-se o ponto nevrálgico de um design gráfico ampliado: organizar informação. Possivelmente o termo ‹infodesign› substituirá o tradicional termo ‹design gráfico›. Em lugar de traduzir e transformar conceitos na dimensão do visível, o designer exercerá a função de um organizador autoral de informações.

Essa reorientação separará o design gráfico do campo da publicidade, cujo peso econômico não se põe em dúvida.

O perfil de uma profissão é determinado por três eixos, em um sistema de coordenadas:

- primeiro, pelo enfoque de um determinado campo de preocupações (*concerns*);
- segundo, pelos conteúdos da atuação profissional;
- terceiro, pelo *know-how* específico necessário para agir de forma competente em determinado campo.

O infodesign enfoca as tarefas da comunicação na perspectiva de organizar a informação. Os conteúdos da atividade do infodesign são, entre outros, artefatos multimídia. Para projetá-los efetivamente, o designer precisa de uma série de competências:

- Buscar, selecionar e articular informações para criar áreas de saber coerentes
- Interpretar informações e traduzi-las no espaço retinal
- Entender a interação entre linguagem, som e gráfica
- Dominar programas computacionais para tratamento digital de imagens, sons e textos
- Conhecer teorias da aprendizagem
- Manejar os componentes constitutivos do espaço retinal
- Conhecer a retórica visual e verbal
- Conhecer os métodos de verificação da eficiência comunicativa
- Participar de projetos de pesquisa
- Coordenar projetos.

A multimídia pode implicar uma nova forma de hedonismo e consumo cego de informação. Mas pode implicar também o surgimento de uma nova tecnologia

Design de informação em baixo-relevo. Placa de comemoração da Primeira Guerra Mundial em Bassano di Grappa.

Detalhe da placa de mármore.
Elementos redondos: impacto de granadas.
Elementos quadrados: impacto de bombas.

cognitiva, com conteúdo emancipatório. Artefatos-multimídia são compostos de linguagem, imagem, som e música. Já os hipermídia combinam todos esses canais perceptivos e, além disso, permitem interação em modo de navegação entre nós semânticos. A hipermídia, então, difere dos meios audiovisuais em dois aspectos: as informações são organizadas em rede, e o usuário pode navegar no espaço informacional. Na literatura, existem numerosos exemplos de textos associativos, similares ao hipertexto.

Os autores de textos científicos e literários terão novas possibilidades de influenciar a aparência da linguagem no espaço retínico. Podemos especular que tanto a produção como a recepção de textos mudarão radicalmente. Não possuímos ainda termos técnicos para esses novos artefatos, pois os livros eletrônicos não são equivalências eletrônicas para livros impressos. A digitalização do mundo gira em torno da rede. Por um lado, as estruturas de textos lineares serão substituídas pelas estruturas de textos em rede. Por outro lado, o ferramental digital do computador só revela seu verdadeiro poder na rede.

Finalmente, se as possibilidades abertas pela informática serão ou não utilizadas, isso vai depender, em boa medida, da qualidade da interface. A interface é um meio que pode:
- frustrar e irritar;
- facilitar ou dificultar a aprendizagem;
- ser divertida ou chata;
- revelar relações entre informações ou deixá-las confusas;
- abrir ou excluir possibilidades de ação efetiva – instrumental ou comunicativa.

Multimídia e design de CD-ROM

- Imagem e linguagem
- *Infotainment*
- Caracterização do infodesign
- Função da interface
- Navegação no espaço de dados
- Tipografia digital
- Texto prosódico e aforístico
- Inteligência discursiva e inteligência visual
- Estilos cognitivos

«Os dados nunca podem ser aceitos tal e qual são apresentados. Eles devem ser elaborados e revelados através da tecnologia de ponta.»[1]

Observação crítica

O furor publicitário em torno dos CD-ROMs obriga a formular algumas explicações. Um especialista no campo de hipertexto, George Landow, recentemente lembrava que as mesmas promessas eufóricas com relação à mudança revolucionária nos costumes de leitura e aprendizagem foram feitas naquele tempo em que surgiu a técnica das microfichas, da qual hoje ninguém mais fala. Por isso, é conveniente certa cautela para não cair em uma atitude acrítica que – ofuscada pela última novidade tecnológica – se perca em anúncios ingênuos de um futuro dourado. Além disso, é sabido que a tecnologia mais moderna pode ser acompanhada de uma estética modesta, não tão moderna.

---

1   Agentur Bilwet. *Medienarchiv*. Bensheim/Düsseldorf: Bollmann, 1993, p. 66.

Complementaridade entre linguagem e imagem

No design de um CD-ROM, surge a tensão entre linguagem e imagem, entre logo-centrismo e pictocentrismo – uma tensão que deve ser aproveitada, pois a oposição entre visualidade sem palavras e linguagem sem aspectos visuais é falsa, no meu entender. Hoje muitos se deixam fascinar pelas pirotecnias da animação. Com isso, perdem de vista que a seleção, organização e apresentação das informações devem servir para uma comunicação efetiva. Isso requer trabalho cognitivo, e cabe ao designer realizá-lo, a não ser que prefira restringir-se ao papel de auxiliar subalterno ou simples ‹tradutor› de conceitos predefinidos. Daí estaria a apenas um passo do *info-styling*, fachada aplicada, preparação visualmente bonitinha de informações conforme ditam os critérios da moda vigente. Se não se espera mais do designer, podemos compreender o preconceito em outras profissões que consideram o design simplesmente a produção de ‹coisa reluzente› (*glitzy stuff*).

‹Infotainment›

Há alguns anos, foi criado o termo ‹*infotainment*› na discussão acerca do papel da televisão. Esse termo indica a dissolução dos limites entre informação e diversão – um fenômeno sobre o qual dois críticos nos EUA comentaram: «O potencial cognitivo da TV refere-se ao tipo de saber que pode ser transmitido por ela de acordo com seu caráter de mídia. Nós enfatizamos que o saber televisivo é essencialmente visual, incoerente, frenético, sem contexto, sem referência para as imagens apresentadas ao telespectador. É um saber não estruturado, se é que podemos chamá-lo de saber no sentido clássico da palavra.»[2]

Essa citação indica os perigos que envolvem também o meio CD-ROM. No entanto, seria injustificável identificar o domínio da visualidade com o saber incoerente e sem contexto. Para relativizar a crítica formulada na citação, apresento um exemplo de design de CD-ROM.[3]

Trata-se de um experimento de conceber e projetar um CD-ROM partindo de um banco de dados em forma de documentos de texto, imagem, vídeo e som. O tema do CD era design de informação ou infodesign, pois aí se apresenta a pergunta a respeito da relevância cognitiva do trabalho do designer quando ele contribui para estruturar, organizar e tornar acessíveis conjuntos de informações. Em outras palavras: de que maneira o mundo se faz mais compreensível com a ajuda do infodesign? Podemos caracterizar o infodesign como um domínio profissional

---

2   Mitroff, Ian e Warren Bennis. *The Unreality Industry*. New York/Oxford: Oxford University Press, 1989, p. 181.

3   O projeto foi desenvolvido como terceira publicação dos Anais do Departamento de Design na Universidade de Ciências Aplicadas Köln, como parte de um curso de design de multimídia cognitiva, 1994.

no qual se facilita o reconhecimento e a compreensão de fatos mediante a seleção, organização, hierarquização e combinação de distinções visuais para possibilitar uma ação efetiva. Com isso, o infodesign diferencia-se do design publicitário, que em boa parte define o perfil do design gráfico em função de sua importância econômica.

Interpretação do infodesign

Infodesign é mais do que tradução ou transformação visual. O trabalho do infodesign começa mais cedo, com a estruturação dos conjuntos de dados. O infodesigner não é (apenas) tradutor, mas exerce também uma função autoral. Design tipográfico é muito mais que um serviço secundário, e por isso mesmo deve ser concebido como uma categoria central da linguagem. É por meio do design tipográfico que a linguagem, em forma de textos, pode ser percebida como objeto estético. Admito que essa interpretação do design é radical. Ela pode, entretanto, servir para repensar a relação entre a produção e a recepção de textos. Se a linguagem torna a realidade visível, a tipografia, por sua vez, torna visível a linguagem como texto. A tipografia, intrinsicamente, faz parte do ato de compreender os textos. Pode-se argumentar que a produção de textos é mais importante. Porém, não se trata de hierarquias, e sim da interação de dois domínios.

Abrangência do infodesign

Para documentar a amplitude do infodesign, foram incorporadas ao CD contribuições das seguintes áreas:
- Design de interfaces
- Imagiologia médica (*medical imaging*)
- Diagramas e instruções de uso
- Gráfica do corpo
- Mapas digitais
- Gráfica urbana
- Infodesign para o ensino
- *Infomanagement.*

Faltam nessa lista a gráfica do produto e o *resource imaging*, assim como a visualização de dados científicos. O denominador comum dessas temáticas aparentemente desconectadas é ‹o poder do espaço retinal› – um domínio que tem sido contemplado predominantemente pelas disciplinas especializadas, e não por uma perspectiva global típica para o design.

Design de interfaces

Este projeto é um exemplo instrutivo para o design de interfaces. De acordo com a interpretação tradicional do conceito de ‹interface›, o trabalho do designer

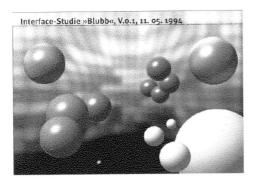 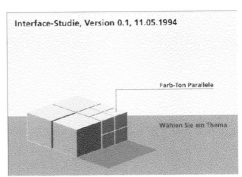

Anteprojeto da interface metafórica com *data clusters*.   Anteprojeto da interface simplificada.

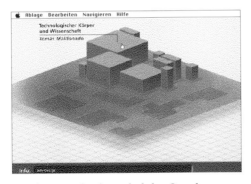 

Interface com plataforma de dados. Quando o cursor passa pela plataforma, aparecem palavras com o título do tema (*roll-overs*, em Macromedia Director – hoje Adobe Director).

Exemplo de um título de documento.

limita-se aos aspectos visuais. Aqui, o que se visa é um conceito mais amplo para o design de interfaces (o que é ou deveria ser). O design de interfaces, se interpretado em um senso não conservador, já começa com a estruturação do conteúdo. Essa afirmação, à primeira vista, não é óbvia, porém um enfoque do design que pretende prescindir do trabalho semântico, vale dizer, sem considerar o conteúdo, fica sem perspectiva.

Duas variantes

Foram esboçados vários conceitos para a interface, desde metáforas realistas até apresentações abstratas em forma de conjuntos de dados (*clusters*). A variante realista foi descartada por seu caráter contingente. Outra variante partiu de critérios rigorosamente funcionais, assumindo que a novidade das sequências de animação se desgasta rapidamente e que o usuário está, em primeiro lugar,

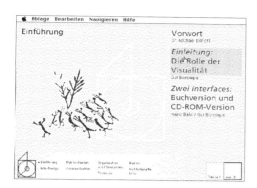
Variante 2. Ação e informação combinadas na zona inferior da janela de navegação.

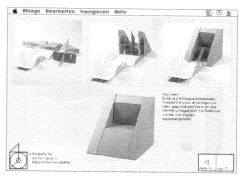
O movimento de avançar e retroceder é indicado por meio de um ícone tratado com animação.

O usuário pode saltar ao interior de um documento selecionando o quadrado correspondente na zona de navegação à esquerda. Além disso, ele pode acessar as principais temáticas por meio de um menu *pull-down*.

O volume do documento é indicado por meio de uma fila de páginas *pop-up*. O usuário pode acessar cada página diretamente.

interessado em obter um acesso rápido e inequívoco aos documentos. Tratava-se de dois enfoques diferentes, cada qual justificado e tão bom quanto o outro. Simplificando, pode-se caracterizar as duas variantes da seguinte maneira: uma interface parte da estrutura semântica, aproximando-se da metáfora de um livro, pois o CD-ROM contém uma série de documentos de textos. A outra interface parte de uma metáfora arquitetônica na qual os documentos são apresentados distribuídos sobre uma plataforma. Ambas as variantes estão obrigadas a retomar o paradigma visual da ‹página›, pois os textos sobre o tema infodesign foram formulados no estilo prosódico, e não no estilo aforístico.

Cor

Na variante metafórica, a cor serve como ajuda de orientação, pois as principais temáticas são correlacionadas a determinadas cores. Na segunda variante, a cor

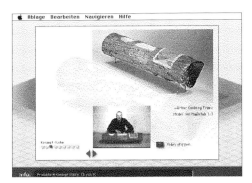

Indicação da duração de uma sequência de vídeo.

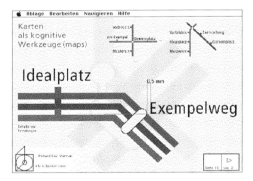 

Janela de um documento da variante 2, que utiliza ao máximo a superfície (*real estate*) do monitor.

A forma do cursor indica uma zona que pode ser ativada.

é utilizada funcionalmente: qualquer elemento ‹sensível› na tela do monitor tem a cor azul, indicando ao usuário que pode atuar sobre esse elemento apertando o botão do *mouse*. A paleta de cores foi limitada a 256. Além disso, foram criadas três paletas de cores secundárias, utilizadas na editoração eletrônica das imagens digitalizadas. A janela de documentos tem como fundo uma ilustração pixelada, para reduzir o brilho que pode ser incômodo durante a leitura. Na orientação, utilizou-se a redundância: em uma subjanela de informação, na borda inferior, informa-se ao usuário onde ele está e quantas unidades de telas ele ainda tem pela frente. Também para a navegação foi aplicada redundância: o usuário pode acessar os documentos via menu de opções ou clicando sobre a imagem.

Tipografia

Em 1994, no estado da tecnologia das fontes para serem vistas no monitor (*screen fonts*), não se podia aplicar os mesmos padrões de qualidade de uma fonte de impressão, que usa uma resolução muito mais alta. Nesse caso, utilizou-se uma fonte

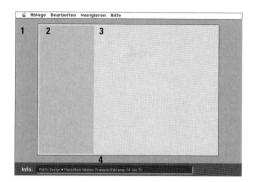 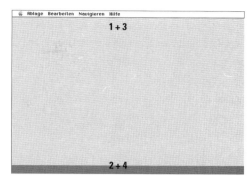

Variante 1. *Layout* com as principais áreas funcionais: **1** – Plataforma de dados (menu principal), **2** – Navegação, **3** – Informação, **4** – Orientação.

Variante 2. *Layout* com as principais áreas funcionais: **1** – Plataforma de dados (menu principal), **2** – Navegação, **3** – Informação, **4** – Orientação.

de sistema (Geneva) que foi especificamente projetada para a tela do monitor. A leitura de textos no monitor requer um tamanho maior do que em um livro, por isso, usou-se 12 pontos com entrelinha 18. Pode-se então perguntar se é justo dissimular as debilidades tecnológicas das *screen fonts* atuais. Cito um trecho de um autor de hipertextos que questiona a função da tipografia tradicional: «[...] o uso do computador para dar precisão matemática ao processo de impressão é um exemplo de saudosismo tecnológico; ele orienta nossa atenção ao meio da impressão utilizando precisão matemática para aperfeiçoar a aparência do texto na página, porém, com um padrão de referência que surgiu nos séculos XV e XVI – uma imagem estática, superprecisa, que enche o espaço monumental da escritura sobre o papel. [...] O trabalho da tipografia computadorizada não nos permite perceber o espaço eletrônico com critérios próprios, [...] um espaço no qual as sutilezas do tamanho da tipografia e da forma da letra têm perdido importância tanto para o autor como para o leitor.»[4]

Hipertexto e estilo cognitivo

Não se elaborou um hiperdocumento em forma de nós semânticos, pois isso teria exigido intervenções radicais nos textos dos autores. Levou-se em conta que os textos foram escritos no estilo prosódico argumentativo. Talvez a tecnologia do CD-ROM venha a fomentar um estilo e uma leitura aforísticos. Essa possibilidade não pode ser decidida teoricamente, apenas de forma empírica. Uma atitude

---

[4] Bolter, Jay D. *Writing Space – The Computer, Hypertext and the History of Writing*. Hillsdale: Lawrence Erlbaum Associates, 1991, p. 67.

distanciada parece ser apropriada: «Estudantes que desenvolvem apresentações de hipermídia podem terminar com uma forma de saber que fora de associações vagas não possui nenhuma estrutura. [...] Hipermídias parecem tão atrativas porque aparentemente facilitam a apresentação direta do saber não linear. Elas parecem libertar-nos da rigidez das apresentações lineares. Porém, não temos uma teoria coerente sobre a maneira como essas redes de conhecimento são estruturadas, pressupondo que tenham alguma estrutura.»[5]

Adendo

O aspecto visual do design se manifesta intensamente nas novas mídias, sobretudo na internet. Aí o paradigma tradicional da inteligência discursiva é posto em dúvida – um paradigma que tinha até então uma posição monopólica nas instituições de ensino superior. As novas mídias produzem rachaduras nas disciplinas tradicionais e explicam o interesse crescente das disciplinas discursivas no potencial cognitivo da visualidade. Por causa da digitalização, pode ser reivindicado o caráter autônomo da visualidade e, por isso, do design. Além disso, as áreas tradicionais do saber dependem de forma crescente do domínio visual. A competência discursiva depende cada vez mais da competência visual, e com isso o infodesigner ganha um espaço de atuação na tarefa de reduzir a entropia cognitiva.

---

[5] Chipman, Susan F. «Gazing once more into the silicon chip: Who's revolutionary now?». In: *Computers as Cognitive Tools*, edited by Susanne P. Lajoie and Sharon J. Derry. Hillsdale: Lawrence Erlbaum Associates, 1993, p. 358.

Design de interface para aplicações móveis ‹multi-touch›

David Oswald

- *Storytelling* como método de desenvolvimento conceitual
- Design de interação: do «o quê» ao «como»
- Ascensões e quedas das metáforas do mundo real
- *Affordances*, signos indiciais e micrometáforas
- Hiper-realismo e invisibilidade
- Usuários que mudam
- Signos que mudam
- Da representação da causalidade à causalidade percebida

No design de produto mais tradicional, as funções de um produto frequentemente parecem estar dadas. Uma cadeira serve para sentar-se, um carro, para deslocar-se de um ponto a outro, e um telefone permite falar com pessoas que não estão presentes. É bem sabido que uma cadeira pode igualmente ser utilizada como mesa de apoio ou combustível para um forno; ainda assim, os produtos físicos costumam propor uma funcionalidade-padrão. No domínio digital, o mesmo também pode ser dito sobre o software, mas não necessariamente sobre o hardware. Por encarar menos restrições físicas, a ambiguidade funcional não é a exceção, mas sim a regra para os produtos digitais. Portanto, chamar um dispositivo móvel de «*smartphone*» é bastante desorientador. O chamado *smartphone* não é mais que um computador de bolso – com uma aplicação de telefone integrada. É uma máquina universal, e, em apenas uma pequena parcela de tempo, converte-se realmente em telefone: quando, e somente quando, o usuário o utiliza para telefonar. Em todas as demais situações, esse dispositivo móvel converte-se em calculadora de bolso, calendário, console de jogos, reprodutor de música ou nível de bolha de ar.

Em virtude das funções não estarem dadas ou determinadas nos produtos digitais, elas podem ser tanto derivadas de antecessores analógicos como inventadas. Consequentemente, seu processo projetual deve partir da indagação sobre as funções ou os serviços que o novo produto deve fornecer, ou, ainda, sobre o que um usuário pode desejar fazer com ele. Enquanto o tradicional design de produtos pode muitas vezes começar com a pergunta «Como fazemos isso?», o design de produtos digitais deve responder primeiro «O que queremos fazer com isso?». Portanto, para desenvolver produtos inovadores nesse domínio, deve ser empregado um grande esforço em ideação e desenvolvimento do conceito básico.

‹Storytelling› como método de desenvolvimento conceitual

Às vezes, é difícil evitar que os estudantes de design abram o Illustrator e o Photoshop prematuramente durante a fase de conceito. Concentrar-se muito cedo em aspectos técnicos, estruturais ou visuais de uma aplicação ocasiona uma visão fragmentada sobre o problema de design, negligenciando o contexto geral de uso. Nas últimas duas décadas, a comunidade do design de interação desenvolveu uma série de métodos para o design centrado no usuário, alguns dos quais utilizam técnicas que derivam da atuação e da narrativa. Um dos métodos mais populares para encorajar uma visão centrada no usuário é o uso de ‹*personas*› – termo emprestado do teatro antigo.[1] Já um método que utiliza elementos narrativos (*story*) para descrever a atividade do usuário é o Desenvolvimento Ágil de Software, cada vez mais popularizado nos últimos anos. Ele enumera características funcionais de um produto nos chamados ‹casos de uso› (*user stories*): descrições breves sobre o que um usuário pode fazer com o software, escritas em linguagem coloquial.[2] Ambos os métodos demandam alguma prática e são adequados para um contexto de trabalho profissional. Em particular, para estudantes com pouca experiência em design centrado no usuário, há uma alternativa fácil e eficaz que, inevitavelmente, garante um forte foco no usuário: o *storytelling* – escrever uma história que descreva um dia na vida de um usuário típico que está usando o novo aplicativo. Contar histórias a partir da perspectiva do usuário comum previne focar apenas em recursos e funcionalidades, favorecendo, assim, atividades do usuário e a interação social. Desse modo, um processo de uso orientado ao humano é desenvolvido quase sem esforço, e o foco precoce na estrutura e no design visual é evitado.

A partir de uma narrativa escrita ou mesmo de diagramas de fluxo de trabalho sobre os casos de uso, o próximo passo fica relativamente fácil. Primeiro a narrativa é dividida em cada uma das ações do usuário. A maneira mais fácil de fazer isso é por meio da identificação de verbos relacionados com o usuário. Em uma segunda instância, os cenários e as histórias podem ser convertidos em casos de

[1] ‹Personas› são protótipos de usuários fictícios, descritos com precisão em termos de experiência pessoal e profissional, bem como de necessidades e objetivos. Cooper, A. *The Inmates Are Running the Asylum*. Indianapolis: Macmillan Publishing, 1999.

[2] Cohn, M. *User Stories Applied: For Agile Software Development*. Redwood City: Addison-Wesley, 2004.

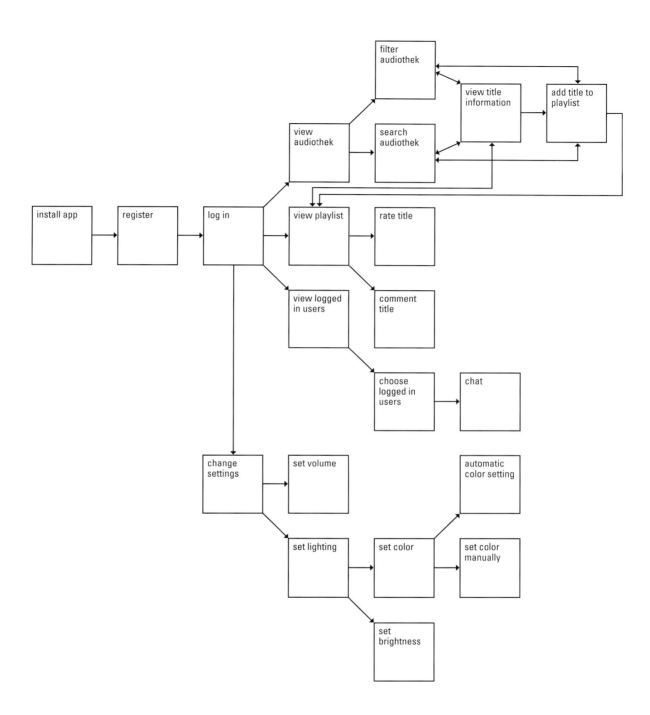

Diagrama de fluxo baseado na atividade do usuário extraída de uma história escrita. Em contraste com os diagramas UML, apenas a atividade do usuário é exposta. Cada célula contém um verbo relacionado à atividade do usuário.
Docente: David Oswald.
Estudantes: Martin Diebel, Lisa Giannis, Sebastian Kluge. HTW Berlin 2013.

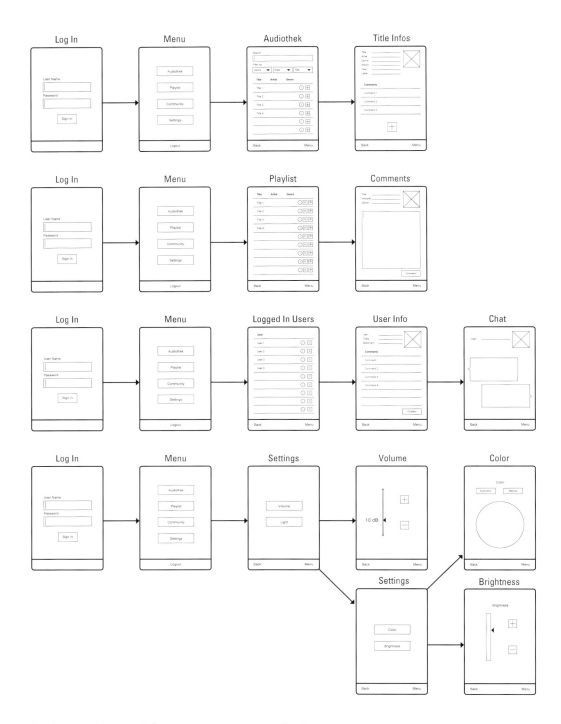

Protótipo *wireframe* para definir a interação e a estrutura da tela.
Docente: David Oswald.
Estudantes: Martin Diebel, Lisa Giannis, Sebastian Kluge.
HTW Berlin 2013.

uso lineares – com base nas atividades dos usuários representadas nesses verbos. Se a complexidade não for muito elevada, os casos de uso podem ser combinados em um grande diagrama de fluxo que mostre como essas atividades se relacionam. E em cada célula desse diagrama haverá um verbo da nossa narrativa relacionado ao usuário.[3]

Design de interação: do «o quê» ao «como»

Conceitos respondem principalmente a perguntas do tipo «o quê?»: O que se propõe com o novo produto? O que caracteriza o produto? O que o usuário faz? E assim por diante. Design de interação diz respeito à geração de pontes entre conceitos baseados em texto e protótipos – respondendo, principalmente, a perguntas do tipo «como?»: Como os usuários interagem com o dispositivo para alcançar seus propósitos? Como eles interagem com outros usuários? Design de interação é a passagem de uma definição de «o quês» na ação do usuário, por exemplo, «definir o volume do som», para uma definição de «como» fazê-lo, ou seja, girando um botão, deslizando um controle, ou pressionando os botões de mais ou menos. Essas decisões não são arbitrárias nem obrigatórias, são contingentes. Não há equivalência essencial entre uma ação ou função e como ela é operacionalizada para um usuário. Contudo, uma decisão sensata deve levar em conta diversas condições de enquadramento e restrições: diversidade e tipo de usuários, contexto de uso, dispositivos de entrada, tamanho da tela etc. A fim de facilitar essas decisões de design, vários princípios orientadores foram especificados nas últimas décadas: manipulação direta, *feedback, affordances, «natural» mapping, real life metaphors*. Atualmente, para discutir questões de design de interface mobile, uma revisão de alguns desses princípios é de grande ajuda. Especialmente os conceitos ‹*affordance*› e ‹*real life metaphor*› voltam a ser relevantes, mesmo que na discussão atual se usem normalmente outros termos, como ‹esqueuomorfismo› e design ‹autoexplicativo›.

Ascensões e quedas das metáforas do mundo real

A popularidade das metáforas do mundo real parece sofrer tantos altos e baixos como o mercado de ações. O último *boom* metafórico terminou em 2013, quando a Apple apresentou uma nova linguagem de design *flat* (plana) e abstrata em seus dispositivos móveis. A surpreendente velocidade com que outras empresas de software se adaptaram à aparência *flat* pode sugerir que essa mudança seja prin-

---

3   Chris Crawford diz: «Sempre projete os verbos antes. Não comece com a tecnologia.» *The Art of Interactive Design: A Euphonious and Illuminating Guide to Building Successful Software*. San Francisco: No Starch Press, 2002, p. 93.

cipalmente uma questão de moda, impulsionada pela necessidade permanente de algo novo como fim em si. No entanto, basta uma olhada na história do design de interface para entender um padrão na estima variável das interfaces que ‹parecem de verdade›: a metáfora da vida real sempre é utilizada em momentos da história em que o paradigma de interface muda e quando novos tipos de usuários são apresentados à nova tecnologia digital.

No design de interface computacional, a grande era que inaugura tais metáforas começa com a disponibilização do primeiro dispositivo de apontamento a um preço acessível, o ‹*mouse*›, aliada à capacidade de processamento suficiente para representações gráficas. Assim, a transferência de conceitos da vida real para a tela do computador já era tecnicamente viável. No final dos anos 1970 e início dos 1980, a nova interface gráfica do usuário (GUI) imitou o contexto de vida real do seu então público-alvo: o escritório (*office*).[4] Para diminuir o esforço cognitivo e o custo de aprendizagem, foram imitados objetos de escritório familiares: área de trabalho, arquivos, pastas e cesto de lixo. Entretanto, as limitações técnicas tornaram a iconografia da área de trabalho um tanto abstrata. Isso facilitou o esquecimento da origem dessas metáforas uma vez terminada a fase de aprendizado dos usuários. Para se ter uma ideia, a palavra ‹menu› não induz mais necessariamente à seleção de pratos disponíveis em um restaurante. O conceito de um menu de restaurante para ilustrar a disponibilidade de escolha deve ter sido útil nos primeiros anos das GUI. Os usuários de hoje poderiam até ficar um pouco confusos se confrontados com uma imitação fotorrealista de uma carta de menu de restaurante listando comandos como ‹cortar›, ‹copiar›, ou ‹colar›.

Uma segunda onda de metáforas da vida real atingiu essa disciplina no início da década de 1990, quando a *multimídia interativa* se popularizou. Nas interfaces de aplicações multimídia, elementos abstratos e baseados em texto, como menus e botões, foram substituídos pela exibição de objetos cotidianos em ambientes cotidianos. Em contraste com os gráficos em preto e branco dos primórdios da GUI, essas metáforas da vida real foram então exibidas em cores. Porém, o nível elevado de detalhamento não ajudou. Essa abordagem provocou significativos problemas de usabilidade, principalmente porque os objetos clicáveis e não clicáveis não eram discernidos. Essa falta de qualidade autoexplicativa nas aplicações multimídia foi então rotulada ‹exploratória› – um eufemismo para ‹difícil de encontrar qualquer coisa›. Ainda assim, o realismo

---

4   Uma visão abrangente sobre a história da interface gráfica do usuário pode ser encontrada em: Moggridge, B. *Designing Interactions*. Cambridge / London: The MIT Press, 2007.

um pouco ingênuo dessas interfaces foi um sucesso nas aplicações dos chamados CD-ROM de ‹eduentretenimento› (*Edutainment CD-ROM*). A Microsoft ainda tentou transferir a abordagem da vida real para o software-padrão. Motivado pelos jogos de computador e pela iminente *World Wide Web*, o computador pessoal acabou migrando do escritório para a sala de estar. Consequentemente, a Microsoft lançou um derivado do Windows que renunciava à metáfora do escritório, substituindo-a pela metáfora da sala de estar.[5] Mais uma vez, o conceito subjacente foi imitar o contexto dos usuários a fim de facilitar o uso do computador. Não é de surpreender que a abordagem da interface sala de estar tenha sido um completo fracasso.

O discurso acadêmico sobre metáforas na Interação Humano-Computador (IHC) também chegou ao seu auge nos anos 1990.[6] Meia década se foi e o debate sobre os prós e contras das metáforas perdeu relevância. Havia ainda um discurso contínuo sobre como levar o design da interface ‹além do *desktop*›, mas simplesmente reconstruir o mundo físico em uma interface já seria dificilmente considerado uma opção inovadora depois dos anos 1990. Inesperadamente, a Apple realimentou o velho debate sobre metáforas ao apresentar suas interfaces de usuário *multi-touch* para iPhone e iPad. Apostou-se fortemente na simulação de madeira, feltro, papel, capas de couro costurado e encadernação em espiral cromada. Em comparação com os anos 1990, o nível de realismo foi superior. Mas, enquanto a qualidade estética foi maior, passadas três décadas, a teoria por trás das metáforas do mundo real ainda era a mesma: o aprendizado e o uso de uma interface são facilitados por meio da transferência de conhecimento de interações do mundo real àquelas do mundo digital.[7] A discussão tornou-se virulenta em 2010, quando a Microsoft publicou a nova versão do Windows Phone com uma aparência radicalmente *flat* e sintetizada. Por fim, em 2013, a Apple também anunciou o abandono do design com metáforas do mundo real em favor do ‹*flat design*›. Essas metáforas podem ter servido principalmente como atração sensual para um público de neófitos do *multi-touch*. Apesar disso, uma vez mais, haviam cumprido sua missão e puderam ser descartadas.

---

5   *Microsoft Bob*. Disponível em: http://en.wikipedia.org/wiki/Microsoft_Bob. Acesso em: 27 fev. 2014.

6   Por exemplo, Erickson, T. D. «Working with Interface Metaphors» e Kay, A. «User Interface: A Personal View». In: *The Art of Human Computer Interface Design*, edited by B. Laurel. Boston: Addison Wesley, 1990. Para uma boa introdução, ver também: Blackwell, A. F. «The reification of metaphor as a design tool». *ACM Transactions on Computer-Human Interaction* 4 (2006): 490-530.

7   Apple Computer. *iOS Human Interface Guidelines*, 2011.

Telas com «*flat design*», sem qualquer efeito 3D, usando apenas tipografia, cores sólidas e uma iconografia de poucos detalhes.
Docente: David Oswald.
Estudantes: Martin Diebel, Lisa Giannis, Sebastian Kluge. HTW Berlin 2013.

Sem reproduzir inteiramente a discussão sobre as limitações das metáforas, é necessário abordar alguns dos problemas encontrados nas transferências real--digital. Quando olhamos para um livro no mundo real, sabemos exatamente o que podemos fazer com ele. Sabemos como manipulá-lo e navegá-lo. Mas também sabemos o que não conseguiremos fazer com ele. Uma representação fotorrealista de um livro em uma tela é um pouco diferente. É natural que a semelhança com um livro possa dar algumas pistas sobre como interagir com a interface, mas também é óbvio que os usuários possam apenas interagir dentro de parâmetros previstos e implementados pelo fabricante do software. O usuário pode muito bem presumir que é possível virar as páginas, mas poderá também marcar as páginas fazendo orelhas nos cantos? E arrancar folhas? Não importa o quão impressionante seja a interface visual, ela não responde. Para entender por que isso ocorre, o conceito de *affordance* é operativo. Ele permite um olhar analítico frente às diferenças entre a interação com o mundo físico e as interfaces digitais.

‹Affordances›, signos indiciais e micrometáforas

Frequentemente somos capazes de perceber o que podemos fazer com os artefatos, mesmo sem tê-los visto ou tocado antes, simplesmente observando-os. Com base na experiência cotidiana, prevemos com êxito tanto possibilidades de manipulação como restrições mecânicas. Sabemos imediatamente como nosso corpo se relaciona com os objetos. Vendo um vão ou um buraco, sabemos precisar se seremos capazes de inserir uma mão, um dedo, ou apenas uma unha. Gibson cunhou o termo *affordance* a fim de caracterizar essa inter-relação entre sujeito e objeto.[8] Um princípio comum na IHC é que as interfaces só serão de fácil entendimento quando fornecerem *affordances* claros, ou seja, quando um usuário puder antecipar quais partes são clicáveis, móveis etc.[9] Tradicionalmente, tenta-se conseguir isso imitando *affordances* do mundo físico. Seguindo a ideia de *affordances* imitados, os botões comunicam sua clicabilidade, por exemplo, com um efeito biselado, enquanto uma superfície com nervuras pode sugerir a possibilidade de arrastar algo, como uma barra de rolagem ou o canto de uma janela redimensionável. Em termos semióticos, uma superfície com nervuras *indica* uma melhor aderência no mundo físico. É um signo indicial (*index*): a relação entre o signo (nervuras) e seu significado (aderência) é causal. Quando vemos nervuras virtuais em uma tela, a causalidade pode não existir – mas seguimos associando-as à nervura real e seu significado, com base em uma semelhança visual. Logo, o que vinha sendo um signo indicial no mundo físico tornou-se um signo icônico no mundo digital – por imitação.[10] Ou, ainda, na terminologia da psicologia cognitiva: o que chamamos de *affordance* no mundo físico torna-se um *affordance projetado* ou *percebido* quando imitado na tela. O mesmo fenômeno também pode ser compreendido como uma transferência metafórica: *affordances* imitados podem ser considerados micrometáforas. Metáforas da vida real tradicionais, como a do livro ou a do escritório, imitam fluxos de trabalho inteiros e sequências de interação. Em contraste com essas grandes metáforas, para comunicar *affordances* de elementos interativos individuais, as micrometáforas imitam apenas princípios mecânicos e físicos. Desse modo, as micrometáforas também sugerem o correspondente padrão elementar de microinteração, como clicar, tocar, deslizar, virar. No fim das contas, nem importa tanto qual modelo explicativo privilegiamos. Sejam de origem psicológica (*affordance*), semiótica (signo indicial) ou linguística

---

8 Gibson, J. J. «The Theory of Affordances» In: *Perceiving, Acting, and Knowing: Toward an Ecological Psychology*, edited by R. Shaw and J. Bransford. Hillsdale: Lawrence Erlbaum, 1977.

9 Norman, D. *The psychology of everyday things*. New York: Basic Books, 1988.

10 Keller, R. *A Theory of Linguistic Signs*. New York: Oxford University Press, 1998.

(metáfora) – as consequências para a prática do design são semelhantes: com frequência, *affordances* projetados fazem uso de razoáveis efeitos 3D para induzir a associação desejada, algo visualmente saliente pode ser pressionado, bem como uma superfície com nervuras proporciona mais aderência do que uma superfície plana. Isso explica, ao menos parcialmente, por que a tendência do *flat* design tem sido criticada. Em poucas palavras, o principal argumento seria: sem efeitos 3D, há menos *affordances*, portanto, a interface é menos autoexplicativa, e o resultado é um uso inferior. Esse argumento parece coerente, mas teremos de verificar se não é simplista demais.

Hiper-realismo e invisibilidade

A técnica de interação *multi-touch* não só trouxe uma terceira onda de metáforas hiper-realistas da vida real, mas também possibilitou ‹interagir diretamente com o conteúdo›.[11] Agora as fotografias podem ser navegadas, os mapas podem ser ampliados e panoramizados – sem quaisquer elementos visíveis de interface. Considerando que, nas interações-padrão com cursor, são os ponteiros e controles visíveis que indicam onde é possível clicar e arrastar, nas interfaces sensíveis ao toque não vemos nada além de puro conteúdo. Ponteiros e controles não são mais necessários para manipular o conteúdo. Estão funcionalmente obsoletos. Mas essas interfaces invisíveis ainda são autoexplicativas? O que a princípio parece libertador – a interação direta, sem elementos de interface que perturbem e distraiam – carrega consigo uma grande desvantagem: a falta de códigos visuais claros para o que é ativável e o que não é. A interface torna-se invisível, e, por sua vez, os signos explicativos desaparecem.

Ironicamente, interfaces superdetalhadas que imitam objetos triviais sofrem a mesma desvantagem. Elas tampouco apresentam códigos visuais claros que permitem ao usuário distinguir *affordances* imitados *acidentalmente*, como efeito colateral do aumento do realismo, de *affordances* imitados *propositadamente*, em conexão com a funcionalidade interativa. Apesar de tanta riqueza visual, a falta de conhecimento tem causado também a falta de visibilidade. Um caso polêmico é o aplicativo «Entertainment Center» do Yahoo, que em 2010 apresentava – tcha-ram! – *uma sala de estar* com poltrona, tapete, revistas, DVDs, mesa e xícara de café, leitor de DVD e televisor. Como nos velhos tempos, o usuário tinha de ‹explorar› a interface, aventurando-se em adivinhar se a xícara de café era ou não interativa. Em termos semióticos, a interface sofreu com a ambiguidade dos signos icônicos. As falsas associações desencadeadas pela semelhança com indicadores da vida real só podem ser evitadas usando signos visuais que claramente *não* pertencem

---

11 Apple Computer. *Op. cit.*

Cubodo é um jogo baseado em localização que permite aos usuários deixar e pegar pacotes virtuais com fotografias e texto em ambientes reais. A interface é um mix de interação direta com o conteúdo (visualização do mapa), metáforas do mundo real (pacotes virtuais) e elementos abstratos clássicos (botões, menus, caixas de texto etc.).
© out there communication 2013.
Projeto: Thomas Schmudde. Inicialmente desenvolvido no projeto de mestrado na Bremen University of Applied Science, 2010-2011.
Docentes: Barbara Grüter, David Oswald.

a esse âmbito: símbolos abstratos. Nesse caso, os símbolos são discerníveis e compreendidos, não *apesar de*, mas justamente *porque* são artificiais e abstratos. No caso do aplicativo de entretenimento do Yahoo, os únicos signos inteligíveis sem grandes questionamentos são um triângulo, uma roda de engrenagem, e um ponto de interrogação – todos signos simbólicos convencionais, de ‹play›, ‹configurações›, e ‹ajuda›.

Usuários que mudam
Em 2001, o termo ‹nativos digitais› foi introduzido por Prensky para descrever uma nova geração de usuários que «passaram a vida inteira cercados de e usando computadores, *videogames*, tocadores de música, filmadoras, telefones celulares, e todos os outros brinquedos e ferramentas da era digital». Aos usuários mais

velhos, que cresceram sem essas mídias, ele chamou ‹imigrantes digitais› – pessoas que nunca perderão por completo o ‹sotaque analógico›.[12]

Muitas das afirmações de Prensky ainda são válidas. Entretanto, alguns de seus exemplos para a separação nativo-imigrante já revelam uma defasagem de mais de uma década. Em 2001, um nativo digital usava o telefone celular clássico. Agora, quem usa telefones celulares clássicos, com botões e teclado físicos, pode ser considerado digitalmente ingênuo. Atualmente, os nativos digitais usam *smartphones* que integram todos os *gadgets* mencionados por Prensky: «computadores, *videogames*, tocadores de música, filmadoras, telefones celulares», os quais foram substituídos por um único dispositivo, móvel, com apenas uma tela sensível ao toque. Mas o tempo voa. Quem já viu uma criança de 2 anos de idade usando um iPad pode imaginar que uma nova geração de supernativos digitais já está a caminho. A questão decisiva será se o velho princípio de transferência de conhecimento do mundo físico para o digital seguirá funcionando com usuários que exploraram, experimentaram e entenderam ambos os mundos ao mesmo tempo.

Não só os nativos digitais estão diferentes em comparação com 2001. Também os imigrantes digitais mudaram. Eles formam hoje um grupo muito mais heterogêneo. Estão aí aqueles que foram expulsos à força do próprio mundo analógico – frente a mudanças do ambiente profissional ou por pressão social – mas também outros que imigraram avidamente, atraídos pelas promessas do mundo digital. Além disso, uma grande quantidade de imigrantes digitais já é imigrante há mais de duas décadas, por isso, seu ‹sotaque analógico› se torna cada vez mais sutil. Para eles, um duplo clique parece ainda mais ‹natural› que quebrar uma noz ou descascar uma laranja.

Tanto para a segunda geração de nativos digitais quanto para os imigrantes digitais integrados, a ideia de que as interfaces são compreendidas por meio da transferência de conhecimento do mundo físico ao digital pode perder sua plausibilidade. Eles preferem transferir conhecimentos prévios adquiridos no uso de outras interfaces. No caso de crianças, que crescem nesses dois mundos ao mesmo tempo, uma transferência metafórica é obsoleta – ou mesmo bidirecional. Pode ser que conheçam a pintura a dedo ou a borracha por meio da tela, antes mesmo de conhecê-las na vida real. Mas será que isso torna obsoletas as micrometáforas por trás dos *affordances* projetados? Será que um botão reduzido a letras, com um contorno, serve para o mesmo fim que outro com arestas biseladas? Isso é impossível de ser respondido, a menos que saibamos mais sobre como os usuários dão sentido às interfaces, e como deduzem o significado de um signo – obviamente, essas são questões semióticas.

---

12 Prensky, M. «Digital Natives, Digital Immigrants», *On the Horizon* 5 (2001).

Signos que mudam

Sabemos de três maneiras para que um usuário construa o significado de um signo: causalidade, similaridade e convenção.[13] O tempo todo, lemos nosso meio ambiente, quase sempre inferindo a partir de explicações *causais*: eu posso inserir um dedo ali *porque* o buraco é um pouco maior do que ele; este botão deve ter sido muito usado *porque* sua pintura está desgastada; este elemento de controle só pode ser movido horizontalmente *porque* o sulco horizontal impede movimentos em qualquer outra direção. Signos como esses indicam relações causais – são índices.

Anteriormente discutimos a transformação de signo indicial em ícone. Quando um índice físico é imitado na tela, torna-se um ícone. O usuário constrói significado a partir do ícone com base em uma inferência associativa, desencadeada pela *semelhança* entre o original e sua imitação na tela: isso *parece* uma superfície nervurada que proporciona aderência, deve ser onde clicar e arrastar.

Descobrir semelhanças é quase como resolver enigmas. Frente ao mesmo enigma várias vezes, não faz mais falta associar e adivinhar. Em consequência, um ícone deixará de ser interpretado por similaridade e será baseado em um hábito. A semelhança real permanece, mas agora passa despercebida – o significado tornou-se uma *convenção*. Para o usuário, esse signo tornou-se um símbolo.[14] Essa transformação de signo indicial em ícone e em símbolo, iniciada no mundo físico, conduz à simbolização, e é o processo semiótico do imigrante digital. Para um nativo digital, o processo ainda é outro.

Da representação da causalidade à causalidade percebida

Na década de 1980, os primeiros usuários confrontados com as novas interfaces gráficas tinham pouca experiência computacional. Em sua linguagem diária, ‹arquivos› e ‹pastas› denotavam objetos de papel e papelão. Em contrapartida, os nativos digitais de hoje não veem o modelo computacional como representação de um escritório ou coisa que o valha. Conforme a idade, eles provavelmente desconheciam a existência de pastas físicas antes de encontrar suas correspondentes representações em uma tela. Como resultado, esses usuários nunca viram tais representações como representações. Ao desconhecer os objetos originais, os nativos digitais são incapazes de estabelecer qualquer semelhança. Para eles, esses ‹ícones› não são nenhum pouco diferentes de símbolos. O que é um ícone por similaridade para o imigrante digital, para o jovem nativo digital é um símbolo convencional.

---

13 Peirce, C. S. «Logic as Semiotic: The Theory of Signs». In: *The Philosophy of Peirce: Selected Writings.* London: Routledge & Kegan Paul, 1956.

14 Keller. *Op. cit.*

Aplicativo para compartilhar a localização de resíduos de grande volume reutilizáveis.
Docente: David Oswald.
Estudantes: Robin Ahle, Christian Rietz. HTW Berlin 2013.

Mas isso só vale para uma fase preliminar. Usados reiteradamente, os signos simbólicos arbitrários tornam-se indiciais: se o mundo digital comporta-se de forma consistente ao longo do tempo, e a interação com o usuário proporciona uma reação (*feedback*) previsível e reprodutível, em breve o usuário irá internalizar os signos dessa reação e considerá-los indicativo para suas ações. Dessa forma, os símbolos tornam-se índices quase naturais. No mundo real, uma reação é determinada por leis da física. No mundo digital, por leis de algoritmos. Quando são implementados, esses algoritmos determinam a reação às ações dos usuários. Para o usuário, não faz diferença se uma reação é determinada por leis da física ou pela interação com algoritmos criados pelo homem. O único requisito para um processo indicial é a *causalidade percebida*. Qualquer som pode ser definido como alerta – e rapidamente será um claro indicador de erro. Passado algum tempo, isso funciona mesmo com o som mais arbitrário, seja ele o coaxar de um sapo ou um simples bipe. Na percepção dos usuários, suas atividades *causam* o evento e o correspondente signo de reação.

Qualquer afirmação sobre o destino do design de interface será sempre especulativa. Hoje, há muita discussão a favor da tendência mais abstrata e simbólica. Em especial, com a redução do número de *naïves* digitais, parece haver menos chances para o surgimento futuro de uma quarta onda de interfaces inspiradas na vida real. No entanto, para saber se a tendência atual para a abstração persistirá, talvez tenhamos de esperar a próxima grande mudança no paradigma interativo. As últimas três ondas de metáforas da vida real surgiram com um intervalo de cerca de 15 anos. Portanto, uma quarta onda poderia ser prevista para 2030. Mas não coloco minha fichas nisso.

Design de ‹games›

Ralf Hebecker

· Um campo multidisciplinar
· Tipos, gêneros e plataformas para *games*
· O projeto *Scherbenwerk*
· O que aprendemos

Na primeira parte deste artigo será brevemente esboçado o campo dos *games* e algumas características diferenciadoras de seus subgêneros. Assim, fica subentendido que os *shooter-games* (jogos de tiro), tão criticados pela mídia, representam apenas uma pequena porcentagem desse campo, e, também, que nem todo *game* é passível de ser jogado em *smartphones*. Na segunda parte deste artigo, serão apresentados essencialmente os princípios para a implementação e realização de projetos de jogos eletrônicos. Essa temática originou-se em um programa de mestrado em *games* (*Games-Masterstudy*) da Universidade de Ciências Aplicadas de Hamburgo.[1] A título de exemplo, detalharemos o projeto estudantil ‹*Scherbenwerk – Fragments of Eternity*› e as conclusões mais significativas obtidas durante sua implementação.

Um campo multidisciplinar
Jesse Schell, designer de *games* americano, responde em seu livro *The Art of Game Design* à pergunta retórica sobre quais habilidades são necessárias a um designer de *games*, «resumindo: Todas!.»[2] Nossos designers precisam somar habilidades conjuntas de diferentes disciplinas. Até mais do que em outras disciplinas, tais

---

1 Mais informações em: http://www.gamesmaster-hamburg.de/en/.
2 Schell, J. *The Art of Game Design*. Burlington: Morgan Kaufmann, 2008. p. 2. [Citação original: What Skills Does a Game Designer Need? In short, all of them.]

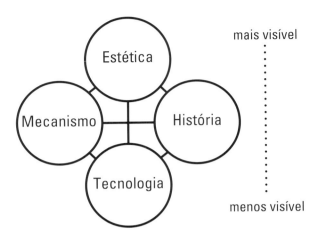

Quatro dimensões de um *game* (por Jesse Schell, *op. cit.*). As dimensões da parte superior são mais fáceis de se ver, estão próximas ao jogador; as dimensões inferiores estão ocultas e são menos visíveis. O balanceamento pode ser variável de jogo para jogo.

como design de experiência ou cinema. Não é incomum encontrar no mesmo projeto uma composição de editores, estrategista, gerenciador, autor, historiador, programador, designer/artista, animador, arquiteto, músico, engenheiro de som, analista de estatística e pesquisador. Embora a competência essencial de um designer de jogos já tenha sido, em um princípio, a programação e o design, ‹designer de *games*› significa aqui, neste contexto, não somente a composição estético-formal, disposição visual ou arte visual, mas também, por exemplo, a música e os sons de um jogo.

Segundo Schell, os elementos podem, em diferentes jogos, ser balanceados de maneira variada. Alguns têm como base a organização estético-formal, enquanto outros dispõem de uma história de fundo mais lapidada e seu universo está composto de personagens mais apurados. O projeto estudantil mencionado, *Scherbenwerk*, pertence a esse último grupo, diferente dos clássicos *Pong* e *Tetris* – ambos formados através de uma composição reduzida e quase minimalista, não contendo história como pano de fundo.

Esses jogos de quebra-cabeça e habilidade (*puzzle*) são compostos predominantemente de pura mecânica na forma de regras programadas. Ao mesmo tempo, *Scherbenwerk* e *Tetris* representam a discutida fronteira entre jogos narrativos e lúdicos (*narratologists and ludologists*) que surgiu entre o final dos anos 1990 e meados dos anos 2000. Resumindo, de um lado estão aqueles que representam o princípio narrativo, normalmente autores e pesquisadores que conectam *games* com ciências literárias, filmes, televisão e teatro. Do lado oposto, encontram-se os lúdicos, que enxergam a qualidade unicamente a partir da possibilidade interna gerativa do computador.

Programas de computador podem na realidade ser em boa medida preestruturados, o que seria comparável ao trabalho narrativo de um autor, diretor de filme, ou multimídia, que se aproxima fortemente do sentido da dramaturgia em determinados planos de enredos. Os lúdicos consideram isso como uma falha no reconhecimento das possibilidades de um jogo de computador médio. Jogos como *Tetris* ou *Pong* podem ser programados com algumas regras muito simples e, desde o seu aparecimento, sempre surgem novos perfis de jogos sem sequências pré-programadas. Esse tipo de jogo escapa em parte ou até completamente da dramaturgia. Entretanto, tais posições têm convergido. Para os criadores de *games*, essa rigorosa distinção acadêmica é de qualquer maneira pouco útil, e sempre encontram-se combinações de ambas com novas e frutíferas soluções.

Intimamente relacionadas a essa convergência são as considerações sobre a narração não-linear, que demanda o desenvolvimento de novas narrativas ou fios narrativos a partir das decisões de cada jogador. Depois da euforia inicial, durante a década de 1990, hoje essa questão é tratada de forma mais pragmática. A razão para isso é óbvia: cada ramo da história deve ser escrito por autores[3] humanos, e os ramos de possíveis decisões completamente livres voltam a ramificar-se rapidamente em uma infinidade de variantes. Os mais famosos jogos narrativos atuais, como *Heavy Rain* ou *The Last of Us*, apresentam uma relativa linearidade de acontecimentos. Já aí, com muito custo, um bom designer de games precisa conseguir invisibilizar seu trabalho para poder guiar o jogador por meio de pequenos pontos de transição até o final, criando assim uma sensação de liberdade e surpresa.

A imprevisibilidade governa realmente os assim chamados MMOGs (*Massively Multiplayer Online Games*).[4] São milhares ou até milhões de jogadores em gigantescas paisagens comunitárias, como *World of Warcraft*. Outros exemplos interessantes são *SimCity* e *Minecraft*, que não propõem um objetivo fixo ao jogador (por esse motivo, tampouco são realmente considerados ‹jogos› (*games*), mas sim ‹brinquedos› (*plaything, toy*).

Também a inabalável preferência por jogos simples de *puzzle* e simuladores sociais como *FarmVille* e afins prova que o grau de divertimento não está obrigatoriamente ligado ao plano de fundo narrativo. O clássico *Tetris*, ainda existente

---

3 O designer de *games* Chris Crawford desenvolve com a *Storytron* desde muito tempo uma linguagem para o desenvolvimento de histórias gerativas.

4 Nome em inglês dado aos jogos on-line *multiplayer* de massa.

após trinta anos, agora on-line e em *smartphone*, estimula de forma ininterrupta uma multidão mundial de jogadores e ainda inspira variações modernas como *Bejeweled* ou *Candy Crush*, que seguem sua trajetória de sucesso.

Tipos, gêneros e plataformas para games

As discussões sobre jogos eletrônicos são, até o momento, marcadas por generalizações e misturas entre gêneros projetuais de diferentes espécies. Apresentaremos aqui alguns critérios para uma diferenciação a modo de pares opositores a fim de melhor classificar e, logo, simplificar tal discussão. Dessa maneira, também fica mais fácil entender como diferenciar as grandes produções comerciais (os chamados jogos ‹AAA›) das produções independentes (*indie games*) e acadêmicas, por vezes fortemente experimentais.

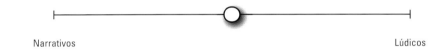

Narrativos X lúdicos

Uma característica distintiva bastante útil para a classificação dos jogos é, como já mencionado, a presença ou ausência de uma história como pano de fundo. Diferenciam-se, assim: o jogo narrativo, fortemente baseado em histórias, e o jogo lúdico, fortemente gerativo, isto é, baseado em regras simples.

Jogos ‹casual› X jogos ‹core›

Os jogos de estratégia (*core games*) foram nos anos 1990 e 2000 os mais populares, abrangentes e de exigência cognitiva. A grande produção massiva (AAA) concentrou-se nesse tipo de jogos. Paralelamente, existiam também jogos pequenos e simples, orientados a outro público. Um exemplo precursor e popular é o jogo *Solitaire*. Mais tarde, com o êxito dos jogos on-line, esses pequenos jogos gratuitos (em sua maioria, financiados por propagandas) tornaram-se um grande fenômeno, que, de maneira opaca, ficaram sendo conhecidos como ‹jogo casual› (*casual game*).

Os interesses e o público-alvo dos jogos de estratégia e dos casuais mostram-se diametralmente opostos. Se o jogador de estratégia quer superar difíceis desafios e está disposto a investir tempo e dinheiro, bem como suportar altos níveis de frustração, o jogador casual quer apenas confirmações simples, com

Simples	Exigentes
Quebra-cabeça Adventure 2D / 3D Plataforma	3D Ação / tiro Simulação de corrida e veículos Simulações esportivas Jogos on-line de massa *multiplayer* (MMOG, *Massively Multiplayer Online Game*)

Uma visão simplificada dos gêneros básicos de videogames. Os gêneros da coluna à esquerda são adequados para iniciantes. Os gêneros da coluna à direita apresentam maior exigência.

êxito contínuo – frustração ou curva abrupta de aprendizado são pouco aceitas nesse último caso.

Para o docente que coordena o projeto – e sua pequena equipe – um ponto especialmente relevante é que alguns jogos são mais fáceis de serem desenvolvidos que outros. Muitos estudantes querem criar jogos em três dimensões trabalhando com *Unity 3D*, *Blender* e outros softwares atuais. Esse fato é compreensível, já que tal competência é geralmente procurada pelas empresas de produção. Mas o que precisa ser entendido é que os jogos de ação em 3D pertencem a um dos gêneros tecnicamente mais complexos e elaborados.

A apresentação anterior tenta simplificar o grau de dificuldade dos gêneros. De forma detalhada, seria necessário, obviamente, a utilização de muitos outros parâmetros. Gêneros como quebra-cabeça, *point and click* de aventura ou jogos de plataforma são, em todo caso, um bom ponto de partida para designers iniciantes.

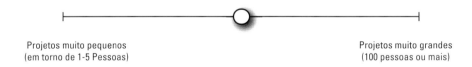

Projetos muito pequenos
(em torno de 1-5 Pessoas)

Projetos muito grandes
(100 pessoas ou mais)

Projetos muito pequenos X projetos muito grandes
Para designers de jogos amadores, o que precisa ficar claro é a dificuldade atual de, com um pequeno time, de até cinco pessoas, fazer o trabalho de cem ou mais participantes, como é o caso da produção de jogos 3D ou *multiplayer*. Pequenos grupos compostos por programador e designer eram possíveis nos primórdios dos jogos eletrônicos, mas foram eliminados, nos anos 1990 e 2000, pelos gran-

des estúdios de produção. Felizmente, algumas poucas equipes pequenas ainda sobrevivem e passam momentaneamente por uma renascença, em parte até com êxitos milionários na área.

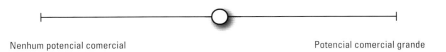

Nenhum potencial comercial X grande potencial comercial
Um erro comum é tentar equiparar a vontade de experimentar ou o tamanho do projeto com as perspectivas de sucesso comercial. Há projetos experimentais com um crescente sucesso comercial (um exemplo disso é o jogo de construção *Minecraft*), mas o contrário também é possível.

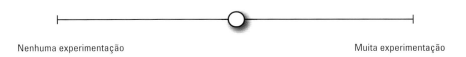

Nenhuma experimentação X muita experimentação
Predisposição ao risco, ou gosto pela experimentação, é um critério de difícil aprendizagem, mas também muito importante e útil. A vontade de experimentar encontra-se, surpreendentemente, bloqueada nos estudantes, o que pode ser esclarecido em muitos casos como uma estratégia instintiva para evitar o risco, o que é, de certo modo, uma atitude sábia. Pequenos projetos ou projetos de baixo potencial comercial, assim como em outras áreas de mídia, não são obrigatoriamente projetos experimentais. Embora essas variáveis costumem andar de mãos dadas, um projeto pode ter, ao mesmo tempo, um caráter altamente experimental e comercial.

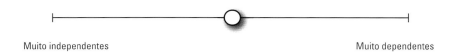

Muito independente X muito dependente
Essa seleção descreve a ‹independência›, que, assim como no cinema, se apresenta como um atributo bastante nebuloso. Os jogos independentes vivenciam, já há mais ou menos uma década, uma curva acentuada de crescimento, que se expressa em muitos jogos experimentais de primeira classe com um perfil de design ousado. Esse campo é tão opaco que a fronteira se faz por meio de equipes pequenas, com orçamentos muito precários, que não raro se arriscam economica-

Os jogos eletrônicos são encontrados em diferentes plataformas que apresentam condições, situações de jogo e profundidades de possibilidades variadas. A partir da esquerda: Fliperama (*arcade-game*), computador, console de *videogame* (com uma televisão grande) e, nos últimos tempos, *tablets* e *smartphones*.

mente. Hoje em dia, o financiamento inicial mais comum de grandes plataformas de pesquisa como *Kickstarter*[5] substituem a dependência de grandes editoras pela rede de fãs, revistas ou pequenos editores. Quando a produção alcança um determinado mercado, é tomada por determinadas editoras para uma distribuição posterior.

Tipos de plataformas

Muitos jogos são lançados hoje em dia em diversas plataformas simultaneamente. Paralelo a isso, o mundo dos *games* multiplica-se cada vez mais. Jogos on-line, aplicativos e dispositivos móveis modificaram o uso do computador. Os jogadores dividem o próprio tempo entre diferentes plataformas, formatos e métodos de operação. O *touchscreen* exige princípios de mídia diferentes em relação ao computador com *mouse*. Por isso, mecanismos de jogos reduzidos são, momentaneamente – e talvez também a longo prazo – bem-sucedidos.

Como critério distintivo final, aparece ainda uma distinção entre fabricantes, sistemas operacionais e variantes de cada plataforma. O desenvolvimento regular de títulos certificados para consoles da Microsoft, Sony e Nintendo foi associado a custos e obstáculos significativos, fortemente adaptados às necessidades de grandes produções dos estúdios. No entanto, tais condições costumam ser pouco realistas para projetos acadêmicos. Os correspondentes programas independentes para consoles e também o desenvolvimento para celulares ou PCs, no entanto, estão mais acessíveis, sendo bastante atraentes para os estudantes.

[5] www.kickstarter.com.

Panorama do jogo *Scherbenwerk – Fragments of Eternity*. No centro, a personagem principal *Kester*. As peças do cenário e outras figuras do jogo são planas como papel de parede. Todo o mundo 3D é livremente acessível.
Projeto dos estudantes de mestrado Mathias Fischer, Michael Kluge, Clemens Kügler, Marc Victorin e Vanessa Zeeb.
Docente: Ralf Hebecker. Universidade de Ciências Aplicadas de Hamburgo (HAW).

O projeto ‹Scherbenwerk›
Durante os três semestres do curso, os estudantes criam em grupo o chamado ‹*Vertical Slice*› de um projeto de *game*. Esse projeto de livre escolha contém o recorte de um projeto industrial completo para o desenvolvimento de jogos: descoberta da ideia, conceito e plano do documento sobre prototipação (conhecido como GDD – *Games Design Document*), apresentação intermediária para a produção, apuramento e fechamento para a apresentação dos resultados.

Paralelo ao conteúdo-base de design e programação, como dramaturgia, escrita, música, som, animação, arquitetura e outros jogos, esse projeto tem também um papel importante para o treino de outras habilidades, como trabalho em grupo, pesquisa, comunicação, planos estratégicos e coordenação diária de projetos.

Scherbenwerk – Fragments of Eternity é uma combinação do assim chamado *3D open world*, com elementos do *point and click* de aventura. O mundo desse jogo é tridimensional, e muitos dos personagens são construídos a partir de peças *backdrop* 2D. Além disso, é um mundo composto por vários anéis concêntricos, que giram em velocidades diferentes. As transições entre os anéis constituem um grande quebra-cabeça.

Em geral, os jogos *open world* caracterizam-se por oferecer aos jogadores grandes mundos livremente exploráveis. Muitos quebra-cabeças dependem uns dos outros.

No início, são propostas soluções simples, mas, com o tempo, estas desembocam em soluções mais complexas. As transições dramáticas costumam ser estruturadas como passagens que todos os jogadores devem afinal resolver para poder entrar na seção seguinte.

Os jogos *point and click* de aventura são frequentemente caracterizados por narrativas de fundo detalhadas e costumam fornecer diálogos elaborados com os moradores dos respectivos mundos. No elaborado cenário, muitas vezes baseado em pequenas histórias culturais, podem ser encontrados detalhes sutis como passagens secretas e interruptores.

O gênero de jogo *text adventures* (por exemplo, os da linha *Zork*), cresceu desde 1977 e na década de 1990 a partir de gráficos de aventura com cenário estático. No entanto, também encontramos dentro do gênero, como em *Scherbenwerk*, alguns jogos com espaços de livre acesso em 3D.

O que aprendemos

As conclusões conjuntas, tanto em aula como, especialmente, na equipe do projeto *Scherbenwerk*, relacionam-se, em geral, a aspectos ligados ao design de *games*, tais como design dos mundos, *kit* gráfico, música e som, programação e afins. Tais tópicos são discutidos em livros relevantes e em *sites* da área, alguns dos quais são mencionados nas notas. Além disso, parece importante ressaltar alguns aspectos por vezes negligenciados em grandes projetos de desenvolvimento, como *brainstorming*, planejamento, formação de equipes de trabalho, comunicação, iteração e aprimoramento. Da mesma forma, novos aspectos podem representar uma parte significativa de um projeto em tempos de redes sociais e autopublicação.

Projeto muito grande e ambicioso

No fim do processo, muitas equipes percebem que seus planos iniciais eram muito extensos e exigentes, sendo apenas uma fração o que se poderia implementar. No entanto, essa comparação de pré-planejamento e resultado final não constitui uma falha, mas sim a possibilidade de um aprendizado importante para o futuro: uma melhor estimativa da relação entre o desejo e a realidade.

Planejamento excessivo ou muito rígido

Com relação ao bom planejamento, seguem alguns conselhos: começar o quanto antes possível, ganhar experiência, documentar e, logo em seguida, testar cada parte. Com isso, se faz importante ajustar constantemente o planejamento e o âmbito de exigências, o que não deve ser confundido com uma desculpa para um planejamento escasso.

A equipe de *Scherbenwerk* começou, por exemplo, com um plano que se orientou em uma estratégia do Desenvolvimento Ágil de Software (*Scrum*), incluindo:

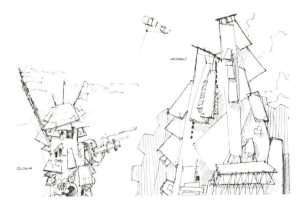

Esboço da cidade.

Desenho final da cidade.

gerenciamento próprio de módulos de projeto, reuniões contínuas para os resultados intermediários e as chamadas *sprints* – secções curtas de produção. Métodos como o *Scrum* são uma tentativa perfeitamente razoável durante todo o período do projeto de desenvolvimento de software a fim de obter versões intermediárias utilizáveis e, assim, aumentar a transparência de tal desenvolvimento.

Com isso, os desenvolvedores de software respondem às críticas de diretores de que, nas últimas décadas, os projetos de desenvolvimento mantiveram suas fases omissas e obscuras, o que às vezes resultou em surpresas desagradáveis. *Scrum* e estratégias ágeis mutáveis permitem uma melhor e mais consistente estimativa do respectivo *status* do projeto. Além disso, permitem que o cliente ou a equipe possa fazer alterações na estratégia e nos próximos passos sempre que necessário. *Scrum* e estratégias relacionadas também estão aproveitando a própria popularidade na área de desenvolvimento de jogos eletrônicos: a crença de que a maioria dos projetos de software não é útil ao planejamento antes do início do projeto coincide com a

Fases do desenvolvimento. Modelo em papelão, esboços da cidade, modelo 3D *walkthrough*, construção de diferentes níveis.

realidade de muitos projetos de desenvolvimento de jogos. Assim, é importante para o desenvolvedor dos jogos familiarizar-se com as noções básicas de *Scrum*.

No entanto, a equipe de *Scherbenwerk* chegou à conclusão de que o *Scrum*, com seus papéis altamente diferenciados e rituais, acabou sendo um pouco complicado para os projetos pessoais dos estudantes: reuniões muito frequentes e algumas outras regras foram atiradas ao mar. O chamado *Scrum-Board*, um grande mural com todas as tarefas concluídas e pendentes de todas as partes interessadas, gozou, no entanto, de grande popularidade em quase todas as equipes.

Protótipos prematuros, melhoras constantes e interativas
Conceitos de jogos particularmente emergentes, resultantes da interação dos algoritmos, muitas vezes podem apenas ser experimentados em um protótipo jogável e avaliável. Ao mesmo tempo, o trabalho na maioria dos jogos eletrônicos está no limite do viável, técnica e regularmente, vinculando as mais recentes

Rendering final da personagem principal.

Uso de *XSens motion tracking* para movimentos.

tecnologias e métodos. Portanto, os novos designers de *games* não deveriam hesitar em testar rapidamente suas ideias em protótipos simples. Jogos sofisticadamente polidos precisam implementar não apenas um par de versões, mas, muitas vezes, dezenas ou centenas de versões progressivas – iterativas – para sua melhoria.

Scherbenwerk produziu desde o início modelos reais e virtuais, bem como esboços e visualizações do *mundo virtual* e da cidade planejada. Assim, a equipe foi capaz de ter noção do tamanho do projeto obtido por meio de fotografia macro, até os primeiros *moods* para o esboço do projeto (*pitch document*), e alcançar mais tarde o nível de design.

- Primeiro modelo de papelão
- Fotografia macro (altura dos olhos) de um habitante imaginário
- Desenho de edifícios
- Vista geral da cidade de cima
- Modelo inicial 3D com passagens virtuais
- Provas de iluminação ambiente e das proporções
- Vista do sistema de componentes, uma grade modular para criar cenas.

Tal como acontece na produção de desenhos animados por computador, calcula-se um *game* por meio da maioria dos estágios analógicos antes de transferi-lo para o mundo virtual onde será animado. Para o design da personagem, leva-se em conta, por exemplo, as características de movimentação e físicas de uma figura que é gerada em parte por intermédio de *motion capture* (ator no traje especial com sensores) e em parte pela animação 3D convencional.

Diferentes fases do desenvolvimento da personagem principal.

Projetos curtos facilitam a aprendizagem

Como os estudantes do mestrado em *games* se reúnem em equipes de projeto durante todo o período do curso, a formação de cada equipe é um desafio logo no início das aulas. Aqui, é preciso conhecer rapidamente todas as habilidades e formas de trabalho. Portanto, organizamos, já no começo do semestre, uma série de desenvolvimento de jogos de uma semana (os chamados *game jams*), com até vinte participantes, trabalhando em quatro ou cinco equipes. Para o não trivial desafio combinatório de reunir estudantes em possíveis equipes fortes, é escrito por todos os participantes um pequeno *script*.

Formação conjunta de ideias e equipes em espaços comuns

Em muitos cursos orientados a projetos, temos testemunhado um aumento do teletrabalho: os estudantes usam Skype, Facebook, WhatsApp e outras plataformas de rede para se conectarem em trabalhos de grupo, o que é, por um lado, muito positivo, pois ilustra parte da realidade do trabalho. Ao mesmo tempo, esses sistemas exigem disciplina e concentração consideráveis. O trabalho eficaz de uma equipe por meio de mídias de massa pressupõe uma cultura de time, comunicação e projeto. Portanto, os efeitos positivos do trabalho em equipe desde cedo, com reuniões regulares e espaços físicos de trabalho compartilhados, não devem ser subestimados. Se as responsabilidades são divididas, de comum acordo e de forma clara em um plano de projeto, parte do trabalho também pode ser feita em casa e depois conciliada e dirigida conjuntamente em reuniões regulares.

Gerenciamento do projeto

Normalmente, as equipes de mestrado são formadas por programadores e designers. Alguns designers podem programar um pouco, e mais e mais programadores fazem trabalho de design com elementos de bancos de dados livres – tão habilmente conectados que alguns projetos chegam a prescindir de designers. Outros estudantes combinam as duas habilidades em uma só. Ao mesmo tempo, e consequentemente muitos estão interessados nas áreas adjacentes do design de *games*, como som, filme, escrita de roteiros, organização e relações públicas.

O ‹game› em si é apenas mais uma parte do jogo

Muitas equipes de estudantes hesitam muito tempo até apresentar publicamente seus projetos e com isso perdem uma série de vantagens, como trabalho público preliminar, networking com os fãs, aquisição de talentos e parceiros, contatos inesperados, motivação própria por meio de ciclos de publicação e, não menos importante, expansão do portfólio.

A equipe do *Scherbenwerk* estabeleceu já no início do projeto seu próprio blog[6] e uma página no Facebook, como fazem muitas equipes hoje em dia. No blog, surgiu gradualmente um diário de projeto, com tutoriais, relatórios e *previews*. Graças a essa iniciativa de trabalho aberto, o projeto foi capaz de vencer alguns prêmios antes mesmo da apresentação final.[7]

---

6   http://scherbenwerk.wordpress.com.

7   Em maio de 2014, a jovem equipe saiu ganhadora na categoria Nova Geração do DCP (*Deutscher Computerspielpreis*), um prêmio alemão para design de games de computador.

Bibliografia

Fischer, M., Kluge, M., Kügler, C., Victorin, M., Zeeb, V. «Scherbenwerk, Bruchteil einer Ewigkeit.» [jogo eletrônico] Hamburgo: Autoren / HAW, 2013.

Juul, J. *Half-Real: Video Games between Real Rules and Fictional Worlds*. Cambridge/London: The MIT Press, 2005.

_*Quest to Learn (Q2L)*. Quest to Learn, New York, NY. Disponível em: http://q2l.org. Acesso em: 03/03/2014.

Schell, J. *The Art of Game Design*. Burlington: Morgan Kaufmann, 2008.

Crawford, C. *Storytron – Interactive Storytelling*. Disponível em: http://www.storytron.com. Acesso em: 03/03/2014.

_«Scherbenwerk, Bruchteil einer Ewigkeit.» [blog] Disponível em: http://scherbenwerk.wordpress.com. Acesso em: 04/03/2014.

_«Scherbenwerk, Bruchteil einer Ewigkeit – Lessons Learned.» Hamburgo: Autoren / HAW, 2013.

Jogos citados

Bejeweled. PopCap Games, 2001.

Candy Crush Saga. King, 2012.

FarmVille. Zynga, 2009.

Heavy Rain. Quantic Dream/Sony Computer Entertainment, 2010.

Minecraft. Mojang, 2009.

The Last of Us. Naughty Dog/Sony Computer Entertainment, 2013.

SimCity. Maxis/Electronic Arts, 2013.

Solitaire. Microsoft, 1990.

Tetris. Alexey Pajitnov, Vladimir Pokhilko/Spectrum HoloByte, Nintendo e muitos outros, 1984.

Zork-Serie. Infocom, 1977-1982.

Literatura adicional

Brathwaite, B., Schreiber, I. Charles River Media. *Challenges for game designers*. Boston, MA: Cengage Learning, 2009.

Fullerton, T., Swain, C., Hoffman, S. *Game Design Workshop: A Playcentric Approach to Creating Innovative Games*. Elsevier Morgan Kaufmann, 2008.

Mäyrä, F. *An Introduction to Game Studies*. SAGE Publications, 2008.

Rollings, A., Adams, E. *Andrew Rollings and Ernest Adams on game design*. Indianapolis, Ind.: New Riders, 2003.

Schell, J. *The Art of Game Design*. Morgan Kaufmann, 2008.

Ferramentas para o próprio desenvolvimento de jogos

Indie Ressources. PixelProspector.

Acervo de jogos e recursos variados para desenvolvedores independentes. Disponível em: http://www.pixelprospector.com/indie-resources/. Acesso em: 04/03/2014.

Unity Game Engine – Unity Technologies.

Motor de jogo 3D multiplataforma. Disponível em: https://unity3d.com. Acesso em: 04/04/2014.

Stencyl – Stencyl, LLC.

Criador de jogos sem código de programação, para iPhone, iPad, Android & Flash. Disponível em: http://www.stencyl.com. Acesso em: 04/04/2014.

Construct 2 – Scirra.

Criador de jogos 2D. Disponível em: https://www.scirra.com/construct2. Acesso em: 04/04/ 2014.

GameMaker Studio – Yoyo Games.

Multiplataforma de desenvolvimento de jogos para Mac e PC. Disponível em: http://www.yoyogames.com/studio. Acesso em: 04/04/2014.

Ensaios

Arabescos da racionalidade –
Uma revisão crítica da metodologia do design

- Cientificação do design
- Design e forma dos produtos
- Forma e formalismo
- Método e sistemática
- Teoria das decisões
- Empirismo
- Complexidade
- Forma e contexto
- Réditos da racionalidade
- Valor e utilidade
- Fases do processo projetual

Nas décadas de 1950 e 1960, houve um intenso debate sobre a metodologia do design. Particularmente, a HfG Ulm foi considerada o castelo da ‹metodolatria›. Esse texto relativiza a importância da metodologia, cujo perigo reside em se transformar em um fim em si, e esquecer que, em primeiro lugar, ela serve como um instrumento para o processo projetual.

«Méthode. Ne sert à rien.»[1]
George Nelson foi bastante irônico ao caracterizar o design industrial como atividade convertida em mito antes mesmo de alcançar a maturidade. A metodologia do design está em uma situação bem parecida. A maior parte dos designers considera as discussões sobre metodologia algo aquém à prática real, ou esforços frustrantes de metodólogos para dominá-los, quando o que querem é, imediatamente, pôr a mão na massa.

---

1 Flaubert, Gustave. *Dictionnaire des idées reçues.* Paris, 1953.

Cientifização do design

«Qualquer ideia nova, se tiver algum valor, facilmente é superestimada e abusada; seus efeitos então podem ser tanto lamentáveis quanto gratificantes.»[2]

A ideia de incorporar determinadas disciplinas e maneiras científicas de pensar a prática do design foi impulsionada por Hannes Meyer, na Bauhaus, no fim da década de 1920. Mas, ainda antes, em 1910, o arquiteto Lethaby defendia a necessidade de tal medida: «Entramos em uma era científica, e as velhas práticas que funcionam por instinto pertencem a uma era totalmente diferente [...] Já é tempo de que em nossos programas de estudo se enfatize mais o aspecto científico e menos o arqueológico [...] Reitero que o nervo vital da nossa época jaz na metodologia científica.»[3]

Mesmo depois de dez décadas, essa constatação não perdeu nem um pouco sua relevância. Representa, ainda hoje, mais uma ideia utópica que uma realidade. Até o momento, o processo incipiente de racionalização ao qual os designers estão expostos, a não ser que se arrisquem a ser marginalizados, nem sempre produziu resultados encorajadores. Muitas vezes, se registra mais deformação que formação.

As razões pelas quais se adotam métodos racionais são numerosas e contraditórias. Em primeiro lugar, existe uma ânsia por utilizar os avanços da ciência em prol da humanização do meio ambiente – tarefa, até o presente, imperdoavelmente negligenciada. Além disso, a inclinação ao científico preenche uma função tranquilizadora no processo de integração entre designer e sociedade. Qualquer um que dirija uma submissa atenção à racionalidade dos métodos de design corre o risco de perder de vista a racionalidade dos objetivos do design. A racionalidade pode engendrar forças libertadoras, mas também tendências repressivas. Pode obscurecer tanto quanto iluminar. Não é por acaso que na psicanálise se chama de racionalização a argumentação enganosa sob condições tensas. «Deve-se estar preparado para dizer que as uvas verdes são doces.»[4] O desgosto engendrado pela metodologia do design deve-se ao fato de que – embora sua necessidade seja indiscutível – essa análise radical do processo de design é suscetível a opacar nossa visão sobre os objetivos, ou apagá-la como um todo, a menos que tomemos medidas para corrigir as divagações do método.

---

2   Anscombe, F. J. «Some Remarks on Bayesian Statistics.» In: *Human Judgments and Optimality*, edited by M. W. Shelly II. New York: G. L. Bryan, 1964.

3   Lethaby, W.R. «Architektur als Wagnis.» In: *Anfänge des Funktionalismus*, edited by Julius Posener. Berlin/Frankfurt/Wien, 1964.

4   Mitscherlich, A. *Die Unwirklichkeit unserer Städte*. Frankfurt, 1965.

Design e forma dos produtos

«A forma é o objetivo final do design.»[5]

Já é tempo de atualizar o conceito, quase desprestigiado, de ‹forma› – conceito tão difícil de desvincular do design como é o de cura da medicina. As metodologias ortodoxas às vezes dão a impressão de que a forma é um mal inevitável, uma presença desagradável para o designer, da qual ele deve manter distância, permitindo-lhe que surja espontaneamente da coordenação dos parâmetros de design. Seria magnífico, é claro, que a coordenação se desdobrasse com tanta agilidade em formas finalizadas. Que conveniente seria se projetar um produto fosse igual a fazer um cordel com vários barbantes. Entretanto, algo inusitado acontece com as formas finalizadas que emergem da coordenação de parâmetros: amiúde apresentam uma escassa qualidade estético-formal, o que não se explica em função dos diversos fatores integrados sistematicamente. Isso é lamentável e deve entristecer a qualquer metodólogo do design. Não se pode dominar a forma virando-lhe as costas.

Formalismo (‹styling›), antiformalismo (‹antistyling›), design de prestígio

«De todas as críticas dirigidas aos nossos produtos, qual é a fundamental? Considero que seja a falta de formas coerentes.»[6]

«O design [...] é uma tentativa de fazer uma contribuição por meio da mudança. Quando não se faz ou não é possível fazer uma contribuição, o único processo disponível para dar a ilusão de mudança é o *styling*.»[7]

A arraigada aversão de um considerável número de designers ao formalismo teve consequências curiosas. A preocupação do formalista (*stylist*) pela aparência ou pela forma *per se* torna quase suspeito o termo ‹forma›. O formalista que embeleza a superfície para estimular o apetite pelo consumo é pejorativamente considerado um ‹maquiador de produtos›. O designer sério, diz-se, deve preocupar-se com assuntos mais importantes – analisar o produto, melhorar suas características, diminuir seu custo de produção – em resumo, satisfazer às necessidades reais. Produz um design correto, e não um ‹design de prestígio›, como o formalista. O conceito de ‹design de prestígio› é tão vago e elástico que os designers aplicam o termo para insinuar que o trabalho de um colega não é de seu agrado, embora

---

5 Alexander, C. *Notes on the Synthesis of Form*. Cambridge: Harvard University Press, 1964.

6 Latham, R. «The Artifact as a Cultural Cipher.» In: *Who Designs America?*, edited by L. B. Holland. New York, 1965.

7 Nelson, G. *Problems of Design*. New York, 1957.

tal trabalho apresente qualidades formais não depreciáveis. ‹Design de prestígio› é uma expressão depreciativa, como também o é ‹*styling*›, e assim como ‹forma› está a caminho de sê-lo. Mas um sério erro é cometido quando se pensa que, descartando a filosofia do *styling*, serão abertas as portas da qualidade formal do design. O formalista que elabora metros e metros de para-lamas aerodinâmicos é mais digno de encômio que o antiformalista que nunca colocou no papel nem o mais austero dos detalhes. As reservas existentes em relação ao *styling* designer e sua postura estão plenamente justificadas, mas, em contrapartida, uma tática que praticamente erradique toda responsabilidade pela forma de um produto, ou remeta à coordenação de fatores de design, também é inaceitável. Enquanto a imaginação estética do formalista tende à hipertrofia, a do antiformalista tende à atrofia. Charles Colbert, antigo reitor da Faculdade de Arquitetura da Columbia University, escreveu: «É muito provável que os arquitetos criadores da nossa época, tanto aqueles fascinados pela aparência externa, os quais chamarei de formalistas (*stylists*), quanto os obcecados pelas questões práticas cotidianas, os quais chamarei de antiformalistas, tenham sido tão debilitados por uma sociedade carregada de problemas aparentemente insolúveis que tenham retrocedido a posições niilistas.»[8]

Método, plano, programa, sistemática

«Nunca revolucionaremos a sociedade por meio da arquitetura, mas podemos revolucionar a arquitetura – e isso é precisamente o que se espera de nós.»[9]

Antes de comparar diferentes métodos de design, convém partir de uma teoria geral do método para obter algumas definições de conceitos como ‹método›, ‹plano› e ‹procedimento sistemático›. Uma teoria geral relevante pode ser encontrada na praxeologia, ciência da ação eficaz, que se orienta a organizar sólidas técnicas de trabalho para uma máxima eficácia.[10] O objetivo dessa ciência é elaborar uma gramática de ações baseada na análise da conduta organizada com fins determinados. Os metodólogos do design concentram sua atenção em ver de que maneira uma ação – projetar – conduz a um resultado ou produto. O dilema – como solucionar um problema determinado? – pode ser traduzido no questionamento: qual método e qual processo utilizar? Essa pergunta, por sua vez, é respondida fazendo referência ao conceito de ação composta (grupo de ações). Tal conceito conforma um conjunto sincronizado de ações (ações concorrentes),

---

8 Colbert, C. «Naked Utility and Visual Chorea.» In: *Who Designs America?*
9 Gregotti, V. Il *Territorio dell'architettura*. Milan, 1966.
10 Kotarbinski, T. *Praxiology*. Oxford, 1965, e *Praxeologie*, edited by K. Alsleben and W. Wehrstedt. Quickborn, 1966.

ou mesmo uma sequência de ações (ações consecutivas). Entre as sequências de ações, deve-se prestar especial atenção aos atos preparatórios, que precedem, ao mesmo tempo que causam ou facilitam, uma ação principal.

As provas (experimentos) são um subtipo de ato preparatório. Todos os testes têm em comum a orientação a um objetivo. Este, qualquer que seja, pode ou não ser sistematicamente alcançado. Os procedimentos sistemáticos servem para evitar a ação arbitrária, enquanto aqueles não sistemáticos percorrem cegamente toda uma gama de possibilidades. Ou seja, uma conduta sistemática – e, portanto, um design sistemático – significa uma conduta planejada, controlada. O planejamento em si constitui um ato preparatório. Em vez de plano, poderíamos dizer ‹programa›. Ambos os conceitos têm em comum uma referência à possível seleção e composição de ações dirigidas a um objetivo em comum.

Se o plano fornece a descrição de uma seleção específica de ações, o método é nem mais nem menos do que essa seleção planificada. Assim, o método é uma característica particular de um grupo de ações. A diferença entre grupos de ações, integrados ou não metodicamente, pode ser expressa como: o agente – o designer – possui um guia para proceder a suas ações. A consciência de que procedimentos específicos devem ser seguidos está ligada à conduta sistemática. Conduta sistemática e conduta metódica são sinônimos. O método se manifesta na seleção e organização deliberada de subações. Ainda assim, deve possuir características de plano e ser aplicável a mais de uma ocasião. Essa interpretação objetivada do método é rigorosa demais para o design e para outras disciplinas aplicadas. É certo que acudir ao pensamento reflexivo pode dar frutos, mas somente quando lhe é atribuída uma função reguladora/orientadora, e não determinante.

Se à conduta metódica fosse firmemente unido o pensamento consciente, seria possível inferir que cada passo de uma ação deve ser premeditado, e os métodos devem ser altamente estruturados, o que entra em contradição com as idiossincrasias do design. Portanto, deveria ser formulado um conceito de método mais livre, como o de Abraham Moles: «Todos esses métodos são aleatórios: o êxito nunca está garantido. Os métodos não são receitas que conduzem infalivelmente ao resultado; não existe uma máquina de criar... Geralmente, tais métodos são pouco estruturados, e assim deveriam permanecer. Se fossem estruturados demais, seriam convertidos em receitas e perderiam aplicabilidade à medida que aumentassem sua exatidão.»[11] É aconselhável manter essa posição crítica frente a métodos em geral, e aos de design em particular.

---

[11] Moles, A. A. «Le contenu d'une méthodologie appliquée». In: *Méthodologie – vers une science de l'action*. Paris, 1964.

Decisões, dados, relevância

«A racionalidade como ritual consiste em encarar complicados exercícios de razão, lógicos ou matemáticos, que, frequentemente, nem são utilizados e nem são úteis.»[12]

Sobre o design como processo de decisões, praticamente nada é sabido. Pertence a um desses campos carentes de regras decisórias formais. O design como sequência de decisões depende da informação na qual se baseiam essas decisões. Nesse contexto, ‹informação› quer dizer conhecimento arquivado e útil para decidir.[13] Para que as decisões tenham uma base firme, são reunidas montanhas de dados. A mania de colecionar dados em excesso antes de começar a projetar foi justa e frequentemente estigmatizada. «Mesmo que você se dedique a tratar de reunir todos os dados relevantes, ao final ainda haverá um problema a resolver.»[14] A etapa de informação – como se denomina a fase de coleta de dados – tem suas armadilhas. O designer industrial pode assumir, com fatal naturalidade, o papel de burocrata que acumula bem mais documentos em seus aquivos do que ideias projetuais em sua cabeça. Não é de informação massiva que o designer necessita para um trabalho fundamentado, e sim informação relevante, que sirva ao processo de tomada de decisões e ao curso de ação. No entanto, os critérios que permitiriam discernir a informação relevante são precisamente os mais descuidados nas metodologias publicadas até o momento. Esse é seu ponto fraco.

O design pode ser analisado à luz da teoria da decisão, já que as soluções ótimas dos subproblemas de um projeto complexo entram em contradição. Quanto mais o designer otimiza uma subsolução, mais distante está de qualquer outra submeta (*subgoal*). Esse é o típico problema confrontado pelo *decision maker* – termo um tanto eufemístico utilizado pela teoria da decisão. Tomar decisões envolve uma seleção entre alternativas. Como regra, os critérios de racionalidade são interpretados como critérios de consistência.

O empírico e as normas

«Os métodos de design, no entanto, não podem substituir um ponto de vista comprometido. Isso deve ser reiterado em uma época em que se sucumbe tão ingenuamente a um cientificismo esquemático.»[15]

---

12 Michael, D. N. «Ritualized Rationality and Arms Control». *Bulletin of the Atomic Scientist* XVII, n. 2 (1961).

13 Churchman, C. W. *Prediction and Optimal Decision*. Englewood Cliffs, 1961.

14 Churchman, C. W.; Eisenberg, H. B. «Deliberation and Judgment». In: *Human Judgement and Optimality*, edited by M. W. Shelly II. New York: G. L. Bryan, 1964.

As discussões acerca do processo de design, e das condições mutantes em que ele se dá, têm motivado uma série de publicações que, apesar de suas diferenças de conteúdo pragmático e base teórica, conservam pontos de partida parecidos. Tanto Bruce Archer, em sua série de artigos *Systematic method for designers* (1965), como Christopher Alexander, em seu livro *Notes on Synthesis of Form* (1964), começam suas reflexões sobre metodologia do design de maneira bastante afim. Alexander, a favor do fortalecimento do design mediante a metodologia, apresenta quatro argumentações:

1   Os problemas de design tornaram-se complexos demais para serem enfrentados apenas através da intuição.
2   A quantidade de informação requerida para solucioná-los cresceu de tal maneira que nenhum designer conseguiria reuni-la sozinho, e menos ainda avaliá-la.
3   A variedade de problemas de design aumenta rapidamente.
4   Os tipos de problemas de design têm mudado em ritmo acelerado, mais que em épocas anteriores, de maneira que cada vez é menor a possibilidade de recorrer empiricamente à prática estabelecida, isto é, à tradição.

Esses quatro argumentos baseiam-se, principalmente, na ideia de complexidade. A complexidade de um problema de design aumenta com a quantidade de variáveis envolvidas: o design de um assento de avião apresenta um grupo maior de variáveis que o de um banquinho. Tudo seria muito mais fácil para o designer se cada variável pudesse ser tratada isoladamente. Mas isso é impossível, porque todas estão enlaçadas entre si. A solução de cada uma incide, favorável ou desfavoravelmente, sobre a solução de outra qualquer. Um design ótimo – com todo o piedoso otimismo inerente à expressão – não representa a soma total de ótimos isolados, mas sim um agregado de subsoluções antagônicas. A variável ‹produção econômica› não é completamente compatível com a variável ‹qualidade prática› ou ‹estética›; a variável ‹utilização de produtos semiacabados› pode se chocar com a variável ‹poucos componentes›. A reconciliação dessas incompatibilidades é a complicada essência da tarefa do designer.

Complexidade e variáveis

«Se pedimos a alguém que desenhe um objeto complexo – por exemplo, um rosto – quase sempre procederá a partir de uma ordem hierárquica. Primeiro esboçará o contorno. Depois adicionará os rasgos: olhos, nariz, boca, orelhas, cabelos.»[16]

---

15   Chermayeff, S.; Alexander, C. *Community and Privacy*. New York, 1965.
16   Simon, H. A. «The Architecture of Complexity». Proc. Amer. Phil. Soc. 106, n. 6 (1962).

Logo, a primeira coisa a ser feita ao encarar a complexidade dos problemas de design é buscar um método para dividir entidades complexas em entidades simples. Na teoria da programação, encontramos um princípio desse tipo, chamado ‹princípio de redução de submetas›, que propõe seguir substituindo a realização de uma meta complexa por uma série de metas mais simples.[17]

Em linguagem cotidiana, o conselho metodológico oferecido é atacar o problema a partir de seu ponto mais acessível. Para isso, primeiro ele é dividido em subproblemas; as variáveis, agrupadas em círculos de problemas ou grupos de variáveis, são designadas categorias – por exemplo, facilidade operativa, manutenção, produção, caráter sistêmico – as quais estão determinadas culturalmente e, portanto, não são válidas universalmente. Não é por acaso que se insiste tanto em ‹características operativas› ou ‹carácter sistêmico› – conceitos só adotados recentemente pelo discurso do design – num momento em que importantes variáveis foram formuladas em ergonomia e teoria combinatória.

Subdividir um problema complexo de design significa hierarquizá-lo: os diversos grupos de variáveis são ordenados de acordo com sua importância relativa. Em seguida, ficará evidente que os juízos e preconceitos pessoais deslizam inevitavelmente nesse ponto. O processo de dividir um problema pode ser representado visualmente na forma de um gráfico, ou, mais especificamente, de uma ‹árvore› composta de elementos (variáveis) e linhas que os conectam (relações específicas entre variáveis). No topo da copa da árvore está o problema de maneira indiferenciada. À medida que crescem as ramificações, organizam-se os subproblemas em diversos níveis. Analisar assim um problema representa um importante passo, mas não alcança a forma definitiva do produto, quer dizer, o produto ainda não foi projetado. Em essência, a forma está contida na árvore, portanto, deve ser decifrada e convertida em objeto. Esse processo de conversão – o verdadeiro trabalho de design – tem sido, até agora, o arcano de toda metodologia.

Especificações, forma e contexto

«O primeiro passo do design consiste em detectar uma necessidade. Um dos passos mais importantes em todo o processo de design é determinar a tarefa – variáveis e restrições –, o que às vezes denomina-se ‹definir o problema›.»[18]

Alexander sugere que consideremos que um problema de design consta de dois elementos: uma forma e um contexto que lhe corresponde. O contexto – identificável em alto grau com a soma de requerimentos e restrições – tem racionalmente seu complemento na forma que

---

17 Newell, A.; Shaw, J. C.; Simon, H. A. «A General problem-solving Programme for a Computer». In: *Computers and Automation*, VII, 1957.

18 Sidall, J.N. «A Survey of a modern Theory of Engineering Design». In: *Product Design and Value Engineering*, XI, 1966.

for adequada, enquanto a forma representa a soma de características que satisfaz ao contexto. Uma forma é adequada a um contexto caso conduza à coexistência harmônica entre ambos. Sendo muito difícil, se não impossível, descrever uma forma que corresponda ao seu contexto – por exemplo, uma cadeira cômoda –, é preferível enumerar as possíveis não correspondências – estado de deficiência – entre forma e contexto. Daí que o processo projetual possa ser interpretado como um esquema concebido para neutralizar, eliminar ou erradicar aqueles fatores que causem não correspondências indesejáveis entre forma e contexto. De fato, é apenas com o reconhecimento de uma não correspondência que se dá a conscientização sobre um problema de design. Por isso, já na primeira etapa de trabalho, o designer deve concentrar-se naqueles fatores que podem afetar o equilíbrio desejado entre produto e contexto. O design tem origem no enfrentamento do negativo.

Pressupondo que se formule uma lista de especificações, como fatores potenciais de interferência, seria desejável avaliar se, e em que grau, a forma corresponde a esses requerimentos – isto é, ao contexto. Caso existam normas com valores comparativos estipulados (normas de tolerâncias), não será difícil estabelecer até que ponto um design satisfaz aos requerimentos. Mas tudo parece indicar que, como atividade dirigida à solução de problemas, o design apresenta uma preponderância de variáveis carentes de termos comparativos. Sobre isso escreve Alexander: «Às vezes, a importância dessas variáveis não quantificáveis é perdida em meio a esforços para sermos «científicos». Uma variável que apresente variações contínuas é matematicamente mais fácil de lidar, e, por isso, parece adequar-se melhor ao tratamento científico. Mas, apesar de que seja verdade que o uso de normas de funcionamento reduza a necessidade do designer de basear-se na experiência pessoal, também pode suceder que o tipo de otimização matemática, possibilitada pelas variáveis quantificáveis, não tenha muita relevância para tal problema. Um problema de design não é um problema de otimização.»[19]

Réditos da racionalidade

«Onde vemos embalsamadores, devemos supor a existência de um cadáver.»[20]

Enquanto Alexander baseou sua metodologia na teoria dos conjuntos, Bruce Archer orientava-se a técnicas de programação computacional e de organização e planejamento. Sem dúvida, a incorporação de tais métodos organizativos aper-

---

19 Alexander, *op. cit.*
20 Heissenbüttel, H. *Über Literatur.* Olten/Freiburg, 1966.

feiçoou a metodologia do design no sentido de torná-la mais racional; no entanto, em seguida, surgiram dúvidas a respeito desses métodos de trabalho, calcados naqueles utilizados hoje em dia para executar complexos programas técnicos e científicos de desenvolvimento: iriam além da fase preparatória de design impondo uma metodologia que não toca a essência do processo projetual? Evidentemente, é possível organizar o processo de design com o auxílio de diagramas baseados em redes e flechas quando realmente a magnitude da tarefa justifique o uso dessas técnicas. Por último, devemos distinguir entre a necessidade material de usar técnicas modernas de planejamento e o mero desejo de aplicá-las. A meticulosidade organizativa satisfaz às necessidades ritualizadas, e é bastante inofensiva quando não interfere no trabalho real.

Entretanto, para além do fato de que organizar o processo de design possa facilitá-lo, os detalhes organizativos também são úteis como argumentos de discussões. Qualquer um que apresente ao cliente um design elaborado conforme diagramas sofisticados e uma sólida base empírica será mais convincente que alguém que se limita a um simples *mockup*. Alguém que argumenta que uma massa de documentos foi processada no curso de elaboração de seu design, ou que milhões de dados foram computados para determinar a eficácia funcional de um produto, criará uma atmosfera capaz de hipnotizar até o negociador mais recalcitrante, fazendo-o favorecer um design determinado.

Imperativo sistêmico
«O planejamento pode ser definido como a enumeração das atividades relativas ao projeto e a determinação da sequência em que será produzido.»[21]

A partir da Segunda Guerra Mundial, a racionalização dos processos industriais trouxe consigo uma profusão de novas técnicas de racionalização parcial. Através da matematização rigorosa, pelo menos em aparência, planejamento, organização, decisão e otimização de projetos foram objetivados. Essas técnicas foram impulsionadas fundamentalmente por grandes empresas norte-americanas, quase sempre relacionadas ao desenvolvimento de projetos militares. E, desse nível do progresso técnico – que não significa, é claro, progresso social –, a onda de racionalidade tem descendido progressivamente ao terreno da prática industrial.

Valor e utilidade
«Análise de valor ou engenharia de valor é um método científico, funcionalmente orientado, para melhorar o valor de um produto, relacionando elementos de

---

21 Handa, V. K. *Planning Projects*. Waterloo: Waterloo University, 1993.

utilidade do produto com seus correspondentes custos de produção, a fim de obter a função requerida com o mínimo gasto de recursos.»[22]

A análise de valor – moderna técnica industrial de análise crítica da relação custo-utilidade de elementos em produtos – tem um enfoque semelhante ao procedimento que os designers aplicam, ou deveriam aplicar. Sua atenção está dirigida à função, mais que ao elemento ou objeto. Comparado ao procedimento habitual para a diminuição de custos, a análise de valor diferencia-se ao pôr em questão a estrutura em si do produto, ou seja, não considera essa estrutura como inalterável. Cada componente é valorizado de acordo com a função que realiza e o custo dessa função. Isso permite considerar o produto como um conglomerado de fornecedores de utilidades (o que mais tarde foi chamado *affordances*), dos quais cada um tem seu custo. Então, tenta-se elevar a utilidade ao máximo e diminuir o custo relativamente ao mínimo – em geral, busca-se a otimização do ‹valor›. Dado que a análise de valor é desenvolvida em um trabalho interdepartamental, o designer, cujas atividades são também, de algum modo, integradoras, não deve encontrar dificuldades para se acomodar a tal procedimento.

Fases do processo projetual

«Provavelmente a característica mais surpreendente da cultura do século XX é ter desenvolvido maneiras tão elaboradas de fazer as coisas sem ter desenvolvido, simultaneamente, maneiras de justificar o que fazemos.»[23]

A lista que segue, apesar da grosseira esquematização de processos bem mais complicados, mostra as possíveis divisões em etapas de alguns processos de, ou relacionados ao, design.

Bruce Archer divide o processo de design em seis etapas:

1 Programação.
2 Coleta de dados.
3 Análise.
4 Síntese.
5 Desenvolvimento.
6 Comunicação.

---

22 Fallon, H. C. *Value Analysis – Value Engineering*, edited by W. D. Falcon. New York: 1964.
23 Churchman, C. W. *Prediction and Optimal Decision*. Englewood Cliffs: 1961.

Fallon divide o processo de análise de valor também em seis etapas:

1 Fase preparatória (definição do problema).
2 Fase de informação (obtenção de dados relevantes).
3 Fase de avaliação (definição da função do produto).
4 Fase criativa (busca como conseguir o mesmo funcionamento com menos recursos).
5 Fase seletiva (exame de um grupo de alternativas).
6 Fase de implementação.

Sidall – engenheiro projetista – distingue treze etapas no processo de design:

1 Definição do problema.
2 Análise de todas as variáveis estruturais e ambientais possíveis que atuem sobre uma máquina.
3 Definição de restrições (requerimentos legais, normas), redação de especificações de design.
4 Criação do conceito do projeto.
5 Análise da situação atual (evolução histórica da máquina).
6 Lista de fornecedores.
7 Otimização do design.
8 Elaboração de detalhes.
9 Cálculo.
10 Aquisição (compras).
11 Protótipos.
12 Ensaios.
13 Modificações finais até a fase de produção.

Planejamentos graduais desse tipo (de valor limitado como exposição de fatores relevantes e para um futuro curso das ações) representam apenas um primeiro passo nos esforços metodológicos, mas têm, de qualquer maneira, um papel a exercer na teoria do comportamento de resolução de problemas (*problem solving behaviour*), segundo a qual a solução de problemas é a atividade humana por excelência. No entanto, existem sinais de que a ênfase está se trasladando desse campo ao do reconhecimento de problemas. É certo que essas subdivisões do processo de design apontam à objetividade. Além disso, dão a impressão de rigor. As metodologias – pelo menos as melhores – oferecem múltiplos cursos de ação em vez de insistir numa trajetória em particular. Mesmo concebidas sob espírito crítico ou crédulo, a diferença entre metodologias salva-se por um fator: configuram previamente o processo de design, tornando óbvio o design desatento e irreflexivo que atua na base de uma suposta espontaneidade. A metodologia evita a atividade impulsiva e não premeditada que obedece ao clichê, falso como todos, segundo o qual o design surge de um vórtice de ações descontroladas. Até a quem acredita prescindir da racionalidade do método este lhe é útil. A racionalidade aparece primeiro na análise, na elucidação da estrutura do problema, na identificação dos objetivos que o constituem e, por último, na sua satisfação sistemática.

Atualmente, a metodologia do design está na posição que ocupava a psicologia no século XIX, quando tentava ser reconhecida como verdadeira ciência. O método científico segue sendo-o. Deve cuidar-se para que o design não se prenda a um ideal metodológico heterônomo, que lhe consiga o título de ciência aceita, mas que virtualmente o anule. A metodologia do design poderá seguir em frente apenas quando se libertar de sua relação, frequentemente parasitária, com outras disciplinas. Ganharia, assim, a independência e o rigor que não pode obter em outras fontes. Entretanto, não poderá se fechar ao amplo panorama tecnológico, nem persegui-lo com um entusiasmo cego, pois, como já foi dito em outro contexto, é bem provável que a técnica moderna se impregne de «hábitos provincianos de pensamento».[24] A metodologia do design pode ser alvo de muitas críticas, desde a reação alérgica a qualquer coisa que cheire a racionalidade, até a acusação de pedantismo. Não haveria necessidade de metodologia se cada processo de design emergisse espontaneamente de seu próprio método, pois a metodologia se sustenta na hipótese de que existem constantes no design e que com elas é possível estruturar o trabalho. Essa separação antidialética, entre um esquema geral de ação e seu conteúdo particular, argui contra todas as formas anteriores de metodologias. Essa é uma contradição que, sem dúvida, terá de se solucionar para que se possa alcançar conclusões satisfatórias.

---

24 Kesting, M. *Vermessung des Labyrinths.* Frankfurt, 1965.

Do ‹design turn› ao ‹project turn›

- *Status* ambíguo do design
- Razões para uma aproximação entre design e ciências
- Conhecimento discursivo e conhecimento performativo
- Da teoria do design à teoria do projeto
- Pesquisa em design
- ‹Trans-›, ‹inter-›, ‹meta-›, ‹pós-› e ‹multi-design›
- História do design desde a perspectiva do projeto

Minhas reflexões não estão centradas no que o design pode aprender a partir das ciências, questão debatida desde os anos 1950 com maior ou menor intensidade. Não me dedico às tentativas de construir uma ponte entre ambos os domínios, mas sim ao que as ciências podem aprender hoje com o design, ou melhor, com a categoria (e prática) de projeto. Existem indícios alentadores de que esse processo está avançando no âmbito da educação universitária em disciplinas não projetuais.

O design desfruta atualmente, no que se refere ao reconhecimento social, de um *status* ambivalente. O termo ‹design› está em alta. Por um lado, é festejado pela mídia, por outro, é tratado como *quantité négligeable* e até considerado um fenômeno irritante, tais revelam dois exemplos da literatura contemporânea mostrados a seguir. Até as ciências, para as quais o design foi um não tema durante décadas, deixam-se levar por essa onda, tanto é que um título da sociologia cultural como *O design da sociedade* parece aceitável.[1] Entre as disciplinas científicas relacionadas ao design, surgem duas novas áreas: o design do conhecimento (*knowledge design*) e as ciências da cultura e da imagem (*cultural sciences* e *picture theories*). Igualmente, aparecem argumentos especulativos na filosofia dos meios de comunicação, que às

---

1   Moebius, Stephan und Sophia Prinz, (Hrsg). *Das Design der Gesellschaft – Zur Kultursoziologie des Designs.* Bielefeld: transcript, 2012.

vezes se caracterizam por uma profunda antipatia ao fático e empírico. Deixo em aberto, por enquanto, a pergunta sobre a possibilidade de *projetar* conhecimentos, e se não se trataria, em vez disso, de *comunicação* de conhecimentos.

No que diz respeito à avaliação crítica do design e dos designers, cito agora os exemplos referidos. O primeiro é um parágrafo do livro *Herrn Zetts Betrachtungen* (Observações do sr. Z.), de Hans Magnus Enzensberger:

«Quando ele (sr. Z. GB) notou que um de nós havia sentado em uma cadeira dobrável, de plástico rosa transparente, Z. deu início a uma ladainha contra os designers. ‹Desde que o último dos sucessores da Bauhaus entregou sua alma›, começou, ‹essa gente se encarrega de fazer os objetos de uso inutilizáveis. O que chamam de criatividade é uma ameaça. Entre seus triunfos encontram-se a eliminação da chave de água, a fabricação de estantes com prateleiras inclinadas, o invento de luminárias que não têm aspecto de luminária e que iluminam o mínimo possível e de objetos para sentar-se que não só balançam, mas que, como a famosa cadeira de Gerrit Rietveld, são um insulto à anatomia humana. A mais-valia desses objetos consiste em estarem decorados com o nome de seu criador.› [...] Deve-se imaginar o inferno como um lugar completamente mobiliado por designers.»[2]

Outro exemplo foi extraído do livro de Michel Houellebecq, *Die Welt als Supermarkt – Interventionen* (O mundo como supermercado – Intervenções):

«É preciso entender que os produtos industrializados hoje em dia [...] são projetados e produzidos por um pequeno grupo de engenheiros e técnicos. [...] Eles talvez representem 5% da população economicamente ativa. [...] A utilidade social do resto do pessoal de empresas – empregados comerciais, publicitários, pessoal de vendas, designers – é bem menos clara. Poderiam desaparecer sem que o processo produtivo fosse seriamente afetado.»[3]

Tomaremos a esses juízos literários como indícios do desgaste que o termo ‹design› tem experimentado no transcurso das últimas duas décadas, de tal modo que parece sempre necessário seguir o uso do termo com algum tipo de aclaração. A erosão do termo ‹design› pode ser atribuída a quatro causas:

---

2 Enzensberger, Hans Magnus. *Herrn Zetts Betrachtungen*. Berlin: Suhrkamp, 2013, p. 58.

3 Houellebecq, Michel. *Die Welt als Supermarkt – Interventionen*. Hamburg: Rowohlt, 2010, p. 41.

1 À necessidade de diferenciar-se com um perfil próprio e competitivo no mercado da educação, entre instituições e empresas ligadas à prestação de serviços na forma de ensino (as universidades pertencem a essa categoria).

2 Ao desenvolvimento de tecnologias, sobretudo digitais, que fomentam o surgimento de novos campos de atuação de designers, como *cast design, webdesign, game design, interface design, interaction design, information design.*

3 À constelação de forças político-econômicas, autodenominadas pelos termos pósfordismo e capitalismo cognitivo, caracterizadas, grosso modo, pelo crescimento do setor de serviços na economia; pela substituição do valor de uso pelo valor agregado simbólico; pela incorporação de práticas afetivas; pela organização do trabalho em formato de projetos; e, finalmente, pela transformação do sujeito de trabalho em uma acumulação de competências de auto-organização e empreendedorismo.[4]

4 À suposta morte do projeto, ou ao aparente fim do Projeto Moderno, e à predominância de uma atitude pós-moderna na qual devem ser consideradas como absurdas as utopias sócio-políticas do Iluminismo, assim como anacrônicas as promessas de emancipação, desenvolvimento e progresso.[5]

Para adotar uma expressão em voga, pode-se denominar o panorama atual como ‹líquido›, no qual certezas presumidas se dissolvem, o que se manifesta também no âmbito do ensino do design, repetidamente criticado por cientistas como Donald Norman. Ele é quem reivindica uma mudança radical na educação dos designers industriais – e também dos engenheiros. Partindo de experiências nos EUA, constata: «Muitos problemas envolvem aspectos sociais e políticos complexos. Consequentemente, os designers devem transformar-se em cientistas do comportamento (*behavioral scientists*). [...] O ensino do design deveria migrar das escolas de arte e arquitetura para as faculdades de ciências e engenharia.»[6]

Tenho algumas reservas quanto à interpretação do designer como cientista do comportamento, mas concordo que a situação do ensino do design é problemática, o que se estende à investigação e teoria do design. Porém, a proposta de Norman não chega a acertar bem o alvo, já que seria mais relevante enfocar na profunda reestruturação de conteúdos programáticos, e, principalmente, na revisão dos métodos de ensino.

---

4 Lorey, Isabel und Neundlinger, Klaus (Hrsg). *Kognitiver Kapitalismus.* Wien / Berlin: Turia + Kant, 2012.

5 Foster, Hal. *Recodings – Art, Spectacle. Cultural Politics.* New York: The New Press, 1985, p. 23.

6 Norman, Donald. «Why Design Education Must Change.» Disponível em: <http://www.core77.com/blog/columns/why_design_education_must_change_17993.asp> (26.11.2010). Acesso em: 2 mai. 2013.

Norman advoga pela adoção de um procedimento científico no design caracterizado por quatro momentos de explicitação pública: primeiro, do problema; segundo, da metodologia; terceiro, dos resultados; e, quarto, da interpretação deles. Resta saber se essa sequência ideal funciona no âmbito do design, e se nas ciências realmente se procede de acordo com tal normativa.

Ao relacionar design e ciências, pode-se cair na armadilha de aplicar um método, suposto como universal, e querer transferir esquematicamente critérios que são válidos, úteis e justificados em outras áreas de atuação, mas não no design. Isso pode ser visto em programas de doutorado de design quando privilegiam um enfoque tradicional, sendo o resultado da pesquisa científica o registro de um texto, um documento discursivo entre 80 e 100 mil palavras, ignorando a equivalência do esforço cognitivo que implica um projeto, quase estigmatizando a competência projetual como de qualidade inferior e cognitivamente deficitária, eludindo-a.

O interesse pela relação entre ciência e design não surgiu das ciências, que estabeleceram uma postura indiferente quanto ao tema, talvez relegando o design ao campo das artes por sua dimensão estética, constitutiva do projeto de artefatos materiais e semióticos. Além disso, nas ciências, marcadas pela discursividade, reina uma forte tradição anestética – com exceção das ciências visuais (‹Augenwissenschaften›) –, que relega ao mundo da arte tudo aquilo que não tem a ver com ciência e tecnologia. Até suspeita-se que a estética seja prejudicial à busca pela verdade. O projetar, como característica constitutiva antropológica, não gozou do privilégio de ser percebido e levado a sério.

Mas, então, como se aproximam unilateralmente o design e as ciências? Como surge a exigência de que os designers, além de projetar, devem também pesquisar – produzindo algo cognitivamente novo, e não só gerar inovação no mundo dos artefatos materiais e semióticos? Essa relação foi estabelecida no ensino do design, mas vários motivos e suposições influenciaram esse processo:

Primeiro: admitir que, frente à crescente complexidade dos problemas projetuais, os designers dependem cada vez mais de conhecimentos científicos. Como o design se orienta à integração da tecnologia à prática cotidiana, mais precisamente ao uso e à manipulação de artefatos, seus profissionais foram obrigados – ao menos foi o que se supôs – a familiarizarem-se com os conhecimentos científicos. A princípio, a orientação dos educadores do design às ciências foi motivada por um interesse instrumental. É revelador que esse tipo de experimento tenha sido iniciado em instituições extrauniversitárias, já que o projetar não se encaixa na tradição ocidental da formação universitária, tripartida em ciências, tecnologia e arte, sem lograr – exceto no caso da arquitetura – estabelecer-se como área acadêmica autônoma.

Segundo: supor que as ciências dispõem de um repertório de métodos e fundamentos, ante os quais o design não tinha nada comparável para mostrar. O design parecia uma prática metodologicamente deficitária, cuja debilidade podia ser mitigada apelando às ciências.

Terceiro: supor que o procedimento científico, racional, baseado em argumentos, podia servir como modelo para o design.

Quarto: estimar que, comparado ao alto *status* epistemológico das ciências, o *status* do design era de dar dó.

Em geral, as ciências são consideradas o templo da verdade – ou de verdades concorrentes. Suas afirmações usufruem do *status* de irrefutabilidade – uma suposição que não é partilhada pelos representantes do pós-estruturalismo, para os quais a realidade é um texto, ou, fundamentalmente, nada mais que um texto passível de ser interpretado de maneira diferente, evadindo assim à pretensão de validade universal. Não me permito um julgamento generalizado sobre o pós-estruturalismo e seus representantes mais destacados, como Derrida e Foucault, mas sim sobre sua influência no discurso da arquitetura e do design, que desatou toda a classe de confusões, o que não se pode atribuir somente a esses autores.

Sabemos que as ciências se legitimam por meio da pretensão de verdade em suas afirmações, ou bem da dedução da validade de suas afirmações, confirmadas com dados empíricos. Elas são marcadas por um discurso argumentativo. Comparado a isso, o design, por sua vez, manifesto na configuração de artefatos não discursivos, encontra-se em uma situação precária. A pretensão de domínio ligada ao discurso científico é retratada na tradição filosófica ocidental que concede à teoria uma posição de primazia. Hans Blumenberg menciona os casos reveladores de Galilei e Descartes, que aprenderam com as depreciadas ‹artes mecânicas›, mas nunca quiseram admiti-lo, com o objetivo de reivindicar a supremacia da ‹mente› (teoria).[7] Sob tal predisposição, os estudos que vêm sendo desenvolvidos sobre a teoria e ciência do design assumiram a postura de um preceptor, reclamando o papel de tutor sobre a prática, e dificilmente chegam a contribuir para aclarar as bases teóricas do design.

Quando critérios provenientes de outra tradição são impostos a um programa projetual, inclusive em instâncias de mestrado e doutorado, o resultado pode ser a conclusão de pesquisas que, embora academicamente aprovadas, seguem sendo contraproducentes para o design e completamente irrelevantes. Essa contradição revela-se particularmente nos casos em que é exigido a artistas uma formação

---

7   Blumenberg, Hans. *Geistesgeschichte der Technik*. Frankfurt: Suhrkamp, 2009.

acadêmica para a docência universitária. Recentemente, um pesquisador suíço advertiu expressamente que seria questionável exigir aos artistas o desenvolvimento de projetos de pesquisa, já que eles poderiam reivindicar, por sua vez, os próprios trabalhos artísticos como pesquisa, tocando diretamente os interesses da investigação científica estabelecida, em particular a solicitação de recursos financeiros.

Referente à ciência do design, o design segue, mesmo com algum atraso, as demais manifestações da prática cultural. A literatura encontra seu complemento em letras. À música lhe corresponde a musicologia e, ao teatro, a teatrologia. Afinal de contas, qualquer área temática pode tornar-se um objeto de pesquisa científica, o que não significa fazer da música ou do design uma ciência. Seguramente pode existir um enfoque com base no design, como propõe Nigel Cross com o conceito ‹research through design›.

Aqui, a diferença entre discurso e *performance* fica evidente de modo inequívoco. Conhecimento de design, como conhecimento e competência de ação, não deve ser confundido com conhecimento discursivo. Se perguntarmos a um jogador de futebol como consegue fazer tantos gols, ou como é que joga tão bem, ele terá dificuldade em responder. Por quê? Porque, para um ator competente, a prática é transparente, enquanto para um observador sua ação é uma caixa preta, motivadora da pergunta.

Pode existir algo como *design knowledge*? Se entendermos esse conceito como competência da prática projetual, a resposta é afirmativa. Mas, se limitarmos o conhecimento àquilo que é apreensível discursivo-cognitivamente, a resposta dada é negativa.

Como é sabido, a HfG Ulm enfatizou, duas gerações atrás, a necessidade de fortalecer a relação entre design e ciências a fim de contribuir ao desenvolvimento da teoria do design. Christopher Alexander, pouco depois de publicar a grande obra *Notes on the Synthesis of Form* (1964), distanciou-se da metodologia do design ao constatar sua deformação acadêmica. Cabe perguntar se a teoria do design, em seu estado presente, conseguiu criar um espaço para a própria reflexão crítica e manter, mesmo que indiretamente, uma relação com a prática projetual concreta. É óbvio que, por enquanto, o discurso da ciência do design e da investigação do design concentra-se na autolegitimação, para moldar a disciplina como academicamente aceitável e reconhecida. Embora a teoria do design esteja localizada, primeiramente, no âmbito acadêmico, e nele possa levar uma vida protegida, seria prejudicial para sua consolidação distanciar-se da prática.

A já mencionada permeabilidade do conceito ‹design› a partir dos anos 1990 possibilitou, em boa medida, a independência da teoria do design em um contexto de academização e de crescente importância do diploma universitário (sobretudo das pós-graduações). Esse processo implica negativamente no ensino do design e até em sua teoria. É verdade que em programas de design a incorporação de disciplinas científicas não projetuais seja plausível. Mas, se na nomeação de oficinas ou laboratórios de projeto prevalecem critérios acadêmicos em detrimento de critérios de experiência profissional, aumenta o perigo de uma crescente atrofia do componente projetual. Assim foram lançados alguns conceitos da moda, como *emotional design, experience design* e *design thinking*. O *design thinking* foi especialmente propagado como um novo mantra na gestão e administração de empresas, reclamando a existência de um tipo particular de competência cognitiva. Não demorou muito para que Donald Norman desmascarasse esse neologismo: «*The design thinking is a term coined by the public relations for an old acquaintance, nominated creative thought*».[8]

Para perfilar-se academicamente e cumprir, entre outras coisas, as condições formais da solicitação de recursos financeiros para pesquisas, os esforços se orientam a definir o design como uma disciplina. Em esforços antagônicos, acima de tudo no desbordante campo dos *media studies* e dos difusos *cultural studies*, a palavra ‹design› é combinada com prefixos como ‹trans-›, ‹inter-›, ‹meta-›, ‹pós-› e ‹multi-›, como se a nem sequer consolidada disciplina do ‹design› fosse limitada demais e, portanto, devesse ser excedida. Às vezes, a impressão é de que os autores estão menos interessados em aprofundar a compreensão do design que em utilizá-lo como pretexto para especular sobre arte e eventos artísticos midiáticos.

Quanto à exigência de que os designers também pesquisem, esta é absolutamente justificada e louvável. Mas leva a perguntar se o design, como prática de pesquisa, deveria mesmo ser submetido aos padrões ditos universais para ser levado a sério, em vez de descartado como variante atrofiada de uma investigação ‹séria›.

A pesquisa em design deve ser diferenciada de outras pesquisas com a ajuda de três critérios: o conteúdo da pesquisa, seu método e enfoque, a partir de uma perspectiva projetual. Essa parece ser a característica decisiva da pesquisa em design comparada a outras áreas.

Os argumentos recém-expostos estendem-se também à história do design. Se verificarmos os primeiros programas de história do design, veremos que esta era tratada como parte da história da arquitetura e da história da arte, o que logo se mostrou insuficiente. No fim de contas, o design não pode ser compreendido como subcategoria da arquitetura, e muito menos do mundo artístico. Uma história própria do design realiza um rompimento epistemológico, distanciando-se do pensamento compartimentado em disciplinas e das formas tradicionais de historiografia. Assim, separa-se definitivamente da narrativa cronológica, sem

---

8   Norman, Donald. «Design Thinking: A Useful Myth.» Disponível em: <http://www.core77.com/blog/columns/design_thinking_a_useful_myth_16790.asp> (25.6.2010). Acesso em: 10 set. 2010.

contentar-se mais com uma história de estilos estéticos, designers ou escolas de design. Pratica, portanto, uma história convergente, que leva em consideração um amplo leque de aspectos: políticos, sociais, econômicos, técnicos, industriais e prático-culturais (formas de uso dos artefatos).

Isso significa advogar pela inserção da história do design em uma história abarcadora da cultura material e semiótica, o que não substitui a história do design pela história geral dos meios e da cultura, o que faria, novamente, a história do design perder seu caráter próprio. Um simpósio sobre esse enfoque foi realizado no ano passado, em Córdoba, na Argentina – até onde sei, essa foi a primeira vez em que se discutiu publicamente a pesquisa em história do design como história do projeto.[9]

Em síntese, essa perspectiva caracteriza-se por concentrar-se nos objetos de interesse histórico relacionados a uma rede sociotécnica, e por investigar, desde a perspectiva do projeto, a história dos artefatos materiais e semióticos. Esse enfoque pode ser estendido à teoria do design, que, devido ao nebuloso conceito de design, facilmente se perde em uma área de jogos, dando lugar a todo tipo de especulações e perdendo a relação com a categoria central: o ‹projeto›.

A contribuição específica desse enfoque consiste em deslocar ao centro da pesquisa o uso dos artefatos em seus correspondentes contextos. Pode-se argumentar que a antropologia já está fazendo isso, mas essa é uma verdade apenas parcial. A antropologia pesquisa, é certo, os rastros dos objetos em sociedades humanas, mas desconsidera os critérios mencionados, sobretudo a dimensão do projeto. Cito um exemplo: na Patagônia argentina, com baixíssima densidade populacional, viviam os nômades Tehuelches, que erigiram suas tendas de couro de guanacos nessa região inóspita e ventosa. A difícil tarefa de erigir essas tendas cabia às mulheres. Na literatura científica, encontram-se estudos bastante rigorosos, com descrições detalhadas de materiais e da conformação, medidas exatas, esboços à mão livre e esboços técnicos, que, no entanto, não revelam como o couro era fixado às varas de madeira para resistir aos fortes ventos. Por isso, uma equipe de designers argentinas começou a reconstruir o processo projetual de uma tenda, baseando-se no próprio *know-how* técnico e estudando os documentos científicos, até responder à pergunta que sequer é passível de ser formulada na antropologia, já que a antropologia, assim como outras ciências, desconhece a categoria de projeto como variável.[10]

---

9 De Ponti, Javier, Alejandra Gaudio, Laura Fuertes. «10 principios para la investigación de proyecto». *3 tecno* 1, n.º 3, dez. 2013.

10 Fernández, Silvia. «Mujeres en el Diseño | Tehuelches | Mujeres | Los Toldos.» (Trabalho não publicado, 2014.)

11 Rancière, Jacques. *Politik der Bilder*. Zürich /Berlin: diaphanes, 2009, p. 107.

Assim como se atribui aos médicos a competência do olhar clínico, que lhes permite, de modo repentino, identificar o estado geral de saúde de um paciente, os designers adquirem com a experiência um ‹olhar projetual› e também percebem detalhes que não são evidentes para os demais, só que em artefatos materiais e semióticos. Os primeiros passos para a elucidação desse olhar específico parecem ter sido dados por Bruno Latour, com a teoria ‹ator-rede sociotécnica›, mas ainda partindo do enfoque monodisciplinário da sociologia, sem dar a devida atenção ao carácter projetual dos artefatos.

O centro medular dos programas de design é a educação projetual, que difere fundamentalmente do ensino por disciplinas, prevalente na formação universitária. Não há como negar que a educação universitária se encontra em uma situação insatisfatória, e há décadas essa crise é sentida. Um mérito da faculdade de medicina da McMaster University, no Canadá, foi, nos anos 1970, estabelecer um corte radical na formação de seus médicos, substituindo o programa orientado por disciplinas, por um programa orientado a problemas. Essa mudança radical, que toca o cânon do ensino universitário, é tão promissora que não é infundado o prognóstico de um futuro no qual toda formação universitária estará orientada a problemas, ou seja, a projetos. O mesmo vale para todas as áreas de conhecimento: excede, portanto, a área dos programas de arquitetura, design industrial e comunicação visual.

A modo de conclusão, gostaria de retomar o papel da teoria do design, que, em geral, não goza de grande popularidade entre os estudantes de design. A teoria opera fora de parâmetros utilitários. Ela se aproxima da prática mantendo-se distante. Seria errado instrumentalizá-la. Os estudantes de design buscarão, por motivos óbvios, sua relação com a prática, já que a teoria facilmente pode dar a impressão de ser nada além de um exercício especulativo. Mas as teorias servem para compreender e explicar um aspecto da realidade, em casos extremos, sem relação empírica, somente mediante operações epistemológicas. Para prevenir esse perigo, pode ser útil substituir a denominação ‹teoria do design› por ‹teoria do projeto›. Explicitamente não se trata de formar competência performativa, e sim de formar a compreensão e o pensamento crítico.

Dou um exemplo de contribuição filosófica à teoria de projeto: entre os filósofos modernos, um dos poucos que registraram o projeto da modernidade na arquitetura e no design foi Jacques Rancière – além de Jürgen Habermas. Apesar desse passo excepcional, ele não chega a se desfazer do conceito de arte, tratando de colocar o design dentro de parâmetros artísticos. E escreve:

«Eu me dedicarei à seguinte questão: De que maneira a ideia e a prática do design, que surgiu no início do século XX, possibilitam uma nova definição de arte dentro da totalidade de práticas que determinam o mundo comum das experiências? Essas práticas tratam da criação de mercadorias, sua disposição em vitrines e sua reprodução em catálogos comerciais.»[11]

Esse caminho para uma compreensão do design, ou ainda, como ponto de partida para uma teoria do projeto, parece-me equivocado. Mas estimo fortemente a maneira como Rancière se aproxima de um problema de design e, principalmente, o fato de que o esteja fazendo. Esta é a excepcionalidade desse filósofo.

Ele pergunta: «Qual a semelhança entre Stéphane Mallarmé [...] e Peter Behrens, arquiteto, engenheiro, designer alemão?»[12] A resposta é que ambos se dedicaram à elaboração de tipos, quer dizer, o poeta, à concentração da linguagem ao essencial; e o arquiteto, engenheiro e designer, à redução dos objetos a um número limitado de formas típicas. Ambos estão unidos pelo princípio de unidade.

Evidentemente, o conceito de utilidade (função) é um dos temas centrais da teoria do projeto. Até o enfoque mais espiritual, prescindindo de qualquer materialidade, não pode – com toda a distância do puramente prático e até desprezo pela dimensão de uso/função – evitar conceber mesmo que um mínimo resto de utilidade. Já Adorno constatou que, na época da superprodução, o valor de uso dos bens de consumo transformou-se em algo duvidoso e cedeu lugar ao usufruto do prestígio, ao estar na moda e mesmo ao próprio carácter de mercadoria, o que se denota hoje, com o crescimento da dimensão simbólica dos artefatos.[13] Entretanto, tal caráter duvidoso do valor de uso não deveria levar a sua total negação ou a seu descarte junto à pilha de escombros de conceitos gastos. Trago esse tema para indicar uma pergunta aberta na teoria do projeto, como também acontece com o conceito de imagem, para cujo esclarecimento Hans Belting fez contribuições fundamentais dentro da antropologia da imagem.[14] Aparentemente não há equivalência teórica no campo dos produtos, com exceção da obra de Gilbert Simondon, dos anos 1950.[15]

Para terminar, não posso deixar de mencionar a dimensão política dos esforços teóricos ou, geralmente, do discurso projetual, sobre o qual é inevitável a influência do contexto correspondente, refletindo-o. Os discursos e teorias oscilam entre o polo hegemônico-convergente e o polo hegemônico-divergente. Eles cumprem funções de calmante ou antagonista. Cabe a cada teórico e participante do discurso projetual a decisão de optar por uma ou outra, principalmente na atual fase da história, marcada por instâncias restauradoras de um anti-iluminismo. No que diz respeito aos aspectos políticos da atividade projetual, estes podem ser reduzidos a uma pergunta de resposta nada fácil: o design contribui à consolidação de relações hegemônicas ou alberga um potencial de emancipação?

---

12   Rancière, Jacques. *Op. cit.,* p. 108.

13   Adorno, T. W. *Ästhetische Theorie. Gesammelte Schriften.* Frankfurt: Suhrkamp, 1972, p. 32.

14   Belting, Hans. *Bild-Anthroplogie.* München: Fink, 2011.

15   Simondon, Gilbert. *Du mode d'existence des objets techniques.* Paris: Aubier, 1958.

As sete colunas do design

- Mudança no discurso projetual
- Cosmética, superfície, aparência visual
- O diagrama ontológico do design
- A interface como categoria central do design
- Reinterpretação do design
- Tecnologia apropriada
- Design na periferia
- Fundamentos do design
- Ação efetiva
- O caráter específico da inovação no design
- Engenharia e design industrial
- Afinidade estrutural entre linguagem e design
- Eficiência física e eficiência sociocultural
- Consequências para o ensino do design

No transcurso das últimas quatro décadas, o conceito de ‹design› experimentou uma série de mudanças que se refletem também nas temáticas centrais do discurso projetual. Simplificando, penso que podemos descrever essas mudanças a seguir.

Nos anos 1950, o discurso projetual centrou-se na produtividade, na racionalização e na padronização. A produção industrial – exemplarmente realizada no fordismo – fornece o modelo para diferenciar o design do campo da arte e das artes aplicadas, e para dar credibilidade à nova disciplina do design nas empresas. Esse discurso ganhou peso particularmente na Europa durante a fase de reconstrução, após a Segunda Guerra Mundial. Existia uma grande demanda por bens que poderia ser satisfeita com a produção em série, lançando produtos a preços acessíveis ao mercado.

Paralelamente a esse tema central, surgiu um interesse pela metodologia, que culminou, em 1964, na publicação do livro clássico de Christopher Alexander, *Notes on the Synthesis of Form.*

O terceiro tema do discurso projetual se referia à relação entre design e ciências. Com considerável atraso, o design entrou depois no discurso da administração de empresas e da gestão.

Na América Latina, e particularmente nas empresas orientadas a políticas *engineering driven*, o design tornou-se um fenômeno marginal, pois transcende aos critérios tradicionais da engenharia de produção. A tentativa de compreender o design sob essa perspectiva encontra dificuldades. Geralmente acaba no juízo – ou preconceito – de que o design seria nada mais que cosmética, limitando-se a agregar alguns traços decorativos aos projetos provenientes dos departamentos de engenharia. Se considerarmos a produção industrial com as categorias da engenharia, o designer aparece como um especialista em *make-up*. Ele, no entanto, possui um dom invejável por saber desenhar à mão livre. Design, porém, não é desenho. Vale a pena enfatizar isso, pois na opinião pública o design vem estreitamente associado à capacidade de desenhar.

Com diferentes matizes, essas opiniões que ligam o design ao mundo do superficial, do pouco importante, do pouco rigoroso, continuam presentes em uma concepção de design que considera a forma e o visual como o mais importante. Os designers não deveriam se surpreender ao ver interpretadas suas atividades de maneira tão simplista. Eles podem dizer, como contra-argumento, que para muitas pessoas esses arabescos secundários têm muita importância. A sobrevivência de empresas inteiras pode depender dessas supostas brincadeiras cosméticas. A teimosa persistência com a qual continua o *topos* da cosmética revela a inércia de explicações esquemáticas que pretendem captar um fenômeno utilizando categorias inadequadas. Em vez de atribuir ao design a função de fazer envoltórios bonitos para produtos e mensagens, podemos usar um esquema mais esclarecedor: o diagrama ontológico do design. Esse diagrama é composto de três domínios, unidos por uma categoria central. Primeiro, temos um usuário ou agente social que quer realizar uma ação efetiva. Segundo, temos uma tarefa que o usuário quer cumprir, como cortar pão, passar batom, escutar música, tomar cerveja ou abrir canal em um dente. Terceiro, temos uma ferramenta ou artefato de que o usuário precisa para realizar efetivamente a ação – uma faca, um batom, um *walkman*, um copo, uma turbina de precisão de alta velocidade com 20 mil rpm.

Aqui se apresenta a pergunta: como esses três campos heterogêneos – um corpo, um objetivo e uma ferramenta, ou uma informação no caso da ação comunicativa – podem ser acoplados um ao outro?[1] Ora, o acoplamento entre esses três campos ocorre pela interface. Temos de levar em conta que interface não é uma ‹coisa›,

---

1   Diferenciamos entre ação instrumental, ou uso de produtos, e ação comunicativa, ou uso de signos/informações.

mas o espaço no qual se estrutura a interação entre corpo, ferramenta (objeto ou signo) e objetivo da ação. É exatamente esse o domínio central do design.

A interface revela o caráter de ferramenta dos objetos e o conteúdo comunicativo das informações. A interface transforma objetos em produtos. A interface transforma sinais em informação interpretável. A interface transforma simples presença física (*Vorhandenheit*) em disponibilidade (*Zuhandenheit*).

Dois simples exemplos servem para visualizar a performance da interface. Como é sabido, o corpo humano consiste em uma substância delicada envolta por uma membrana sensível com pouca resistência contra perfurações. Por isso, precisa-se de uma superfície lisa na tachinha. Sem essa interface, o uso do tachinha não somente teria consequências dolorosas, mas seria impossível.

Outro exemplo é a tesoura. Um objeto pode ser denominado tesoura quando possui duas lâminas de corte. Para transformar esse objeto em uma tesoura, precisamos ainda de duas alças, com as quais se acopla a ferramenta ao corpo humano. A interface constitui a ferramenta. Esse domínio constitutivo, sem o qual não existem ferramentas, fornece uma base de legitimação mais ampla e menos frágil que a daquelas interpretações que orientam o design principalmente ao domínio da forma e da estética (essa é uma das dificuldades da história da arte frente ao design, ou seja, a falta de atenção à base material e aos fatores tecnológico-industriais impõe limitações às tentativas de entender o design no quadro das categorias artístico-estéticas).

Retomando o resumo dos tópicos do discurso projetual, temos de mencionar a crítica radical da sociedade de consumo nos anos 1960. Existia também a esperança de uma alternativa de design, uma nova cultura de produtos e novas possibilidades nas economias planificadas. Parecia plausível que uma sociedade organizada de acordo com outros critérios poderia também criar outra cultura material, um mundo do consumo, porém não de consumismo.

Nos anos 1970, o tema da tecnologia apropriada entrou no discurso projetual. Pela primeira vez foi criticada a concepção universalista da ‹boa forma› ou do ‹bom design›. Partindo da teoria da dependência, argumentou-se em favor da possibilidade e necessidade de um design próprio do Terceiro Mundo. O contraste socioeconômico entre países centrais e periféricos levou a questionar a validade de interpretações do design que até então estavam exclusivamente radicadas nas economias industrialmente avançadas. Não era só o PIB que permitia classificar os países em dois grandes grupos, mas também o efeito corrosivo da industrialização, caracterizado principalmente pelo abismo entre uma minoria orientada ao modelo de consumo dos países centrais e uma maioria marginalizada, vegetando em um nível mínimo de subsistência. Essas profundas fissuras nas sociedades periféricas conferem ao debate do design na periferia uma inevitável dimensão política. Isso dificilmente se pode compreender partindo de uma perspectiva de um país central. Na periferia, os problemas do design são menos de caráter técnico-profissional e mais de caráter sociopolítico.

A atitude dos países periféricos em relação ao design dos países centrais era às vezes ambígua; não se podia negar a qualidade técnica do design dos países centrais que, aberta ou veladamente, serviam como ponto de referência. Também corria-se o risco de se chegar a um design de segunda qualidade devido à insuficiência de *know-how* técnico sobre processos de fabricação. Registrava-se uma busca apaixonada pela identidade do design. Porém, poderia-se perguntar por que não fazer simplesmente design em vez de perder tempo com a busca de uma identidade. O pano de fundo de um nacionalismo do Terceiro Mundo poderia facilmente provocar o juízo lacônico e irônico de que o nacionalismo fosse a última opção dos pobres. Essa caracterização negativa não se dá conta do elo entre identidade e dignidade. A busca pela identidade é motivada pelo desejo da autonomia, vale dizer, o poder e a capacidade de codeterminar o próprio futuro.

Nos anos 1980, reviveu-se uma crítica ao racionalismo e ao funcionalismo, ou melhor, fez-se uma leitura muito simplista do funcionalismo. Havia chegado novamente o tempo dos grandes gestos pessoais. As perguntas sobre a relevância social do design foram condenadas à extinção. Novamente, as discussões sobre o estilo e a forma dominaram a cena. Objetos de design foram elevados ao *status* de objetos de culto. Surgiu um neoartesanato das pequenas séries, sobretudo no setor de mobiliário e das luminárias, com preços que correspondiam ao mercado de arte. Valia o lema de que o design deveria ser, antes de tudo, divertido (*fun*).

Nos anos 1990, apresentaram-se questões sobre a compatibilidade ambiental e a gestão do design. Já não se falava de desenvolvimento, mas sim de desenvolvimento sustentável. Este termo relaciona-se com a temática da tecnologia apropriada da década de 1970, advogando um desenvolvimento orientado às necessidades dos países, levando em conta as possibilidades técnicas e financeiras locais.

Lendo as publicações de design e observando os eventos de mídia, podemos dizer que hoje o design está na crista da onda. Nunca antes se conseguiu entender o design como fator decisivo nas discussões sobre a eficiência e competitividade de empresas e economias. Simultaneamente, porém, registramos a contradição entre a popularização desse termo e seu déficit nos aspectos teóricos. O design é hoje um fenômeno não pesquisado a fundo, um domínio ainda sem fundamentos, a despeito de sua onipresença na vida cotidiana e na economia. Como podemos explicar esse déficit? Podemos supor que exista uma relação mútua entre a fragilidade do discurso projetual e a ausência de uma teoria rigorosa do design. Para abrir uma nova perspectiva, proponho uma reinterpretação do design, fora do referencial da boa forma e suas tendências sociopedagógicas. Apresento essa reinterpretação na forma de sete caracterizações ou teses.

1   Design é um domínio que pode se manifestar em qualquer área do conhecimento e práxis humana.
2   O design é orientado ao futuro.
3   O design está relacionado à inovação. O ato projetual introduz algo novo no mundo.
4   O design está ligado ao corpo e ao espaço, particularmente ao espaço retinal (visual), porém não se limitando a ele.
5   O design visa à ação efetiva.
6   O design está linguisticamente ancorado no campo dos juízos.
7   O design se orienta à interação entre usuário e artefato. O domínio do design é o domínio da interface.

Essas sete teses exigem, entretanto, um comentário adicional. A primeira caracterização do design, como domínio da ação humana, separa-o do quadro estreito das disciplinas projetuais, pois em geral o termo ‹design› é associado ao design industrial, design gráfico e design de interiores. Existe o perigo de se cair na armadilha das generalizações vazias do tipo «tudo é design». Porém, nem tudo é design e nem todos são designers. O termo ‹design› se refere a um potencial ao qual cada um tem acesso e que se manifesta na invenção de novas práticas da vida cotidiana. Cada um pode chegar a ser designer em seu campo de ação. E sempre se deve indicar o campo, o objeto da atividade projetual. Um empresário ou dirigente de empresa que organiza a companhia de uma maneira nova faz design sem sabê-lo. Um analista de sistemas que concebe um procedimento para reduzir o desvio de malas no tráfego aéreo faz design. Um geneticista que desenvolve um novo tipo de maçã, resistente a influências externas, faz design.

Os objetos do design não se limitam aos produtos materiais. Design é uma atividade fundamental, com ramificações capilares em todas as atividades humanas, por isso, nenhuma profissão pode pretender ter o monopólio do design.

O futuro é o espaço do design: o passado já passou e, portanto, está excluído de atos projetuais. O design somente é possível em um estado de confiança e esperança. Onde domina a resignação não há design.

Os termos ‹inovação› e ‹design› superpõem-se parcialmente, muito embora não sejam sinônimos. Design se refere a um tipo especial de ação inovadora, que cuida das preocupações de uma comunidade de usuários. Design sem componente inovador é, obviamente, uma contradição. Porém, ação inovadora que produz algo novo não é condição suficiente para caracterizar o design em sua plenitude, por isso, precisamos referir-nos ao conceito ‹*concerns*› (preocupações), por meio do qual se estabelece uma relação com a ética.

Podemos dizer que todo design termina finalmente no corpo. O espaço retinal ocupa uma posição privilegiada, pois os seres humanos são, em primeiro lugar, seres viventes com olhos. No caso de ferramentas tanto materiais quanto imateriais, a tarefa do design consiste em acoplar os artefatos ao corpo humano. A esse processo se denomina ‹acoplamento estrutural›.[2]

As interpretações tradicionais do design utilizam conceitos tais como ‹forma›, ‹função› e ‹estilo›. Em vez de enquadrar o design nessas categorias, parece mais promissor relacionar o design ao domínio da ação efetiva. Ao nos perguntarmos para que os produtos são inventados, projetados, produzidos, distribuídos, comprados e utilizados, podemos dar uma resposta simples: produtos são inventados, projetados, produzidos, distribuídos, comprados e usados para facilitar ações efetivas. Para caracterizar uma ação como ação efetiva, tem-se de indicar sempre o campo e os *standards* de valores. Visto pela perspectiva da antropologia, um batom é um objeto para criar uma tatuagem temporária, que se usa no quadro do comportamento social chamado autoapresentação e sedução. Os critérios de sua eficiência certamente diferem dos critérios aplicados a um programa de editoração de textos, um anúncio de concerto ou uma escavadora frontal para construção de estradas. Não faz sentido falar de eficiência sem indicar simultaneamente os *standards* implícitos de acordo com os quais um produto é avaliado como efetivo para determinar a ação. Podemos usar o termo ‹*affordances*›, cunhado por Gibson.[3]

Artefatos são objetos para possibilitar ações efetivas. A interface é, como mencionado acima, o tema central do design. A interface permite explicar a diferença entre engenharia e design. No entanto, ambos são disciplinas projetuais. O design visa aos fenômenos de uso e da funcionalidade de uso. No centro de seu interesse se encontra a eficiência sociocultural na vida cotidiana. As categorias da engenharia, porém, não captam os fenômenos de uso, ou seja, a integração dos artefatos à cultura cotidiana. Elas recorrem ao conceito da eficiência física, acessível aos métodos das ciências exatas.

Com base na afinidade entre design e linguagem – em ambos os campos se realizam atos declaratórios –, torna-se imperativa uma reformulação do ensino do design. Transformar essa exigência em uma prática será difícil. Realizar esse programa pode demorar décadas. Hoje, todavia, já podemos afirmar que nenhum programa de ensino de design pode prescindir da linguagem e, portanto, em última instância, da filosofia.

---

2 Maturana, Humberto y Francisco Varela. *El Arbol del Conocimiento*. Santiago: Universidad de Chile, 1990, p. 50-51.

3 Gibson, James J. *The Ecological Approach to Perception*. Hillsdale: Lawrence Erlbaum, 1986, p. 138-140.

Projetando o futuro: perspectivas do design na periferia

- Teoria da dependência
- Discurso projetual
- ‹Disponibilidade›
- O design visto pela teoria da linguagem

Durante a década de 1970, as disciplinas projetuais design industrial e design gráfico ganharam passo a passo seus perfis próprios nos países periféricos. Um indicador da consolidação de uma nova profissão é a fundação de instituições de ensino – a transformação de uma atividade informal em uma atividade estrutural. Da mesma forma que acontecera em alguns países industrializados, foram criados centros de design. Além disso, criaram-se grupos de projetos dentro dos Ministérios de Indústria e Comércio. O design industrial foi explicitamente incorporado aos programas de cooperação técnica, visando a elevar a qualidade dos produtos, fortalecendo as pequenas e médias empresas. A despeito dessas tentativas, não se conseguiu incorporar o design em sua plenitude à indústria. Podemos supor que o volume da produção no qual o design industrial participa é muito pequeno. O design floresce mais no setor acadêmico do que no setor industrial. A distância entre atividade gerencial e design leva a inquirir as razões desse fato.

A explicação mais difundida se baseia na teoria da dependência, que se refere ao intercâmbio desigual entre países industrializados e periféricos. Esse argumento ganhou peso no debate do endividamento dos países latino-americanos, que exportam capital para pagar os juros dos créditos. A despeito do valor crítico e hermenêutico, o discurso da dependência sofre de limitações ao nível pragmático, buscando os culpados em primeiro lugar no exterior. Em particular, acusam-se as empresas multinacionais, arguindo que elas têm uma influência desmesurada nas economias locais. Porém, a presença de empresas multinacionais não explica o fato de que as empresas locais não aproveitaram mais intensamente as possibilidades do design.

De acordo com uma segunda explicação, as empresas locais são financeiramente fracas demais para poder investir no design, pois o lucro do investimento se realizaria só a médio prazo, enquanto as operações no mercado financeiro garantiriam mais lucros, sobretudo em um contexto altamente inflacionário.

A terceira explicação reduz a insuficiente integração do design no sistema produtivo a uma decisão da gerência: seria mais barato copiar designs desenvolvidos no exterior do que criá-los localmente.

A quarta interpretação, por fim, enfatiza a distância entre ensino universitário e as exigências do contexto industrial.

Todas as quatro tentativas de explicação auxiliam na compreensão da situação. O que interessa é detectar aquelas que ajudariam a introduzir o design na indústria. Para isso, precisamos analisar o discurso projetual na América Latina.

A tradicional conexão entre design e desenho leva a imaginar o designer como produtor de rascunhos para apresentar ‹ideias›. Essa conexão tem uma larga tradição, mas não tem futuro. Não pretendo descartar a capacidade de desenhar; para algumas áreas do design essa capacidade é importante. A força do paradigma desenhístico se baseia no fato de que tanto o design industrial como o design gráfico pertencem ao espaço retinal. É em primeiro lugar através do espaço visual que os usuários se aproximam dos produtos. Como consequência da concepção desenhística, o designer é considerado um especialista em formas e, mais ainda, um advogado cultural na produção industrial – uma ideia que se revela na tentativa de humanizar a técnica. No quadro dessas ideias, o design aparece como um processo para dar aos produtos da civilização industrial um toque de qualidade visual. Esse enfoque revela o lado fraco do design, relegado à superfície e à aparência. Agora, deve-se admitir que não se pode subestimar essa dimensão, pois os produtos, ao sair das fábricas, são expostos aos juízos dos usuários. Os projetos ganham sua identidade só no espaço social no qual são produzidos sem cessar juízos automáticos.

Nós falamos de produtos em termos de caracterizações que têm uma forte influência sobre a maneira na qual nós os utilizamos. Por isso, se diz: o design de um produto é prático, obsoleto, atrativo, chato, bem acabado, divertido, funcional, de longa duração, engraçado, efêmero, caro, agradável, frio, tipicamente brasileiro ...

Essa lista de caracterizações nos permite ver que o usuário entra em relação com os produtos por meio de distinções linguísticas. Partindo dessa observação, o designer é o especialista que se move no mundo dos juízos. Aqui começa uma zona de areia movediça, mas que capta a essência do design: difuso, indeterminado, frágil por um lado, porém criador de realidades tangíveis por outro.

Se nos aproximamos do design através de uma perspectiva linguística, não somos obrigados a fazer uso dos conceitos tradicionais, tais como esboços, modelos, protótipos, materiais, processos de fabricação, montagem, acabamento, tolerâncias, custos, listas de requerimentos, preferências de consumidores, tendências, mercado, preço.

Reiteradamente se tentou entender o design como fenômeno artístico. Com isso, se confundem dois universos constitutivamente diferentes. Para reforçar essa afirmação, utilizo um conceito básico de Heidegger, qual seja, ‹disponibilidade› (*Zuhandenheit*).[1] O designer é, do ponto de vista filosófico, um especialista que se preocupa com a disponibilidade de artefatos. A disponibilidade está para o design assim como o conceito da enfermidade – e da saúde – está para a medicina. Um médico cuida de nossa saúde, um designer cuida da disponibilidade das ferramentas. É essa distinção que separa o mundo do design do mundo da arte. Para a arte, o conceito da ‹disponibilidade› não é constitutiva; para o design, ao contrário, é inteiramente constitutiva.

Daqui podemos construir uma ponte para o conceito básico de ‹interface›. O design se concentra nos produtos que têm uma interface. A proximidade ao corpo humano e o espaço retinal definem o campo de intervenção do designer industrial e do designer gráfico. Por isso, o projeto de um cabo transatlântico não é tema para o design industrial, porque a interface é reduzida a quase zero.

Do mesmo modo, o conceito ‹disponibilidade› não é constitutivo para as ciências como campo da ação no qual se formulam afirmações apoiadas em evidências e no qual se elaboram discursos hermenêuticos, pois o design não pode se transformar em uma ciência. É possível, no entanto, existir uma ciência do design – um discurso científico do design. Essa observação pode servir para explicar a relevância reduzida da metodologia para a prática profissional. Também pode explicar a ausência de princípios. Talvez a particularidade do design industrial e do design gráfico consista em que eles não têm princípios. Design industrial e design gráfico são atos de equilibrista sobre a corda da incerteza. Eles são um salto do vazio no vazio.

O design é a busca da coerência entre diferentes discursos, enfocando a dimensão da disponibilidade e das distinções linguísticas por meio das quais o design de um produto se constitui.

Na América Latina, foi frequentemente discutida a questão da identidade. Na literatura conseguiu-se criar essa identidade. Os autores e poetas participam, com suas obras, do discurso da literatura mundial. Provavelmente, não fixaram como objetivo criar uma identidade latino-americana. Escreviam seus textos. Isso bastava. Enquanto na América Latina o design não for praticado de ma-

---

1   *Zuhandenheit* é um termo filosófico que vai além do conceito de ciência aplicada. Não se deve confundir ‹disponibilidade›/‹ao-alcance-da-mão› e ergonomia.

neira mais ampla, a busca pela identidade equivale a uma busca pela quimera. A identidade não é uma força supostamente escondida nas profundidades do ser latino-americano.

Em alguns momentos recomendou-se buscar a identidade no passado, revitalizando elementos estilísticos regionais ou escavando-os de épocas pré-hispânicas para aplicá-los ao design. Isso me parece um esforço em vão e errado. Como deveríamos projetar uma calculadora eletrônica ou um instrumento cirúrgico de aço especial utilizando elementos formais da cultura dos maias? A nostalgia e a saudade não são instrumentos eficazes para se preparar para o futuro.[2]

É um duro fato que na cultura latino-americana o discurso projetual esteja ausente.[3]

Essa ausência do discurso projetual explica as dificuldades que surgem quando se introduz o design nas empresas. Na Itália, por exemplo, a existência de um discurso de design pode ser considerada como uma das razões do sucesso do design. Administradores e empresários culturalmente sensíveis são, em boa parte, a causa do *boom* do design italiano. Disso, podemos tirar uma conclusão. O futuro do design na América Latina depende menos do grupo relativamente pequeno dos designers do que de outros participantes da produção industrial. Uma curta história pode servir para fundamentar essa afirmação. O comentarista não escreve sobre a América Latina ou outros países periféricos, embora seu juízo capte essa realidade:

«Democratas e republicanos se esforçam para reduzir o déficit da balança comercial [...] Eles responsabilizam nossas práticas e estratégias comerciais por nossas dificuldades em lugar de buscar a causa em nossas máquinas de café pouco atrativas e nossos até pouco tempo feios automóveis. É uma verdade crua que os bens de consumo americanos com poucas exceções são estilisticamente magros, pouco atrativos e mal acabados. Em uma década do design, na qual as pesquisas mostram que consumidores exigentes atribuem à qualidade do design o mesmo peso que ao preço, tal erro custa caro. No Japão, Itália, França, Alemanha e Inglaterra, se presta grande atenção ao design. Os governos investem recursos consideráveis no ensino do design organizando concursos, criando prêmios e

2 Esta frase não deve ser interpretada como uma rejeição da história. Ao contrário, é a partir de uma maior familiaridade com a história concreta contemporânea da América Latina e sua civilização pré-hispânica que poderemos compreender o presente e olhar para o futuro.

3 Não falo de uma ausência de design ou projetos na América Latina. Existe uma diferença entre o projeto e o discurso projetual. O discurso, como cenário contínuo, valida o projeto como realidade cotidiana.

fundando centros de design. No Japão, os concursos de design gozam nas mídias da mesma exposição que nós dedicamos aos jogadores de *baseball* e às estrelas de cinema. Em contrapartida, aqui as mídias são fechadas quando se trata da difusão do design. Se falamos do design, ficamos geralmente no campo da moda, revelando a mesma compreensão superficial de nossos empresários em relação a isso que significa inventar e melhorar um produto. A época da produção em série terminou. A nova fronteira, com suas tecnologias radicalmente novas, possibilita e precisa de estratégias efetivas de design. Se nós não acordarmos, nosso endividamento neste mundo crescerá, com consequências previsíveis de ordem social, política e pessoal para todos os americanos.»[4]

Isso é um frio ajuste de contas orientado aos Estados Unidos, que durante os anos 1950 ocuparam uma posição de liderança no campo do design e a perderam em consequência do choque do petróleo, em 1973. Contudo, desde a metade dos anos 1980 os Estados Unidos vêm fazendo esforços para recuperar o terreno perdido. O design ocupará um papel dominante na economia do próximo século. [século XXI] Um país que pretenda ser um ator, e não só um espectador, fará do design uma coluna para suas atividades tecnológicas e comerciais. Políticos e empresários de alguns países asiáticos têm compreendido isso. Nada impede que essa lição seja aprendida também em outro lugar. Resignação é o estado do antidesign.

---

4   Douglas, D. «Design Gap – Not a Trade Gap». *New York Times*, 1988.

Tendências e antitendências no design industrial

- Os quatro cavaleiros do apocalipse do século XXI
- Desobediência sistêmica
- O *branding* como realidade e única realidade
- Diminuição da heteronomia
- Design transdisciplinar
- Design-arte
- Nove enfoques para o design

No catálogo de uma recente exposição de design em Viena, com o título *Design 4 Change,* os editores identificam três diferentes tendências do design.

- Primeiro, uma orientação explicitamente nova, com o objetivo de ‹criar uma sociedade melhor›.
- Segundo, o design ecológico.
- Terceiro, o *lifestyle design.* Limitado em boa parte ao tema do *habitat* e da apresentação pessoal, predominante em inúmeras revistas do setor (acessórios pessoais, equipamento e mobiliário para casas ou apartamentos da classe B).[1]

Essa tentativa de retomar a contribuição para uma melhora social como objetivo do design insere-se na atual crise que, na visão do Centro – nesse caso, a Europa –, tem sido atribuída aos ‹quatro cavaleiros do apocalipse do século XXI›. Slavoj Žižek formula a seguinte lista:

- a crise ambiental;
- as consequências da revolução biogenética;

---

1 Thun-Hohenstein, Christoph et al. *Made 4 you. Design für den Wandel / Design for Change.* Nürnberg: MAK Wien/Verlag für Moderne Kunst, 2012.

- os desequilíbrios dentro do sistema social e a exploração dos recursos naturais;
- o crescimento explosivo da exclusão (vale dizer, a bipolarização das sociedades).[2]

Vista da periferia ou, se preferirmos, da semiperiferia, precisamos agregar um quinto cavaleiro, representado pelos interesses hegemônicos que esmagam as necessidades da população local, entre outros: desmatamento, monocultura com uso intensivo de agrotóxicos, mineração a céu aberto e contaminação dos recursos hídricos. Estes tendem a solapar as bases da sobrevivência biológica e econômica da população.

Inevitavelmente essas crises refletem-se no design, incluindo seu discurso, ensino e prática profissional. Se uma crise permite revisar o quadro de referência vigente, essa revisão inclui as atuações nas diversas áreas da produção e do consumo e também o rol do domínio público como espaço democrático, visando à recuperação efetiva da democracia. Isso vai mais além de eventuais programas de inclusão social, tais como a concessão de bolsas à população carente e cotas universitárias, aplicadas para evitar a incômoda e até conflituosa questão da redistribuição.[3]

Dia a dia crescem os questionamentos sobre a prevalência do ‹mercado›, combinada com uma incessante prática de privatizações. Existem dúvidas de que esses sejam os instrumentos adequados para resolver os problemas atuais e futuros com alguma chance de sucesso. A crítica, por exemplo, de Jürgen Habermas[4], citada no capítulo «Design e crise» do livro *Design como prática de projeto*, reflete o contexto europeu no qual foi formulada. E mais tarde foi criticada pelo sociólogo peruano Aníbal Quijano, que cunhou o conceito ‹colonialidade› para denotar o lado escuro do projeto da modernidade e da emancipação.[5] Na mesma linha de pensamento, encontra-se o conceito ‹desobediência epistêmica› que, em relação com a prática de design, não tem sido discutido.[6] Um dos resultados da crise atual poderia consistir em uma prática projetual reconfigurada e caracterizada pela desobediência projetual, que, até o momento, parece uma mera possibilidade indefinida, porém, nem por isso necessariamente impossível.

---

2 Žižek, Slavoj. *Living in the End of Times*. London/New York: Verso, 2010.

3 Mouffe, Chantal. *Das demokratische Paradox*. Wien: Turia + Kant, 2010, p. 119.

4 Habermas, Jürgen. *Kritik der Vernunft – Philosophische Texte*. Vol. 5. Frankfurt: Suhrkamp, 2009, p. 97.

5 Quintero, Pablo. «Notas sobre la teoría de la colonialidad del poder y de la estructuración de la sociedad en América Latina». *Papeles de Trabajo. Centro de Estudios Interdisciplinarios en Etnolingüística y Antropología Socio-Cultural* 19, (2010).

6 Mignolo, Walter. *Desobendiencia epistémica – Retórica de la modernidad, lógica de la colonialidad y gramática de la descolonialidad*. Buenos Aires: Ediciones del Signo, 2010.

O crescimento dos aspectos simbólicos na economia e na gestão das empresas e instituições e sua predominância no discurso economista monetarista alimentaram o surgimento do *branding*, com o qual culmina um processo inoperante frente a tudo o que não possa ser expresso em valores monetários. Não se pode negar a força onipresente e até asfixiante do mercado, porém uma coisa é aceitar o mercado como realidade, e outra é querer impor o mercado como *única* realidade. Frente a esse quadro, os designers poderiam perguntar-se: de que modo o design pode contribuir para aumentar a autonomia ou diminuir a heteronomia? Nesse ponto, aparece a diferença fundamental entre Design Periférico e Design Central. Deve ficar claro que essa afirmação não implica um juízo de valor. Trata-se de distinções, e não de juízos. Não está excluída a possibilidade de que também o Design Periférico realize o projeto de um telefone celular coberto com diamantes – embora, provavelmente, um projeto de baixa relevância social.

Nas décadas passadas, surgiu uma multiplicidade de novas especializações do design em um processo de diversificação da disciplina, em parte como consequência, e ao mesmo tempo causa, do crescimento na oferta de cursos e programas de ensino de design. Os imperativos do marketing forçaram as instituições de ensino a diferenciar-se. Certo entusiasmo provocou o design de experiências (*experience design*), pois ele parecia abrir novos espaços para o design e ir além do design tradicional de produtos. Queriam um algo a mais, mais diversão, mais emoções, mais paixão, mais imaterialidade. Aqueles que pretendem entronizar o design de experiências como *prima-dona* e estabelecê-lo em um campo próprio cometem o mesmo erro daqueles que transformaram a estética no principal ponto de atenção do designer. O tema central do design é aquela camada da realidade, aquele substrato que permite mediar experiências e emoções.

Tenho sérias dúvidas sobre a validade da afirmação apoteótica de que hoje vivemos em uma economia movida pelas emoções (*emotion driven economy*) e pelas experiências, e já não pelos produtos propriamente ditos. O principal motor da economia atual continua sendo o lucro, para o bem ou para o mal. Ou talvez agora se possa afirmar: é a emoção que produz lucro, é a experiência que produz lucro. Resta saber se os dirigentes das empresas se contentarão com isso.

Outra tendência atual do design são as tentativas de transformar design em arte – ou arte em design.[7] Com o termo ‹design transdisciplinar› (*transdisciplinary design*), tenta-se diluir as fronteiras entre arte e design ou tornar mais permeável a parede que separa design e arte. Ao abrir as portas para produtos da vida cotidiana, os museus e as galerias de arte elevam o *status* cultural dos objetos de design.

---

7   Esse tema é tratado de maneira mais extensa na entrevista «*O designer e a leitura*», com Alex Coles.

Quando Duchamp apresentou um mictório para uma exposição de arte, ele não estava interessado em design, nem tinha intenção de diluir a fronteira entre arte e design. Ele buscava algo muito mais revolucionário: subverter o conceito de arte, demostrando sua arbitrariedade e convencionalidade. Comparado a isso, as tentativas atuais de revigorar o design associando-o à arte parecem bastante inócuas. Não considero isso como subversão. Ao contrário, são expressões de um neoconservadorismo que usa gestos radicais para deixar tudo como está. Essa nova classe de produtos – e não tão nova assim – reclama para si um *status* especial como produtos de design-arte. Reveste-se de uma explícita indiferença, menosprezo, e até hostilidade pelo critério da utilidade. E em boa parte limita-se a variações ‹artísticas› de produtos tradicionais, como mesas, luminárias, acessórios para o *habitat* pessoal e, é claro, cadeiras – a conhecida *cadeiramania*.

O design-arte encontra abrigo nos interesses de curadores que buscam novas temáticas para exposições, além da tipologia estabelecida na forma de pinturas, esculturas, instalações e artes digitais. Ao mesmo tempo que elevam o *status* cultural dos produtos, elevam-se também os seus preços. No fim das contas, uma réplica do mictório de Duchamp – o original sumiu e nunca mais foi exposto – tem hoje um valor comercial estimado em 3 milhões de euros. Como acontece com as obras de arte, o design tornou-se também um bem de investimento.

Outro ponto crítico do design é a exagerada academização do ensino. Por um lado, houve um crescimento quantitativo da oferta de cursos de mestrado e doutorado, em boa parte como resultado da pressão institucional para adaptar-se a critérios de excelência acadêmica e de remuneração docente – e também por fornecer uma nova fonte de receita para as universidades. A indústria dos mestrados e doutorados é um negócio nada desprezível. Por outro lado, essa oferta em geral aceitou acriticamente os critérios e tradições de outros campos do saber já estabelecidos, mas diferentes do campo projetual. Em geral, exige-se que um candidato a doutorado defenda uma tese baseada em um trabalho de pesquisa, demonstrando uma dose própria de inovação cognitiva. Trata-se de um texto, um resultado discursivo. A área de design, pelo contrário, caracteriza-se por resultados não discursivos. É nesse ponto que o design foge do padrão tradicional formulado pelos principais órgãos normativos do ensino superior. Se não houver uma reorganização dos padrões de cursos de mestrado e doutorado, adequando-os às disciplinas projetuais, a área de design poderá debilitar-se, sofrendo uma atrofia projetual.

Voltando à lista das tendências inicialmente mencionadas, podemos perceber hoje, além das tendências principais, algumas tendências secundárias (a lista não é exaustiva, servindo apenas como uma exemplificação). Não me refiro a tendências de estilo, mais sim a nove tendências de enfoque.

Primeira: o design socialmente responsável, vale dizer, o design com utilidade, que facilite a vida cotidiana das pessoas nos mais diversos campos, como trabalho, transporte, moradia, educação, saúde e lazer.

Segunda: o design ecológico, que requer imperiosamente um trabalho interdisciplinar, devido à extrema complexidade da temática, não devendo ser tratado de forma superficial ou apenas como um modismo passageiro.

Terceira: o *lifestyle design*, que ocupa boa parte das exposições de design, dos festivais de design e dos comentários na mídia.

Quarta: design de autor, com produtos assinados por designers famosos e geralmente destinados a uma pequena elite.

Quinta: o design-arte, ou design transdisciplinar, presente nas galerias de arte, com ênfase na estética e no desprezo dos aspectos utilitários dos produtos.

Sexta: o design artesanal, que procura resgatar os materiais e as culturas locais, com a subcategoria design ‹étnico›.

Sétima: o design estratégico, que apresenta uma visão ampliada do design, não se restringindo ao projeto de um objeto específico, mas incluindo-o na estratégia de negócios da empresa.

Oitava: a pesquisa em design, que procura gerar e sistematizar novos conhecimentos relevantes para a prática e a interpretação do design.

Nona: o design experimental com novas tecnologias, sobretudo baseadas em ferramentas digitais.

O cientista da cultura e literatura Edward Said perguntava se existe – além da contemporaneidade – uma relação entre a política de Ronald Reagan nos anos 1980 e a inundação dos programas de literatura nas universidades estadunidenses com o textualismo importado da França. O textualismo trata os textos como unidades fechadas em si mesmas, sem relações extratextuais com os contextos social, político e econômico. Said formulou três perguntas para a política de interpretação de textos:

Primeira: Quem escreveu?

Segunda: Para quem o texto foi escrito?

Terceira: Em que circunstâncias foi escrito?[8]

Essas perguntas podem ser – com os devidos ajustes – adotadas no design, para fins de interpretação do design e de sua prática:
Para quem o projeto foi desenvolvido?
Em que condições econômicas, sociais e tecnológicas?

Talvez possamos extrair daí os critérios de relevância do projeto de design e propor pelo menos uma das possíveis saídas do design – e não somente do design. No momento, as chances para isso podem parecer escassas. Porém, uma coisa é certa: a crise não pode ser terceirizada.

---

8 Said, Edward. «Opponents, Audiences, Constituencies, and Community.» *Critical Inquiry* 9, n. 1 (1982): 1-26.

Sobre a aceleração do período de semidesintegração dos programas de estudo de design

- A situação crítica do ensino do design
- O *boom* do termo e dos cursos de ‹design›
- Critério para reorientar o ensino
- Ensino orientado a problemas
- O despertar das ciências para a temática ‹projeto›
- Discurso de design ou teoria do design
- Deslocamento do projeto nos cursos de design
- Uma ideia antissistêmica de Ettore Sottsass

Convém usar o termo ‹design› com cautela, pois esse é um conceito que, hoje, satisfaz a muitas exigências programáticas heterogêneas, perdendo facilmente sua especificidade. Limito-me, francamente, a reflexões sobre design industrial e design gráfico ou programação visual. Embora algumas dessas reflexões possam ser estendidas ao design artesanal, design de moda, design de eventos, design de serviços etc., tais áreas não aparecem explícitas neste texto.

Parece ser óbvio que design é, em primeiro lugar, PROJETO (e não um texto). O que de nenhuma maneira significa que um designer não possa também produzir conhecimento – e isso desde o primeiro momento, quando um aluno entra em um curso de design. Uma das características marcantes de nossa época consiste no fato de vivermos em uma sociedade de conhecimentos (*knowledge society*) cuja produção e distribuição não estão restritas à universidade. Mal ou bem, designers do futuro estão obrigados a participar desse processo – caso contrário, se arriscam a terminar em um beco sem saída.

Desde os primórdios do ensino do design, é possível registrar intenções de definir as características dessas novas profissões, para assim legitimá-las e integrá-las no mundo dos saberes com competências específicas. Não se sobrevive no mercado de trabalho de mãos vazias. O registro dessas características serviria para consolidar o design como uma disciplina – tentativa que foi às vezes posta em dúvida com o argumento de que o design é uma área porosa, permeável e por definição indefinível, ou, ainda, que desejar definir uma disciplina é coisa ultrapassada, do século XIX. Concordo em parte com essa tese, uma vez que o princípio de organização dos saberes em disciplinas é obsoleto. Portanto, apresento aqui a proposta central de minha palestra.

Um programa de ensino do design deveria ser organizado de acordo com áreas de problemas, e não de acordo com disciplinas ou áreas de conhecimentos.

O ensino dos conhecimentos de áreas científicas deve incluir-se no próprio projeto, e não ser tratado isoladamente. Isto porque o projeto é o eixo dominante da formação profissional de designers. Além dos conhecimentos específicos da profissão do design, sua característica central e enfoque (o que o difere das demais profissões) é o seguinte: no centro do design, encontra-se a interação entre usuários e artefatos materiais e semióticos, incluindo os artefatos digitais.

Darei alguns exemplos: para uma disciplina de materiais e processos, seria aconselhável que fosse usada outra nomenclatura mais concreta, como materialização industrial do projeto, incluindo então custos, viabilidade ecológica e econômica. Em vez de falar de história da arte, literatura, teatro, cinema e música, convém usar um termo mais abrangente, como integração cultural. Em vez de falar de estética – uma disciplina inventada no período do Iluminismo na Alemanha do século XVII – poderia ser empregado o termo ‹sociodinâmica da cultura cotidiana›. Em vez de psicologia da percepção, seria preferível falar de ‹Modos e ritos de uso de artefatos› (artefatos materiais, semióticos e digitais).

Não se trata de uma simples mudança terminológica ou da nomenclatura acadêmica. Implica uma revisão e reorganização fundamental dos programas de ensino de nível superior. Implica também que o ensino de outras áreas em um curso de design não se limite a uma reprodução simplificada e diluída do ensino em sua própria área. Usando áreas de problemas como eixo organizador do curso, evita-se, entre outros, a tentação de impor disciplinas científicas à estrutura de um programa de ensino de design. Parece existir uma coincidência entre a elevação do *status* acadêmico do design nas universidades e a abertura desse campo para outras áreas de conhecimento, como sociologia, engenharia, semiótica, filosofia, psicologia, historia da arte e *cultural studies*.

Apesar de ser imprescindível para uma profissão lidar com questões teóricas, pelo menos quando pretende ser levada a sério, pareceria mais recomendável trocar a denominação da matéria ‹teoria do design› por ‹discurso do design›, pois é mais concreto e não provoca a estéril e automática rivalidade entre teoria e prática. Mal ou bem, cada designer participa do discurso do design, mesmo com seu silêncio, e detrás de cada design esconde-se um ingrediente teórico.

Na conferência TED 2006, o educador inglês Ken Robinson contou um caso proverbial da orientação dominante na educação: o professor observa que uma menina não presta atenção na aula. Ele pergunta: «O que você está fazendo?», ela responde: «Estou fazendo um desenho de Deus», o professor objeta: «Mas ninguém conhece a cara de Deus», a menina explica: «Você conhecerá em um minuto».[1]

Robinson observa que anteriormente um título universitário de graduação era garantia de um emprego. Hoje não é mais assim. Onde antes bastava um título de graduação, hoje é requerido um título de mestrado, e dentro de pouco tempo nem isso será suficiente: será necessário o título de doutor. Robinson fustiga duramente a educação atual do seguinte modo: «Hoje o programa da educação, em sua totalidade, consiste em formar professores universitários». Robinson exagera com o fim de provocar, mas há algo de verdadeiro no que diz, e isso se evidencia no perigo de deslocamento das atividades projetuais dos cursos de design. Um claro exemplo é o alarmante desajuste dos critérios tradicionais. Nas universidades alemãs, para nomear um professor a um cargo de docente de design exige-se, no mínimo, um título de mestre ou, ainda melhor, de doutor. Para possibilitar a contratação de docentes com ampla experiência profissional de design, embora sem título de mestre, as universidades são forçadas a recorrer a uma cláusula ‹chiclete› que admite, excepcionalmente, a excelência profissional como critério para compensar a falta do título. Esse procedimento se chama: aplicar o ‹parágrafo de Picasso›. Ele não precisa de título, seria bem-vindo com tapete vermelho em qualquer universidade do mundo.

Hoje, existem aproximadamente 150 programas de doutorado em design no mundo.[2] Na Alemanha, são quinze ofertas e, se essa tendência se mantiver, dentro em pouco o número de programas de doutorado excederá o de cursos de graduação.[3] Portanto, faz-se necessária uma reorientação do ensino universitário, e não somente do ensino do design, contra-atacando o perigo de uma paulatina atrofia na capacidade de projetar, que é a coluna vertebral do ensino do design. Se a universidade quiser cumprir com uma de suas funções, que consiste em formar profissionais competentes em resolver problemas sociais, dificilmente poderá evitar uma reformulação do que está oferecendo à sociedade.

O tempo necessário entre a reformulação ou elaboração completa de um programa de estudos e sua implementação é, em boa parte, determinado pelo grau

---

1 «Sir Ken Robinson_Las escuelas matan la creatividad TED 2006» Disponível em: http://www.youtube.com/watch?feature=player_embedded&v=nPB-41q97zg#!. Acesso em: 5 mai. 2013.

2 De acordo com uma estimativa, o número de programas de PhD em design e arte é alto: «My guess is that on a world-wide basis, there are something around 400 or 500 PhD programs in a specific design discipline or the ‹art and design› side of design». Comunicação pessoal de Ken Friedman, 16 maio 2013.

3 Disponível em: http://www.dgtf.de/code/dgtf/Promotion_im_Design_Juni2011.pdf

de inércia institucional. Logo, a renovação de um plano de estudos se assemelha ao lançamento de um novo computador, que no momento de entrar no mercado já está obsoleto, pois se encontra em preparação uma versão mais avançada. E, por isso, os programas de estudos precisam sofrer revisões contínuas, em geral semestralmente, resultando de reuniões entre docentes em que cada um propõe a temática projetual que oferecerá no semestre seguinte dentro do quadro de referência básico. Uma sugestão pode ser dividir os projetos em três grupos: projetos de curta duração, os chamados ‹*sprint exercises*› (duas semanas), de média duração (dois meses) e de longa duração (um semestre).

Se olharmos os planos de estudo dos cursos de design, detectaremos o constante uso de conceitos tais como inovação, criatividade, ideias criativas, estratégia, produção, mercado, economia, gestão, *branding*, competitividade, centrado no usuário (*user-centered*), design de emoções, design de experiências, métodos, competências, função, forma, sustentabilidade, energia, competência no trato com disciplinas vizinhas, mudanças tecnológicas, estética e, ocasionalmente, pesquisa. Os diferentes planos de estudo diferenciam-se pelo agrupamento desses conceitos, destacando um ou outro aspecto, incluindo ou excluindo algum termo.

Seria um tema de pesquisa interessante analisar como o contexto histórico-social e político se reflete nos diferentes planos de estudo e a quais interesses corresponde. Também seria interessante analisar o horizonte de valores que se revela nos planos, às vezes nas entrelinhas. Talvez não seja casualidade a coincidência entre a renovada ênfase no indivíduo criador, no design de autor e o pensamento neoliberal que começou a ser difundido e instalado nos países latino-americanos a partir da década de 1990 – na famosa fase da aplicação das políticas econômicas do *Consenso de Washington*, que causou tanto dano ao desenvolvimento da região.

Obviamente o contexto influi e marca os programas, tanto no sentido positivo como negativo, haja vista que a gradativa erosão do espaço público e dos interesses sociais não deixa o ensino imune. Além disso, a crise ambiental exige uma reorientação do conceito de ‹desenvolvimento industrial› que marcou o começo do ensino do design no Brasil na década de 1950. Exige também a revisão de um estilo de vida incessantemente promovido pela mídia. É certo que o individualismo tem fortes raízes na sociedade ocidental, porém parece estar passando dos limites. No campo do design, manifesta-se em um carnaval de artefatos nos quais a inovação é festejada como valor em si e para si, sem que seja questionada sua relevância social. Além disso, fomenta-se uma atitude autorreferencial desconhecida em épocas anteriores. A figura pessoal de cada designer parece ter mais peso que o próprio design. Modificando o dito de Andy Warhol, pode-se dizer: «Muita gente crê, hoje, que o design é representado pelo nome do designer».

Agora retomo, sem deter-me muito, no surgimento de dois termos novos no discurso e ensino de design, os já mencionados: ‹design emocional› e ‹design de

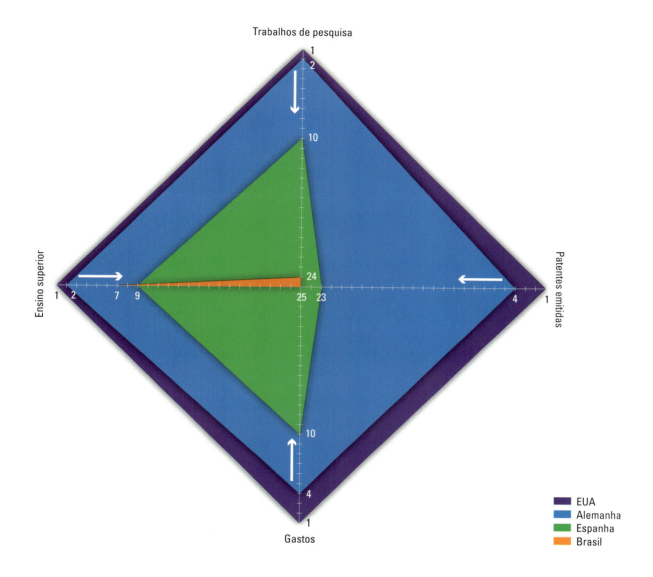

Diagrama comparativo entre quatro países em relação a quatro critérios:

1   Publicações em revistas internacionais de ponta.
2   Patentes emitidas.
3   Gastos em P&D.
4   Formação superior (diplomas de doutorado).

O primeiro lugar do ranking está ocupado pelos EUA, com uma equilibrada distribuição entre todos os critérios. Por sua vez, o Brasil revela um chamativo desequilíbrio a favor da formação de recursos humanos para o setor acadêmico: ocupa o 24º lugar em publicações e não registra valores significativos em patentes e gastos, mas ocupa o 7º lugar na formação de doutores.

Diagrama desenvolvido com base em dados extraídos de: Theil, Stephan. «Por que a Alemanha ainda produz tanto?», *Scientific American – Brasil* 11, n. 126 (2013): 39-43.

experiências›. A despeito do entusiasmo de seus defensores, nota-se um resíduo de desconforto quando se lembra do substrato físico e perceptível (sobretudo nos artefatos digitais interativos), imprescindível para provocar emoção. Se uma conhecida empresa de automóveis destaca na propaganda o prazer de conduzir o modelo de última geração e se apresenta como fornecedor dessa emoção, finalmente é o design do automóvel que possibilita essa emoção. Sem o design do automóvel, as emoções ficariam em um estado abstrato. É o automóvel que se usa para viajar de um lugar A a um lugar B, e não a emoção, que, no melhor dos casos, é um fator subsidiário.

A preocupação com os efeitos do design na contribuição para melhorias sociais não é novidade. É tão velha quanto a história do próprio design. Esse sonho foi adormecido pelo atual discurso hegemônico, que não poupa energias para declarar obsoleto o simples desejo de relacionar o design com a dimensão social e política, e mais ainda, transgredir a situação atual. Advoga-se a favor de um design clinicamente antisséptico, perfeitamente condizente com a política do *status quo* que dominou – e em boa medida segue dominando – o discurso nas últimas três décadas. A universidade goza ainda do privilégio de dirigir o olhar a um horizonte mais amplo, reservando-se o direito de fomentar um pensamento divergente.

É sintomático que hoje se considere necessário relembrar essas relações do design com seu contexto social, que foram silenciadas pelo peso dos critérios do marketing, do *branding* e da competitividade. Considero que a atual crise mundial favorece a redescoberta das tradições mais dignas do projeto moderno, que foram vilipendiadas pelas posturas de origem pós-moderna, com suas duas principais variantes: pós-estruturalismo e neoconservadorismo.[4]

Para terminar, citarei as reflexões de Ettore Sottsass, que deu a conferência inaugural da faculdade de design na Universidade Bauhaus, em Weimar, em novembro de 1993.[5] Ele responde à pergunta hipotética sobre o que faria no caso de ser encarregado da organização de uma escola de design. Alerto que Sottsass podia ser irônico e, como se sabe, queria, por vezes, provocar, já que detestava certezas.

Listo um resumo do que ele faria:

- Curso do grego clássico e, se desse tempo, curso de sânscrito, estudo dos filósofos pré-socráticos.

---

4 Foster, Hal. *Recodings – Art, Spectacle, Cultural Politics.* New York: The New Press, 1985.

5 Sottsass, Ettore. «Discorso Tenuto in Occasione Della Cerimonia D'inaugurazione della Fakultät Für Gestaltung nel Oberlichtsaal della allora Hochschule für Architektur und Bauwesen, Oggi Bauhaus-Universität Weimar». Weimar, 19 nov. 1993 (texto datilografado).

- Curso de fotografia para aprender, e ler, luzes e sombras e quão rápido passa o tempo.
- Curso de antropologia, sociologia e etnografia para aprender como o significado das coisas muda na história.
- Falaria da moda como sistema complicado da autoapresentação.
- Curso sobre os sentidos (calor, som, cores).
- Falaria sobre a estrutura cultural-histórica dos alimentos. Trataria de explicar o que é a cozinha mediterrânea proletária, a cozinha imperial chinesa, a cozinha real francesa etc.
- Proporia matemáticas complicadíssimas. Seria lindo se os teoremas fossem recitados de memória para destruir um pouco a velha ideia de que as matemáticas se aproximam da verdade.
- Levaria os estudantes para ver casas abandonadas e desmoronadas, bosques com bruma, ou com chuva, rios imensos e cataratas assustadoras, vulcões e desertos.
- Deveria haver uma pessoa muito boa que explicasse a história da matemática, das teorias científicas e da filosofia da ciência.
- Obviamente deveria haver cursos de técnicas práticas, como o uso do computador, *plotter* etc. e de tecnologias sofisticadas mais ou menos inúteis. Mas também cursos sobre lápis, penas, cores, tintas, papéis.
- E, por fim, distribuiria por todos os lados discursos sobre erotismo, sexualidade, e técnicas correspondentes.

Como podemos ver, é uma proposta muito pessoal de Sottsass, que confessa, na mesma palestra, sua falta de desejo de educar alguém. Imaginemos a reação no Ministério da Educação e Cultura ao se defrontar com a proposta do último ponto da lista. A proposta de Sottsass faz parte da ampla galeria das tentativas de se responder à pergunta fundamental do ensino, e possivelmente não só do ensino: como formar uma pessoa culturalmente aberta, socialmente responsável, esteticamente sensível e tecnicamente competente? Temos a resposta? Alguns dirão: sim. Outros dirão: não. Eu diria: talvez.

Meio ambiente e antagonismo Norte-Sul

- Paradigma da industrialização
- Atratividade do fordismo
- Interpretações do ‹bom design›
- Desenvolvimento e subdesenvolvimento
- Industrialização amputada
- Relações comerciais assimétricas

Hoje, nenhuma profissão pode ignorar os seguintes problemas: poluição, exploração de recursos naturais, crescimento da população, proteção das espécies e perturbação do equilíbrio ecológico – efeitos da própria atuação profissional sobre o meio ambiente. As profissões projetuais veem-se confrontadas com o desafio de inventar novos padrões profissionais para um design ecologicamente compatível. Ao mesmo tempo, devemos reconhecer que o design ecológico é um fenômeno de moda. Mas seria injusto negar as tentativas dos designers de repensar o design em uma perspectiva ecológica. Os designers começaram a tratar, de maneira crescente, dos problemas da eliminação do lixo, do uso da energia solar para aquecimento de água e do uso de materiais reciclados. Começaram também a preocupar-se com os perfis energéticos dos produtos.

Em um país europeu, desenvolveu-se durante dez anos, após a crise do petróleo, uma máquina de lavar roupas para reduzir pela metade o consumo de energia e água. Porém, temos uma máquina de lavar roupas com normas ecológicas comparáveis às normas de segurança elétrica? O exemplo citado, cujo valor não se quer pôr em dúvida, não supera os critérios econômicos racionalistas do lema ‹mais output com menos input›. Não se consegue quebrar o paradigma de todos os programas de industrialização que se baseiam no fordismo. É esse modelo que está em crise.

A problemática do meio ambiente não é exclusiva dos países ricos. Se entendo bem as preocupações do movimento ecológico e dos ‹verdes›, eles querem substituir a concepção do meio ambiente como fornecedor de matéria-prima por um conceito da natureza que merece cuidados. Isso implica uma nova ética ambiental e uma nova ética do design. Hoje, design não pode significar projetar mais e mais objetos. O mérito do ecodesign consiste em haver formulado uma postura que põe em dúvida o paradigma da produção industrial. Estamos em um período de transição que afeta o design. Antes, podíamos identificar apenas três maneiras básicas de interpretar o bom design:

- Na primeira perspectiva, o design está relacionado ao melhoramento da funcionalidade de uso.
- Na segunda perspectiva, o design está relacionado ao marketing e à gestão, para diferenciar os produtos no mercado.
- Na terceira, está relacionado à responsabilidade sociocultural.

Agora começa a perfilar-se uma nova perspectiva, em forma de ecodesign, com os objetivos do crescimento sustentável e da compatibilidade ambiental. Esses termos são palavras novas para o termo «tecnologia apropriada» da década de 1970, que pretendia levar em conta a realidade dos países em desenvolvimento.

Nesse ponto, permito-me uma incursão sobre o momento histórico no qual essas duas categorias de países foram criadas. Esse binômio obteve sua consagração após a Segunda Guerra Mundial, quando o então presidente dos Estados Unidos, Harry S. Truman, ofereceu uma estratégia para o desenvolvimento econômico daquelas nações que posteriormente se chamariam Terceiro Mundo. A visão do desenvolvimento resultou de um vácuo de poder após a Segunda Guerra Mundial, no momento da confrontação ideológica entre dois blocos hostis. Com a invenção da doutrina do desenvolvimento, os países ocidentais queriam atuar contra as tentações das ex-colônias de buscar modelos próprios fora do liberalismo econômico e social. A doutrina do desenvolvimento tem sua raiz ideológica na guerra fria. O argumento era simples: uma produção mais eficiente era vista como uma chave para a criação de bem-estar e riqueza. A industrialização garantiria o aumento da produção de bens, e este, o aumento do nível de vida. Seria possível dizer que esse modelo visava à democratização do consumo, porém, o desenvolvimento industrial levou, em grande parte, a uma polarização das sociedades, particularmente na América Latina, onde encontramos siderais distâncias na divisão das riquezas sociais entre os diferentes grupos sociais.

Com a industrialização, pretendia-se também diferenciar a oferta no comércio internacional. Tínhamos, então, dois fortes motivos para apostar na indústria: por um lado, a criação de uma cultura material com identidade própria, e, por outro, o melhoramento da balança comercial. Isso explica porque no Terceiro Mundo uma crítica da industrialização baseada em motivos ecológicos é vista às vezes com desconfiança.

No debate sobre o futuro do planeta, foi feita uma simples extrapolação: se toda a humanidade pretendesse ter o mesmo nível de vida já alcançado pelo pequeno grupo dos países industrializados, seriam necessários seis planetas do tamanho da Terra somente para os recursos materiais e a eliminação do lixo. O que mostra essa extrapolação? Mostra que algo está fora de ordem. A partir da perspectiva do Terceiro Mundo pobre, existe uma única maneira de superar as desvantagens e a precariedade material, ou seja, a industrialização. Até agora, não foi apresentada uma estratégia mais convincente.

Os homens encontram-se frente a um horizonte de possibilidades, podem ter uma visão do futuro. O design está inserido nessa dimensão do futuro. Nós podemos projetar o futuro ou podemos delegar essa tarefa a outros. A preocupação com o futuro e a colaboração no projeto do futuro nos leva à questão do design nos países periféricos. Design é um conceito radicalmente moderno, ligado ao projeto moderno. O design na periferia pode ser visto como uma tentativa de criar as condições para a modernidade, não só na infraestrutura produtiva e industrial, mas sobretudo na organização social. Essa interpretação do design e tecnologia tem suas raízes na filosofia iluminista, com a reivindicação de superar a falta autoinduzida de autonomia. Porém, no que concerne a esse ponto, convém manter uma certa reserva: não se pode atribuir a responsabilidade pela falta de emancipação somente aos países periféricos; os países centrais são corresponsáveis por esse processo. Podemos dizer que a falta de autonomia dos países periféricos é em parte heteroinduzida.

Todo debate sobre a relação Norte-Sul esconde armadilhas. Devemos perguntar-nos, todavia, se alguma vez esse diálogo existiu. Visto da perspectiva dos países centrais ou sociedades altamente complexas, frequentemente se cai em uma postura sentimental paternalista – quando não abertamente cínica, dando continuidade à velha postura colonialista. Do lado dos países periféricos, facilmente se cede a um estado de ânimo de resignação, de aceitação do papel de vítima. Trato de evitar esses dois obstáculos porque de outra maneira será difícil encontrar uma base para o consenso, que visa a aceitar os interesses diferentes e também os interesses comuns em relação ao design, ambiente e crescimento.

Existe uma assimetria alarmante no relacionamento Norte-Sul. Não se pode negar esse fato. Porém, surgem divergências quando se entra no debate de por que isso é assim, e o que deveria ser feito para reduzir as tensões. Questões ambientais não podem ser separadas de questões políticas, ou seja, questões do poder. Nos últimos anos, tecnologia e indústria ocuparam novamente o centro de interesse, cumpre notar, em três aspectos:

- Os efeitos negativos ao ambiente natural e social.
- Os efeitos sobre o crescimento.
- O aumento do bem-estar e o papel no comércio internacional.

Essa assimetria nas relações comerciais internacionais colocou a tecnologia e a inovação tecnológica, incluindo o design industrial, no centro das tentativas hermenêuticas. Tecnologia e inovação são apresentadas como novas formas de dominação, substituindo as formas tradicionais. Compreender, entretanto, a tecnologia e o design como ‹coisa›, em lugar de prática social, não é suficiente se visamos às condições para uma estratégia de ação efetiva.

Essas observações não devem ser mal-entendidas como confirmação do *status quo* no mundo atual e seu desequilíbrio entre países centrais e periféricos. A característica principal do design industrial na periferia não é o atraso tecnológico ou a falta de competência projetual, é o contexto diferente. Isso torna necessário outro enfoque do design e outros paradigmas que não a ‹boa forma› ou o ‹design *for fun*›. A diferença desse contexto se dá em dois aspectos:

- Primeiro, há diferenças profundas nas receitas (captadas pelo coeficiente de Gini, que mede a distribuição das receitas entre as diferentes classes de um país), o que implica uma tensão permanente nas estruturas sociais. Assim, as consequências éticas da prática projetual se fazem evidentes.
- Segundo, há o peso sufocante da dívida externa, que implica uma drenagem contínua de capital, hipotecando o futuro da periferia. Ela nos leva a indagar se e como a atividade e o ensino do design podem contribuir para reduzir essa desigualdade, no interesse de uma coexistência global.

A América Latina – uma região tradicionalmente ligada à importação de capitais – se transformou, na década 1980, em um dos principais exportadores de capital. Só o Brasil pagou nesse período mais de US$ 100 bilhões em juros. Os princípios de algumas organizações financeiras internacionais parecem não aceitar a ideia de que é tecnicamente impossível eliminar uma carga de dívida tão grande. As reuniões reiteradas para refinanciamento dos créditos são um testemunho disso. Os princípios ortodoxos que recomendam uma renúncia ao consumo local e um aumento das exportações não só levam a uma transferência de valor da periferia ao centro, mas produzem também efeitos desestabilizadores.

Por que o design em geral e o design industrial em particular são tão importantes para a periferia? Não seria muito mais simples aceitar uma divisão internacional de trabalho em que a periferia oferece ao mercado matéria-prima e alimentos e satisfaz suas necessidades de bens industriais por meio de importações? A resposta é um decisivo não. A tecnologia é um fator econômico dinâmico – o que não se pode dizer das bananas. A tecnologia é hoje caracterizada pela inovação permanente, na qual o design adquire uma importância estratégica. É exatamente isso o que falta à periferia.

Partindo de uma visão do design, periferia é sinônimo de uma situação sem projeto, sem perspectiva. Periferia é o lugar onde não existe um discurso projetual que forneça a base para a vida cotidiana de uma cultura. Design é uma atividade que produz uma realidade antes não existente e trata de preocupações humanas permanentes.

Consciência ecológica e design estão intimamente relacionados. Não existe discussão sobre ecologia sem que se discuta simultaneamente o design, porque cada homem é o criador de seu próprio ambiente. Não tenho uma resposta às ideias sobre valores ecológicos. Eles se cristalizarão como reação à crise ambiental. Entre os novos valores ou pontos de referência na produção e no consumo de bens, pode surgir talvez a serenidade (o termo filosófico alemão *Gelassenheit*) no manuseio e uso dos objetos na vida cotidiana. Talvez venha a surgir nas próximas décadas um novo discurso que se manifeste em um design sereno, como expressão de uma forma de consumo cujo lema seja «usar em vez de possuir». Isto porque o programa de produzir mais coisas já conhecidas poderia quebrar o quadro do sistema ecológico. Para afastar esse perigo, precisamos de uma mudança no paradigma do design, na relação com o ambiente e nas relações entre países periféricos e centrais.

Antinomias centro-periferia do design na América Latina

- Academização da teoria
- Antinomias centro-periferia
- Economias exportadoras de *commodities*
- Políticas econômicas/substituição de importações
- Hegemonia/dominação/emancipação
- Políticas de identidade/design artesanal
- Industrialização/modernização
- Influência/imperialismo cultural

A pesquisa em história do design na América Latina ganhou embalo apenas na década 2000, ainda que nos anos 1990 já estivessem surgindo estudos históricos dispersos em diferentes países da região e, em alguns casos, até histórias gerais do design – nas quais foram introduzidas histórias locais (Salinas, Niemeyer, Samar).[1] O motivo desse início relativamente tardio deve ser visto no fato de que a cultura cotidiana, material e semiótica não era considerada um tema digno de atenção e esforço investigativo. A historiografia dominante mostrava pouco, ou nenhum, interesse na cultura cotidiana e no papel do design em sua configuração. Entretanto, existem sinais de que o termo design pode se transformar em um tema da moda para pesquisas de ciências culturais.

---

[1] Salinas Flores, Oscar. *Historia del Diseño Industrial*. México: Editorial Trillas, 1992.
Niemeyer, Lucy. *Design no Brasil: origens e instalação*. 2ª. ed. Rio de Janeiro: 2AB, 1998.
Samar, Lidia, y Aquiles Gay. *El diseño industrial en la historia*. Córdoba: Ediciones TEC, Centro de Cultura Tecnológica, 2004.
Leon, Ethel. *Memórias do Design Brasileiro*. São Paulo: Senac, 2009.

Para preencher esse vazio, os próprios designers começaram a empreender pesquisas históricas com a perspectiva do design, valendo-se da familiaridade com o contexto tecnológico e industrial. A ausência dessa familiaridade pode ser sentida em estudos realizados nas ciências humanas, em consequência de um entendimento do design às vezes questionável. Em lugar de tratar o design como um tema para especulações semióticas, esquivando a temática do projeto, membros do grupo Nodal (Nodo de Diseño América Latina) e pesquisadores que compartilham a mesma abordagem optaram por uma pesquisa orientada empiricamente, saindo à caça de materiais originais e analisando suas inter-relações.

A hipótese que fundamenta essas pesquisas é que tais estudos históricos podem contribuir com resultados relevantes sempre que o design for considerado imerso na história da indústria, da tecnologia e das políticas públicas relacionadas ao design, e não isoladamente, já que as indústrias são as correias de transmissão entre o mundo do projeto e a realidade social (De Ponti, Quiroga, Fernández, Bonsiepe).[2]

As dificuldades intrínsecas aos estudos históricos do design na América Latina aumentaram devido à ambiguidade da importação linguística do termo ‹design› como substituto da palavra ‹diseño›, do espanhol. A elasticidade semântica do conceito ‹design› – que permite acoplar essa palavra a uma variedade de termos como em *nail design, hair design, food design, knowledge design* etc. – não contribuiu para esclarecer esse panorama.

Se, por um lado, o uso do termo ‹design› foi expandido, por outro, sua interpretação é cada vez mais restrita, devido às associações frequentes do design com divertimento, *lifestyle*, moda, eventos midiáticos, estrelismo ou elegância, marketing, consumo individual e objetos de luxo.

Nos meios de comunicação, as palavras ‹design› e ‹diseño› vêm sendo usadas para enfatizar um atributo especial de produtos e serviços, levando em frente uma desvirtuação desses termos – *designer mineral water, designer jeans, designer drugs, designer cars, designer hotel* – que tentam diferenciar tais produtos e serviços de outras ofertas e justificar um acréscimo em seus preços. Entretanto, seria muito simplista reduzir o design a essa manifestação em particular. Quando isso acontece, a crítica cultural acadêmica facilmente condena o design como mera

---

2   De Ponti, Javier. *Diseño industrial y comunicación visual en Argentina. Entre la universidad, la empresa y el Estado (1950-1970)*. Rosario: Prohistoria, 2012.
Fernández, Silvia, e Gui Bonsiepe, (coords). *Historia del diseño en Amércia Latina y el Caribe - Industrialización y comunicación visual para la autonomía*. São Paulo: Blucher, 2008.

ferramenta para estimular um consumo frívolo a serviço de um lucro maior, com consequências ambientais nocivas.

Um passo importante para a história do design na América Latina foi elucidar o papel do design na cultura moderna cotidiana. Um marco para esse fim é a publicação de um artigo na revista de estudantes de arquitetura da Universidad de Buenos Aires, em 1949, escrito pelo artista, designer, educador e teórico argentino Tomás Maldonado. Esse artigo crucial, considerado o primeiro artigo na América Latina a se dedicar explicitamente ao design, ajudou a definir e esclarecer o perfil profissional do designer, apresentando uma distinção inequívoca entre arte e design.[3] Implicitamente, reivindicou a fundação do design como área própria, relacionado aos processos de modernização, industrialização, desenvolvimento e urbanização. Como documento vanguardista exemplar, apresentou uma ruptura epistemológica que, óbvia e inevitavelmente, também provocou controvérsias.

A primeira geração de designers foi composta por diversas áreas (arte, arquitetura, engenharia e ofícios) e confrontou o desafio da modernização projetando artefatos materiais e semióticos para a vida cotidiana produzidos pela e na indústria. Qualquer ação, inclusive a ação crítica, sem atentar para o que isso queira dizer, apenas era possível ingressando na indústria, o que de nenhuma maneira implica em uma submissão piedosa à realidade industrial ou em renúncia a uma postura crítica da razão operativa, que difere da razão discursiva. Em debates sobre o design, essa diferença facilmente é perdida de vista quando os designers, como grupo profissional, são criticados por sua suposta falta de consciência crítica, particularmente frente aos resultados, às vezes ambientalmente desastrosos, da modernização, o que atualmente significa modernização universal capitalista (capitalismo entendido como modo de produção). A outra opção significaria abdicar das atividades projetuais profissionais e resignar-se ao não design, ou seja, abandonar a realidade tal como está, abraçando a submissão e a conformidade.

O passado colonial dos países latino-americanos permite compreender o design, ou às atividades do design, como instâncias de tentativas multifacetadas de emancipação em diferentes áreas, como política, finanças, economia – acima de tudo o comércio internacional –, tecnologia e cultura da vida cotidiana. Não é por acaso que a maior parte dos países latino-americanos comemorou recentemente o bicentenário de sua independência política, e fala-se sobre o desafio de

---

3   Maldonado, Tomás. «El diseño y la vida social». *CEAA - Boletin del Centro de Estudiantes de Arquitectura* 2, (1949). Reimpressão com o título «Diseño Industrial y Sociedad». In: *Escritos Preulmianos*, editado por Carlos A. Méndez Mosquera e Nelly Perazzo. Buenos Aires: Ediciones Infinito, 1977.

conquistar a segunda independência, que complementaria o processo inacabado de conquista da independência além dos domínios da política.

A filósofa estadunidense Susan Buck-Morss caracteriza o projeto moderno da seguinte maneira: «os mundos de sonho da modernidade – política, cultura e econômica – são expressões de um desejo utópico de arranjos sociais que transcendam as formas existentes».[4]

Como é sabido, a simples menção do termo ‹utopia› e o desejo de transcender a regras ou estruturas sociais existentes é um anátema para posições pós-modernistas ou pós-modernas em ambas as suas variantes políticas: o neoliberalismo conservador e o pós-estruturalismo.[5]

Após a Segunda Guerra Mundial, os governos dos países latino-americanos, indiferentemente de orientações políticas, deram início a programas de desenvolvimento industrial e, dessa maneira, firmaram as bases para o design moderno, ou melhor, para as atividades do design moderno. Essas políticas, chamadas de ‹desenvolvimentismo›, orientavam-se à substituição de importações e ao fortalecimento das indústrias manufatureiras locais.

Precocemente, a questão do design repercutiu em países onde grupos vanguardistas de arquitetos, artistas e escritores registraram com grande interesse e atenção os acontecimentos no campo do discurso europeu das artes, do design e da arquitetura, com destaque para os construtivistas russos dos primeiros anos da Revolução Soviética.[6] Devido à assimilação desse debate, o discurso do design entre os anos 1959 e 1960, e, posteriormente, sua prática profissional e o ensino (por exemplo, na Argentina e no Brasil) já eram consideravelmente mais consolidados que em alguns países europeus – um fato difícil de aceitar em uma cultura com visão eurocêntrica, que entende o fluxo das influências históricas como caminho de mão única, do centro para a periferia, e que concede aos países periféricos, na melhor das hipóteses, o papel de repetir com atraso os desenvolvimentos históricos dos países centrais.

Em 1968, os primeiros Jogos Olímpicos da América Latina foram organizados no México com forte presença do design de comunicação visual. No mesmo ano, o design industrial integrava um projeto multilateral para o desenvolvimento de pequenas e médias empresas no Chile. Também em 1968, foi realizado em Buenos Aires o primeiro congresso do ICSID totalmente dedicado ao ensino do design.

---

4   Buck-Morss, Susan. *Dreamworld and Catastrophe - The Passing of Mass Utopia in East and West.* Cambridge / London: MIT Press, 2002, p. XI.

5   Foster, Hal. *Recodings – Art, Spectacle, Cultural Politics.* New York: The New Press, 1985, p.121.

6   Hatherley, Owen. *Militant Modernism.* Winchester/Washington: zero books, 2008.

Em 1970, foi criado no Chile um grupo de design industrial na configuração de um Instituto de Investigação Tecnológica (INTEC). Esse grupo projetou, entre outras coisas, a interface física e gráfica do emblemático Centro de Planificação Económica chamado SYNCO, desenvolvido sob a direção de Stafford Bill, uma das figuras líderes da gestão cibernética.[7] Esse projeto correspondeu ao raro momento histórico no qual coincidiam no tempo: um programa de emancipação sociopolítica, a tecnologia existente e o design. Com tal combinação de circunstâncias, o projeto satisfazia aos critérios mais rigorosos desse contexto.

O papel decisivo das atividades complementares para a difusão do design também pode ser notado a partir das instituições criadas na época: em 1962, o CIDI (Centro de Investigación de Design Industrial) na Argentina; em 1966, o CIDI no Uruguai; em 1970, o Instituto de Embalaje no México; e, em 1980, a ONDI (Oficina Nacional de Diseño Industrial) em Cuba.

Em 1972, um amplo sistema de sinalização urbana foi instalado na cidade de Buenos Aires, e, em 1973, na capital São Paulo. Ainda no mesmo ano, desenvolveu-se, no estado do Paraná, o mobiliário público urbano de Curitiba, e, em 1981, o projeto do metrô para a cidade de São Paulo.

Na década de 1980, foram criados os primeiros programas de identidade pública para municípios, como Mendoza e La Plata, na Argentina. Nessa época o design floresceu a tal ponto que chegou a ser integrado em agências para o desenvolvimento industrial e tecnológico, entre outros, o Conselho Nacional de Desenvolvimento Científico e Tecnológico (CNPq), no Brasil. Geralmente, essas instituições são restritas a engenheiros, cientistas e economistas, e não é comum que o design industrial seja considerado uma ferramenta imprescindível para políticas de desenvolvimento industrial – fato que pode ser explicado pela inclinação a identificar o design à estética, à arte e às noções nebulosas tão caras a muitos designers: ‹criativo› e ‹criatividade›. Ao mesmo tempo, nas pesquisas de história do design, as contribuições dos engenheiros para o desenvolvimento do design industrial não costumam ser devidamente reconhecidas.

Essas atividades foram interrompidas nos anos 1990, quando a onda de privatizações se expandiu com especial furor sobre a América Latina, cujos recursos públicos foram saqueados. Se anteriormente as políticas de desenvolvimento eram destinadas à industrialização via crescimento das indústrias locais, começava então um processo antagônico de desindustrialização, com a ocasional evocação do termo *portmanteau* ‹globalização›. Esse processo anulou consideravelmente as conquistas alcançadas no design industrial das décadas anteriores. Interesses

---

7   Bonsiepe, Gui. *Design como prática de projeto*. São Paulo: Blucher, 2012, p. 192-209.

comuns e majoritários foram enfraquecidos de modo a favorecer a interesses privados. O mercado foi instalado como marco de referência dominante. Duas políticas acompanharam esse processo regressivo: a abertura indiscriminada da economia para importações (e capitais especulativos) e a manipulação da taxa de câmbio, supervalorizando a moeda local e desvalorizando a moeda de referência, ou seja, o dólar. Nessas circunstâncias, as empresas locais não tinham como competir, levando seus gestores à decisão de fechar e desmontar fábricas, transformando-se em distribuidores de produtos importados em vez de produtores de objetos projetados no próprio país.

No pacote de políticas neoliberais, a privatização de serviços (telecomunicações, transporte, bancos, abastecimento de água, eletricidade e gás) encabeçava o primeiro lugar nas medidas tomadas para alinhar tais países aos interesses dos países dominantes. Estes não estão muito interessados no design desenvolvido localmente, já que tratam os países periféricos preferencialmente como economias exportadoras de *commodities*. As *commodities* não precisam de design. Minerais, soja, cereais, carne, óleo, carvão, madeira e peixe são recursos livres de design. Esse tipo de matéria-prima não representa valor por si só, apenas quando é utilizada como input para processos industriais de transformação.

Na década de 1990, o processo de privatização e a abertura da economia para o capital estrangeiro levaram a um aumento da demanda por *branding* e design de identidade corporativa, o que, em certa medida, compensou a queda nas atividades de design industrial. Além disso, as atividades projetuais possibilitadas então, a partir da tecnologia digital, abriram um novo campo de serviços de design que pode competir em mercados internacionais, pois os salários na periferia são mais baixos que nos países centrais.

O número de cursos de formação em design aumentou enormemente durante os anos 1990. Só no Brasil existem mais de 800 cursos de design, abarcando uma variedade de atividades: design de moda, design têxtil, webdesign, design de comunicação visual e design industrial. Semelhante crescimento no setor acadêmico do design (ensino como indústria e como negócio) também ocorreu no Chile, onde o negócio e a indústria da educação oferecem oportunidades de emprego, diferentemente da indústria e de campos não acadêmicos.

Nos últimos anos, para alcançar um cargo docente em programas de design, a titulação de mestre ou doutor tem sido considerada como exigência. Por isso, ao mesmo tempo, vem aumentando a demanda para a criação de cursos correspondentes. Apesar de ser certamente desejável e justificado um maior nível de formação para os designers, os esforços nesse sentido têm um carácter limitado e até efeitos contraprodutentes quando os mesmos critérios tradicionais, válidos para outras áreas do conhecimento, são esquematicamente aplicados ao design, atividade orientada a projetos. Um corolário desse processo é o crescimento da teoria do design – com raízes frequentemente advindas do campo da história da literatura, dos estudos culturais e dos meios de comunicação. Dessa maneira, programas de design proporcionam um *happy home* a disciplinas acadêmicas sem qualquer conexão com a realidade do projeto e da atividade projetual. Tal processo de desvinculação corre o risco de aumentar a brecha entre as atividades profissionais e aquelas puramente acadêmicas – um processo prejudicial tanto para a teoria do design quanto para a sua prática.

Uma forte influência sobre o entendimento do design na América Latina, assim como sobre sua prática e ensino, foi exercida pela Escola de Ulm (Hochschule für Gestaltung HfG) no final dos anos 1950 e, particularmente, durante os anos 1960. Não é de surpreender que essa influência, forte e duradoura, também provocaria críticas e resistências. Por trás desse assunto, reside uma resistência à modernização, à racionalização e à industrialização *per se*, para a qual as contraposições não oferecem solução. Seis motivos podem ser expostos para justificar essa reação:

Primeiro: Existe uma corrente de pensamento que defende a interpretação do design e das atividades do design como práticas baseadas na arte e na inspiração de um indivíduo. Como se sabe, a Escola de Ulm diferenciou claramente a arte e o design, reivindicando o design como um domínio independente, e não como atividade baseada nas artes.

Segundo: Existem preferências estéticas que não coincidem com a morfologia de produtos e de comunicação visual favorecida pela Escola de Ulm. Se o epíteto ‹funcionalista› não estivesse carregado de conotações pejorativas, poderia ser usado pela HfG. Mas, levando em conta o atual desdém pela praticidade, o uso do termo ‹funcionalista› apenas serviria para desqualificar mais ainda essa preocupação que é central no design.

Terceiro: Também deve ser mencionada outra corrente de pensamento – denominada ‹essencialismo ontológico› – que reclama a existência de traços culturais escondidos nas profundezas da identidade local, supostamente incompatível com a visão moderna do design. A questão da identidade do design é recorrente em congressos na América Latina e pode ser interpretada como um sinal da fragilidade das bases do design local e da confrontação sofrida ante o design hegemônico.[8]

---

8   Para uma diferenciação entre hegemonia e dominação, ver Chibber, Vivek. *Postcolonial Theory and the Spectre of Capital.* London/New York: Verso Books, 2013.

No entanto, parece fútil buscar (re)descobrir o design local vernáculo e querer usar o artesanato como fonte e referência para um autêntico design nativo. O afã por um design inspirado na identidade pode ser interpretado como outro exemplo de uma postura antitecnológica e de um romantismo anticientífico, para o qual a tecnologia e a ciência modernas se apresentam como ameaças ao desenvolvimento humano.

Quarto: Existe uma contratendência do pós-modernismo com seu corolário que prega: o design de autor, a ênfase do consumo individual, a elevação pessoal do designer ao *status* de *brand*, a afinidade com a agenda neoliberal, a submissão acrítica ao mercado como um marco de referência dominante e a antipatia frente a qualquer tipo de conexão entre o design e o domínio da política.

Quinto: Existe uma posição ultrarradical que identifica o design apenas como ferramenta para a estética dos produtos, favorecendo a obsolescência programada e, assim, estimulando a circulação de mercadorias. Em outras palavras, uma ferramenta para dilapidar recursos, envenenando o ambiente. No centro dessa posição há uma crítica ao capitalismo, crítica que usa o design como simples substituto para uma crítica sociopolítica mais profunda. Apesar da força de seu discurso, essa perspectiva é operativamente frágil, e não dá atenção ao fato de que um discurso crítico que se apresenta com as mãos vazias não representa qualquer ameaça aos defensores do *status quo*.

Sexto: Existem também algumas opções, no amplo espectro de agendas políticas, desde o desejo de transcender as formas existentes de estruturas sociais, até o desejo de defender e acomodar-se ao status quo.

Eventualmente, as reações contra a Escola de Ulm culminaram em rotulá-la como item de exportação, evocando sem qualquer cuidado à noção de ‹imperialismo cultural›. Mas tais acusações pecam pela falta de evidências empíricas.

Em primeiro lugar, é preciso esclarecer a diferença entre exportação e influência. Exportação se refere ao intercâmbio de bens e serviços em uma rede de relações. A Escola de Ulm não exportou – nem poderia exportar – coisa alguma, já que não possuía nem política de exportação nem apoio governamental, ao contrário, era bastante difícil sua sobrevivência na Alemanha sob condições desfavoráveis, e até hostis, sem apoio de embaixadas poderosas ou lobby. Em segundo lugar, os operativos imperialistas são apenas realizados com o objetivo de dominação, para a transferência de valor do país dominado ao país dominante. Para a forma soft de imperialismo cultural, são requeridas fundações ricas em capital e grupos de pressão, enquanto o imperialismo hardcore requer um conjunto de recursos econômicos, tecnológicos, militares e serviços de informação como componentes indispensáveis. A Escola de Ulm não possuía tais recursos e, ainda, era contrária a qualquer forma de dominação. Exatamente por esse motivo, encontrava ressonância, e quase imediata aceitação, nos países latino-americanos que optaram pela criação de uma cultura moderna, material e semiótica, baseada na tecnologia e na indústria.[9]

O programa da Escola Superior de Desenho Industrial (ESDI), criada em 1962, no Rio de Janeiro, foi formulado com a participação de docentes da Escola de Ulm, assim como de profissionais ali formados. A consciência da ambivalência do design pode ser identificada no projeto com o qual a instituição participou, no Brasil, da Primeira Bienal de Design, em 1968, situação na qual os estudantes se manifestaram criticamente frente à sociedade de consumo: «Uma grande mesa de banquete cercada pelas cadeiras Serie 7, de Arne Jacobsen, exibia embalagens de produtos industrializados. [...] Na mesma mostra era exibido um aspirador de pó com uma vassoura acoplada ao tubo de ar.».[10] Essa instalação, que também pode ser entendida no contexto mundial da revolta estudantil de 1968, revelava as antinomias entre o design moderno e a realidade industrial e social; entretanto, definitivamente, não sugeria, de maneira nenhuma, uma solução mediante o retorno ao vernáculo.

Nos anos 1960, Argentina, Brasil, Colômbia, Cuba, Chile, México, Venezuela e Peru deram início ao ensino do design, em boa parte, adotando a aproximação de Ulm em seus programas. Não deveria surpreender que os primeiros programas fossem influenciados por graduados locais, que haviam estudado em universidades do exterior. Para o México, essas universidades eram a Royal College of Art e a Central School of Arts, em Londres, e, para a Colômbia, a Yale University (1963). Embora a Itália tenha uma alta reputação no design, sua influência no design da América Latina não era exercida por instituições de ensino, mas sim pela empresa industrial Olivetti. Para os profissionais do design na Argentina, a empresa Olivetti foi considerada uma empresa modelo no início dos anos 1960, dedicada a um alto e consistente padrão de qualidade em design.[11]

---

9   Fernández, Silvia. «The Origens of Design Education in Latin America: From the hfg in Ulm to Globalization». *Design Issues* XXII, n. 1 (Winter), 2006.

10   Leon, Ethel. «Design em exposição: o design no Museu de Arte Moderna do Rio de Janeiro (1968-1978), na Federação das Indústrias de São Paulo (1978-1984) e no Museu da Casa Brasileira (1986-2002)». Tese de doutorado, Faculdade de Arquitetura e Urbanismo, Universidade de São Paulo, 2013, p. 91.

11   De Ponti, Javier. *Op. cit.*, p. 124-136.

Em países com uma importante tradição em produtos artesanais, particularmente Colômbia, México e Equador, existem conexões com o design no âmbito dos produtos que não passam por processos industriais de produção. A instituição Artesanías de Colombia, sob a direção do Ministerio de Comercio, Industria y Turismo, foi criada em 1964 com o objetivo de utilizar os férteis recursos de know-how local para produzir objetos de uso cotidiano usando métodos de fabricação manuais, pré-industriais. Provavelmente, ninguém deveria se opor à possibilidade de melhora no padrão de vida dos artesãos mediante a produção e venda de produtos artesanais. Mas, quando designers são chamados para trabalhar com artesãos, existe um perigo de que estes sejam usados como simples força de trabalho para projetos criados por designers. Tal perigo foi evitado, no México, por uma abordagem de relacionamento entre designers e comunidades de artesãos rurais, onde estudantes de design trabalham junto aos artesãos em vez de impor a eles os seus projetos.[12]

Como pode ser visto nesse rápido panorama, a história do design na América Latina ainda se encontra em uma fase inicial, com uma vasta oferta de temas para a investigação histórica. Devido ao passado colonial, algumas similaridades estruturais são compartilhadas com outras regiões de ex-colônias, e, por isso, constitui um ponto de partida promissor para estudos e análises comparativos.

---

[12] Shultz, Fernando. «Diseño y artesanía». In: *Historia del diseño en Amércia Latina y el Caribe – Industrialización y comunicación visual para la autonomía*, editado por Silvia Fernández e Gui Bonsiepe. São Paulo: Blucher, 2008, p. 308-322.

Design e gestão

- Mudança no paradigma da gestão
- Três etapas no discurso da gestão
- Concepções erradas acerca do design
- Opções para a política do design
- Oito perspectivas para aproximação ao produto
- Os componentes do design vistos pelo marketing
- Requisitos profissionais
- Design na perspectiva da gestão, do marketing e da administração
- Design na perspectiva do designer

Durante a década de 1980, ocorreram mudanças estruturais na economia e na tecnologia que tiveram forte influência na maneira de gerenciar uma empresa. Uma empresa é – de acordo com a opinião geral – uma unidade social composta por capital, ativos e débitos, força de trabalho e *know-how* específico para produzir bens e serviços oferecidos ao mercado. Uma mudança importante consiste em não se poder considerar mais o mercado apenas como um conjunto de consumidores inertes e passivos, mas sim de clientes. Não se trata de uma mudança meramente terminológica. Ao contrário, ela tem consequências mais profundas. E isso se refere diretamente ao design, pois este é, entre outros, o setor que se volta a satisfazer clientes (*end users*), e não consumidores. Os clientes finais do trabalho dos designers são os consumidores. A própria noção de consumidor tem sua origem nas ciências econômicas, que fazem a distinção entre produtores, distribuidores e consumidores. A noção de cliente pertence ao campo da gestão e do design.

Se observamos as temáticas centrais da administração e gestão de empresas durante as últimas quatro décadas, podemos distinguir três etapas:

Entre 1945 e 1960 existia o ‹*suppliers market*›. Os produtos, independentemente de sua qualidade, encontravam um mercado. No centro do interesse dos gestores encontravam-se a produção e a produtividade.

Entre 1960 e 1975, a oferta satisfazia à demanda. A atenção do gestor migrou para fatores de competência, tais como preço, data de entrega e qualidade básica dos produtos. Durante essa fase, o marketing foi para o primeiro plano.

Mais ou menos a partir da metade dos anos 1970, começou a perfilar-se outra realidade: o mercado diferenciado de compradores. Hoje, as empresas alcançam – em faixas de preço comparáveis – similar qualidade e durabilidade dos produtos. No discurso dos administradores, outros conceitos avançam ao primeiro plano: o visual dos produtos, a amplitude da oferta e das especificações de uso; vale dizer, conceitos intimamente ligados ao design industrial. Esse processo cresceu de tal maneira que os anos 1990 foram batizados como a década do design.

Falar da importância do design nas empresas nos anos 1980 era um ato excêntrico. Hoje, não falar do design e de seu papel fundamental nas empresas revela falta de conhecimento da realidade. O debate atual sobre empresas, estratégias de ação, desenvolvimento tecnológico, política de importação e exportação, bem como qualidade total e integração de mercados, fica incompleto se não se inclui também o design. Deve-se admitir que a palavra design aparece quase sempre envolvida por uma nuvem de mal-entendidos, que se manifestam no modo como as empresas lidam com o design e que valor, afinal, lhe atribuem.

Mal-entendidos frequentes na relação entre empresa e designer:

- O designer como bombeiro de emergência.
  Muitas vezes recorre-se ao design quando as vendas vão mal. Em geral, já é tarde demais para reverter um processo negativo.

- Nas empresas que dispõem de um departamento de desenvolvimento, pratica-se muitas vezes uma metodologia sequencial, começando com o documento de requerimentos de marketing, passando pelo trabalho técnico dos engenheiros, do departamento de produção, do departamento de finanças, e finalmente pelo designer, quando as decisões principais já foram tomadas. Nesse caso, não resta mais o que fazer, além de retoques superficiais.

- O preconceito de que design é caro.
  Obviamente, se o tratamos como um serviço gratuito e não como investimento, o item ‹design› não aparece na contabilidade. Mais caro do que o design, sem dúvida, será sua ausência.

- Design como atividade de desenho.
  No ensino primário e secundário, os alunos não são preparados para as múltiplas possibilidades da atividade projetual. Treina-se a inteligência discursiva, e não a inteligência projetual. Na melhor das hipóteses, dedicam-se algumas horas às

atividades manuais. A habilidade de esboçar um objeto escapa da inteligência discursiva. Às vezes, ela é tratada como um dom individual, relacionado com o mundo misterioso da criatividade – um termo que melhor seria substituído por ‹competência inovadora›. Um autor proveniente das áreas das finanças e da gestão deu aos clientes duas claríssimas recomendações: «Design não é um luxo, mas sim uma necessidade».

«As empresas devem deixar para trás o costume de considerar o design um fenômeno secundário e um campo subordinado ao marketing».[1]

Podemos afirmar que o potencial do design para a economia e para as empresas não depende tanto dos designers, mas de outros agentes do sistema de produção e distribuição.

O acesso ao potencial do design depende de uma mudança do que se entende por gestão. Em épocas anteriores, um empresário ou gestor poderia ser considerado bem informado se soubesse resolver problemas de produção, finanças, desenvolvimento, vendas, marketing e relações trabalhistas. Hoje isso não é mais suficiente, o jogo mudou. Antes era viável a inovação como um caso excepcional, hoje deve-se produzir inovação permanentemente. Por isso, as grandes empresas começam a criar o cargo de vice-presidente de design. De acordo com uma concepção radical, uma empresa conseguiu compreender o design só quando o diretor da empresa for uma pessoa familiarizada com o design.

Diversamente, uma opinião bastante difundida identifica o design com o processo de transformar projetos esteticamente deficitários por meio de intervenções decorativas. Essa opinião indiferenciada possui a desvantagem de praticar uma metodologia sequencial e de consultar o designer somente no fim do desenvolvimento do produto. Deixando de lado as chances de sucesso dessa estratégia gerencial, apresenta-se outro problema na área da engenharia mecânica. De acordo com essa visão, o enfoque central do produto gira ao redor das características físicas do artefato. Precisamente aí tocamos na diferença fundamental com o design. Não se põe em dúvida a importância da eficiência física; porém, ela se abre somente através da ‹interface›, como domínio central do design. Utilizando um diagrama, podemos explicar a constelação dos diversos interesses ou enfoques em torno do produto ou serviço. Eu identifico oito diferentes enfoques, que obviamente não precisam ter uma correspondência necessária com diferentes grupos profissionais:

---

1   Lorenz, C. *The design dimension*. Oxford: Basil Blackwell, 1986, p. 5.

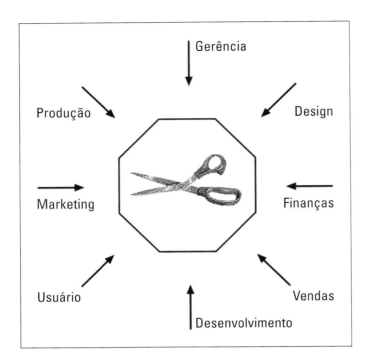

Os oito diferentes enfoques da inovação.

- Diretoria
  Enfoque principal: o design contribui para o crescimento ou a consolidação da empresa no mercado?
- Produção
  Enfoque principal: podemos produzir o design com o *know-how* disponível e as máquinas instaladas?
- Marketing
  Enfoque principal: o design contribui para conformar a identidade pública da empresa no mercado, diferenciando-a das demais?
- Finanças
  Enfoque principal: quanto investimento é requerido para produzir um novo design e introduzi-lo no mercado?
- Desenvolvimento (engenharia)
  Enfoque principal: o produto possui eficiência física? O produto corresponde às normas?
- Vendas

Enfoque principal: pode-se vender o produto através dos canais de distribuição existentes?

- Design

Enfoque principal: o design permite ações efetivas para o cliente? É compatível com o estilo de vida do grupo atendido?

- Usuário/cliente

Enfoque principal: o produto permite realizar operações efetivamente e a um preço aceitável?

Essa lista não contém, evidentemente, todos os enfoques possíveis. Um especialista em ecologia industrial, por exemplo, perguntaria qual é o grau de compatibilidade ambiental do produto, quais seriam os fluxos energéticos na produção, na distribuição e no uso do produto etc.

O cientista de marketing Alfred Kotler estabeleceu cinco componentes do design:

- performance (serviços prestados pelo produto);
- qualidade (acabamento);
- durabilidade;
- aparência (forma, cor, texturas, o que se chama ‹o visual›);
- custos.

Ele propõe ainda a seguinte definição do design, enfocando os interesses dos gestores:

«Design é a tentativa de conjugar a satisfação do cliente com o lucro da empresa, combinando de maneira inovadora os cinco principais componentes do design – performance, qualidade, durabilidade, aparência e custos. O domínio do design não se limita aos produtos, mas inclui também sistemas que determinam a identidade pública da empresa (design gráfico, embalagens, publicidade, arquitetura, decoração de interiores das fábricas e dos pontos de vendas).»[2]

É significativo que ele não fale de ideias geniais, esboços e artes aplicadas – conceitos que anteriormente entravam em cena quando o assunto era design. Design, como se percebe, não é um aditivo cultural. É, antes, uma atividade estreitamente ligada à indústria.

O design alcança hoje o estágio da maturidade. É um campo de ação profissional da gestão similar ao de finanças, produção, distribuição e marketing.

---

2 Kotler, A.; Roth, A. «Design – a powerful but neglected strategic tool». In: *Design at the crossroad.* Evanston: Center for Interdisciplinary Research in the Arts, 1989, p. 28-31.

A época atual caracteriza-se pela inovação permanente, com alto grau de imprevisibilidade, para o qual é usado o termo ‹caos›.[3] De acordo com as estimativas para o desenvolvimento das empresas no futuro, existem três imperativos fundamentais para as empresas que não só pretendam sobreviver, como também crescer competitivamente:

- inovação;
- qualidade;
- redução dos tempos de desenvolvimento.[4]

As pequenas e médias empresas em geral não possuem capital para investir em pesquisa básica. Elas podem, entretanto, aplicar mais agilmente os novos conhecimentos adquiridos. Seu porte pequeno pode resultar em uma vantagem, pois eles reagiriam mais rápida e eficientemente.

Que alternativas se oferecem, então, para as empresas que usam o design como instrumento de diferenciação e valor agregado?

- O caminho mais simples e mais seguro consiste em não fazer absolutamente nada. Essa política as levaria, com grande probabilidade, à falência.

- Pode-se copiar um design. Nos países periféricos, esse procedimento implica algumas dificuldades, pois os designs estrangeiros são produzidos com materiais e *know-how* tecnológico, incluindo métodos de controle de qualidade, que nem sempre são disponíveis no contexto local. De acordo com padrões internacionais de qualidade, uma série de 1 milhão pode ter 200 produtos com falhas. Possivelmente, mesmo nos países centrais, poucas empresas alcancem esse valor de 0,02%.

- Pode-se submeter um produto existente a um processo de redesign, introduzindo melhorias funcionais e estéticas, reduzindo os custos e simplificando a produção.

- Pode-se adquirir uma licença para produzir um design, o que geralmente inclui também acesso ao *know-how* de produção.

- Pode-se desenvolver um novo design, com uma equipe de dentro da empresa ou mediante consultoria externa.

3   Após um curto período de brilho, o conceito ‹*design management*› revelou suas limitações. Por isso, fala-se hoje de gestão da inovação (*innovation management*).

4   Hoje, a essas três categorias deve-se agregar a sustentabilidade socioambiental.

Com exceção da primeira opção, todas essas estratégias requerem investimentos. Nesse ponto, precisamos de uma mudança nos métodos de contabilidade. Os gastos para desenvolvimento costumam ser lançados na rubrica custos. O design, porém, não deveria ser classificado como custo, mas sim como capital. De acordo com as melhores recomendações, devem-se fazer os seguintes investimentos em design: no Japão, as empresas dedicam entre 4% e 6% das verbas totais para desenvolvimento do produto ao design; nos Estados Unidos, os valores correspondentes são de 0,5% a 1,5%. Para os produtos de bens de consumo, vale como referência 4%.

Durante muitos anos os designers exaltaram incansavelmente o valor estratégico do design. Os empresários, salvo raras exceções, não se mostraram impressionados. Agora, quando especialistas de finanças e de marketing começam a lidar com o design, a situação muda de figura.

Podemos perguntar por que os designers não conseguiram corrigir as opiniões erradas acerca de sua atividade. Se o designer vem frequentemente etiquetado como especialista em questões de estilo, não podemos eximir o grupo profissional da corresponsabilidade por essa confusão. Se o designer não tem mais a oferecer do que o manejo de questões de estilo, não alcançará os pontos nevrálgicos da civilização contemporânea.[5]

No campo metodológico, essa atitude se manifesta em uma livre corrida da fantasia, sem considerar as questões profanas da viabilidade técnica e econômica. No campo sociocultural, essa atitude se manifesta em um estilo de comportamento de estrela com auréola de *enfant terrible*.

No campo do ensino, essa atitude leva ao antirracionalismo visceral, reivindicando um individualismo ultrapassado. Projetos que não obedecem aos critérios do voo livre da fantasia se vêm desclassificados como ‹feitos por engenheiros›. Essa arrogância contra as contribuições fundamentais das engenharias para o desenvolvimento da civilização material tem custado um alto preço para os profissionais do design. Justamente na América Latina, podemos constatar que o trabalho do designer não chega além da mesa de desenho e das boas intenções, se ele não estiver disposto a confrontar a dura realidade da produção e da economia.

O que uma empresa pode esperar de um designer? Quais serviços profissionais ela pode exigir? Na lista a seguir, enumeramos algumas das contribuições principais dos designers:

---

5   O conceito de ‹indústrias criativas›, inventado pelos economistas para classificar as atividades que criam valores econômicos, cabe perfeitamente à autointerpretação dos designers como pessoas ‹criativas›, fortalecendo o o preconceito de que possuem um monopólio sobre a competência de inovação.

- Formular as especificações de uso de um produto
- Elaborar cenários de uso para novos produtos e sistemas de produtos
- Observar e analisar tendências do mercado
- Interpretar as contribuições do marketing e traduzi-las em uma realidade tangível
- Elaborar conceitos básicos (anteprojetos)
- Elaborar detalhes técnicos e formais
- Elaborar propostas para o acabamento, cores, texturas e dimensão gráfica do produto
- Participar da seleção dos materiais e processos de fabricação e de montagem (*design for assembly*)
- Interpretar testes de usuários
- Contribuir para criar a identidade pública da empresa
- Avaliar a compatibilidade ambiental da proposta.

Pressupõe-se que o designer possua sensibilidade estético-formal e saiba lidar com materiais e processos. Dessa maneira, o designer pode ajudar uma empresa a manter-se em um contexto de crescente concorrência.

Adendo
Apresento, a seguir, uma coleção de interpretações do design que refletem diferentes interesses: marketing, engenharia, gestão e propriamente design industrial. Não se trata de estabelecer uma verdade lexicográfica de cada definição, mas sim de revelar a variedade de perspectivas. Cada interpretação corresponde aos interesses específicos. Por isso, não deve nos surpreender que os representantes do marketing considerem o design uma subdisciplina do marketing, e que engenharia mecânica e engenharia da produção o considerem um complemento subordinado às suas próprias contribuições. Todas as avaliações implícitas do design revelam as sensíveis questões da distribuição do poder.

«Para os gestores [...], o design é um procedimento para produzir valor agregado nos produtos e serviços.»[6]

Essa caracterização trata de mostrar o valor instrumental do design para os gestores, embora defina o design como elemento aditivo, e não como atividade constitutiva para desenvolver um produto. Além disso, é uma concepção obsoleta do design, pois design não é valor agregado: design *é* valor.

---

6 Oakley, M., (ed.) *Design Management: A handbook of issues and methods.* Oxford: Basil Blackwell, 1990, p. 7.

«O design é um recurso nas empresas, um elemento de importância central na luta da concorrência e na luta por vantagens no mercado.»[7]

Essa caracterização posiciona o design no âmbito da concorrência e dos mercados.

«Em 99% dos casos de um ‹produto novo›, trata-se de um desenvolvimento mais ou menos forte de um produto já existente.»[8]

Por certo, a maior parcela do design é redesign, que faz parte de um processo de desenvolvimento no qual um produto existente é submetido a uma avaliação crítica para introduzir melhorias funcionais, estético-formais e técnico-produtivas.

«Design é criatividade em forma de produção de novas ideias.»[9]

A criação de ‹ideias› é bastante simples. Menos simples é a tradução dessas ideias na prática. O conceito ‹criatividade› sofre o peso da tradição do discurso artístico, evocando a ideia de um indivíduo especial. O design, ao contrário, não tem sua origem em uma única pessoa, mas se baseia em um trabalho de equipe na indústria. A indústria é o lugar onde o design ocorre.

«Podemos considerar o design como preparação de soluções para problemas ou oportunidades do marketing.»[10]

Essa proposta revela inequivocamente a instrumentalização do design para os fins do marketing.

«O design se refere à relação entre pessoas e produtos.»[11]

Aqui, o usuário aparece como a pessoa principal. A frase faz alusão aos aspectos perceptivos e operacionais do produto. Vale dizer que hoje temos um termo específico para essa dimensão central: ‹interface.›

«O design [...] é uma ferramenta poderosa nas mãos dos gestores que produzem e vendem produtos ou que devem criar um clima de trabalho produtivo, ou que devem se comunicar efetivamente com consumidores, clientes, acionistas e outros».[12]

---

7 *Ibidem*, p. 8.
8 *Ibidem*, p. 9.
9 Lugar-comum.
10 *Ibidem*, p. 8.
11 Bernsen, J. Danish Design Center.
12 Gorb, P. «The future of design and its management». In: *Design Management: A handbook of issues and methods*, edited by Mark Okley. Oxford: Basil Blackwell, 1990, p. 7.

Essa caracterização posiciona o design não só no mercado e nas vendas, mas também em um campo mais amplo de responsabilidades: comunicação através do design gráfico e do design do espaço de trabalho.

«Design é o projeto de um artefato ou sistemas de artefatos.»[13]
Essa definição enfatiza um aspecto central do design: o futuro. Ela distingue as fases de projeto e de implementação. O design só termina quando é implementado; antes disso é somente um anteprojeto, uma tentativa, uma realidade possível, porém não concreta.

«A formulação da lista dos requerimentos é o nó nevrálgico do design.»[14]
As especificações de um produto em geral são formuladas em um documento escrito, que contém o conjunto de ofertas públicas feitas pela empresa. Essa função é prerrogativa da diretoria, pois o tipo das ofertas constitui a identidade pública da empresa.

«Bom design é bom negócio.»[15]
Essa afirmação compacta relaciona o design ao mundo dos negócios – do *business*. Quando essa definição foi formulada, o design era limitado – na opinião dos empresários dos Estados Unidos – à qualidade estético-formal de um produto com caráter especial, que poderia ser exposto em um museu como exemplo de bom gosto, o qual os curadores do design cultivam.

«Design lida com os aspectos estético-decorativos: forma, cor, textura. Complementa o trabalho dos engenheiros para outorgar aos produtos mais atratividade no mercado.»[16]
A tentativa de compreender o design nas categorias tradicionais das engenharias em geral termina com uma visão simplista. Querer reduzir o design aos aspectos estético-formais seria o mesmo que identificar a engenharia com o cálculo de engrenagens.

13 Definição que poderia ter sido retirada de um dicionário.
14 *Ibidem*, p. 22.
15 Esse fato básico ainda não foi descoberto pelos gestores na América Latina. O design possui uma baixa prioridade para a maioria do empresariado brasileiro, a despeito de todas as adesões aos programas de qualidade total, normas ISO 9000, programas de reengenharia, seminários sobre globalização, de aprimoramento do estilo e das técnicas de gestão ou do que se oferece como última novidade. É um duro fato: o design no Brasil – e não somente no Brasil – possui pouca credibilidade profissional.
16 Mal-entendido geral.

«O design industrial é uma atividade projetual que consiste em determinar as características formais de produtos fabricados com métodos industriais. Características formais não são só os atributos externos, mas sim e sobretudo as relações funcionais e estruturais que dão coerência a um objeto tanto do ponto de vista do produtor quanto do usuário.»[17]

Essa definição dos anos 1960 tem sido incorporada aos textos oficiais do Conselho Internacional das Organizações de Design Industrial (ICSID). Ela resgata o conceito da forma sem cair na armadilha do formalismo, ao concatenar a forma com a função e a estrutura.

«O design é o domínio no qual se estrutura a interação entre usuário e produto, para facilitar ações efetivas. Design industrial é essencialmente design de interfaces.»[18]

Essa proposta dos anos 1990 se afasta dos conceitos de forma, função e necessidades que em geral são usados para caracterizar o design. Coloca o design no quadro da ação social. A reinterpretação do conceito ‹*interface*› da ciência da computação nos leva ao centro do design: a relação entre usuário e artefato na qual a dimensão operacional é constitutiva.

---

17 Tomás Maldonado, 1961.
18 Gui Bonsiepe, 1992.

A cadeia da inovação

- Política científica e tecnológica
- Inovação cognitiva na ciência
- Inovação operacional na tecnologia (engenharia)
- Inovação sociocultural no design
- Matriz das inovações

Inovação é a palavra-chave da época atual. Ela caracteriza a dinâmica da sociedade industrial. É quase um imperativo, ainda que seja errado objetivá-la, pois depende dos investimentos feitos na criação de inovação. Países periféricos ficam distanciados pela falta de recursos financeiros, ou pelo simples fato de que apenas alguns poucos administradores – sem falar dos políticos – reconhecem a necessidade imperiosa de fomentar a inovação para evitar que a distância entre os centros dinâmicos e o mundo periférico ganhe amplitude e dimensão. Compreende-se menos ainda que não basta realizar uma pesquisa básica e considerá-la como indicador único do progresso desejado. Existe um longo caminho entre a produção de novos conhecimentos na pesquisa científica e sua transformação em inovação industrial nas empresas.

A ciência está inserida em um sistema no qual a tecnologia e o design ocupam papéis não menos importantes. Para fundamentar essa asserção, serão analisadas as interações entre esses três tipos de inovação: na ciência, na tecnologia e no design.

As autoridades que se ocupam da política científica e tecnológica só em casos excepcionais reconhecem que ciência, tecnologia e design constituem um sistema, e que sem design as metas dessa política não podem ser alcançadas. Então, os países periféricos ficam no meio do caminho no que se refere à política de inovação, e não tiram proveito dos investimentos escassos alocados para atividades inovadoras.

Provavelmente existe o consenso de que ciência e tecnologia estão concatenadas, embora não se possa afirmar que a tecnologia seja uma *consequência direta* dos investimentos feitos na ciência. Menos claras ainda são as relações

	Ciência	Tecnologia	Design
Objetivos da inovação	Inovação cognitiva	Inovação operativa	Inovação sociocultural
Discurso dominante	Afirmações	Instruções	Juízos
Práticas *standard*	Produção de evidências	Ensaios (*trial and error*)	Produção de coerência
Contexto social	Instituto	Empresa	Mercado
Critérios de sucesso	OK das autoridades (*peers*)	Factibilidade técnica	Satisfação do cliente / usuário

Tipologia da inovação nas ciências, nas engenharias e no design.

entre ciência e design. A pergunta é: para que serve o design em um instituto de pesquisa científica? Pois o design, longe de ser somente um elemento periférico, é constitutivo do processo geral da inovação.

Ciência, tecnologia e design constituem diferentes e autônomos campos, com suas próprias tradições, *standards* de qualidade, contexto institucional, práticas profissionais e discursos. Cada um desses campos revela uma maneira particular de atuar no mundo. Para mostrar as diferenças desses três espaços nos quais se produz inovação, utilizo uma matriz com cinco categorias para fins comparativos:

- objetivos da inovação;
- forma predominante de linguagem (regras do discurso);
- práticas *standard*;
- contexto social;
- critérios de sucesso (*conditions of satisfaction*).

Esses cinco filtros – formulados em forma de perguntas – são aplicados às três formas de inovação (A, B e C). As perguntas são:

- Em que consiste o objetivo da inovação?
- Qual é o tipo de linguagem predominante?
- Quais são os métodos comuns aprovados (*standard)*?
- Qual é o típico contexto microssocial da atividade inovadora?
- Quais são os critérios de sucesso?

A: Inovação nas ciências
- O objetivo da inovação científica consiste na produção de novos conhecimentos. A ciência se realiza na inovação cognitiva.

- A linguagem típica para o procedimento científico compõe-se de frases em forma de asserções verificadas.
- O método *standard* utilizado na pesquisa científica é a produção da evidência que pode ser comprovada por outros observadores. A *condition of satisfaction* é a verdade. O processo científico visa à produção de frases verdadeiras, e não de frases falsas.
- O contexto microssocial do trabalho científico é, em geral, o instituto, compreendido como uma fábrica na qual são produzidos novos conhecimentos.
- O critério de sucesso da ciência é o reconhecimento por parte de outros participantes do discurso científico, especialmente por parte de pessoas que figuram como autoridades (*peers*).

B: Inovação nas engenharias

- O objetivo da inovação tecnológica, que em primeiro lugar é o bem produzido pelas disciplinas da engenharia, consiste na produção de *know-how* (como se faz uma coisa, com quais materiais, com quais tolerâncias, com qual acabamento). Trata-se, portanto, de inovação operacional.
- A linguagem da tecnologia é a linguagem das instruções e comandos, como em um livro de culinária: os ingredientes x, y, z são submetidos a um processo w, para se obter um resultado v em forma de um produto ou serviço. Um desenho técnico nada mais é do que uma série de comandos verbais codificados visualmente.
- A prática *standard* na tecnologia é um método de *trial and error*. O objetivo não é provar a veracidade de uma asserção, e sim provar a viabilidade técnico-física de uma inovação e sua factibilidade de fabricação.
- O contexto institucional da tecnologia é a empresa ou estação-piloto.
- O critério de sucesso da tecnologia é a viabilidade técnico-econômica e eficiência física para produzir um objeto ou oferecer um serviço.

C: Inovação no design

- O objetivo da atividade projetual não é a produção de novos conhecimentos nem a criação de *know-how*, mas a articulação da interface entre usuário e artefato.
- A inovação específica do design se manifesta no domínio das práticas sociais na vida cotidiana.
- A linguagem do design não é a linguagem das asserções nem a linguagem das instruções, mas sim a linguagem dos juízos (*assessments*). Esses juízos referem-se às características prático-funcionais e estético-formais.
- A prática *standard* do design é a criação de variedade e a posterior redução de variedade para criar coerência nos campos de uso, aparência, ambiente e estilo de vida.
- Os contextos microssociais nos quais o design ocorre são principalmente a empresa, o mercado e a concorrência.

- O critério de sucesso do design pode ser estabelecido com uma simples frase, vale dizer, a declaração do cliente/usuário quando ele diz: «Eu estou contente». A *condition of satisfaction* no design não é a verificação de uma verdade nem tampouco a verificação empírica de uma viabilidade técnico-física, mas a correspondência entre expectativas (necessidades) de um cliente/usuário e a oferta em forma de um produto ou de um serviço. Ele é a instância máxima que pode expressar o juízo sobre a qualidade do produto ou do serviço.

O processo de inovação passa por diferentes fases – ciência, tecnologia e design. Quando falta um elo nessa cadeia, a inovação fica sem ressonância econômica e social. Quando se separa a ciência das outras duas etapas, chega-se ao academicismo. Quando separamos a tecnologia das outras duas etapas, chegamos ao tecnocratismo. Quando tratamos o design isoladamente, corremos o risco de cair na armadilha do formalismo estético. O design é o último elemento da cadeia através da qual a inovação científica e tecnológica vem introduzida na prática da vida cotidiana. Por isso, o design contém um considerável potencial quando está integrado aos institutos de pesquisa científica e tecnológica.

Entrevistas

Design | Ensino | Ruptura

Entrevista com Antonino Benincasa

- Ensino do design
- Perfil profissional do designer
- Espaço para reflexão
- Mídia
- Interface design
- Gestão de informação

— Como você imagina uma futura instituição de ensino de design?
Poderia formular-se uma contrapergunta: Precisamos de uma nova instituição de ensino para o design? Revisemos por um momento a história do ensino de design. Quais foram as escolas radicais? Quais fizeram uma ruptura? Uma delas foi a Escola de Ulm, por demais lamentada e fustigada pelos defensores de uma postura romântica. Por que teve tanta influência? Porque reivindicou um conceito enfático do projeto – como campo autônomo que não pode ser derivado de outras manifestações culturais, ou seja, das artes ou da arquitetura, das ciências ou da tecnologia. Por certo, encontramos ainda hoje pessoas que sofrem reações viscerais quando escutam ‹Escola de Ulm› ou ‹design racional›. Isso revela o quão difícil é, ainda hoje, discutir com calma sobre esse tema.

— Qual será o perfil profissional do designer no futuro?
Eu tendo a supor que no futuro o perfil profissional do designer se transformará além do reco-

nhecimento. Uso com cautela o termo ‹designer›, hoje danificado, porém muito difundido pela mídia. Seria bom poder substitui-lo pelo termo projetista. Podemos formular uma afirmação especulativa de que vivemos ainda na pré-história do design, pois, até o momento, nem o design industrial, nem o design visual, satisfaz aos critérios rigorosos válidos em outras áreas. Apoio minha especulação em dois argumentos: por um lado, na temática ambiental, com a crise fundamental do industrialismo vigente, incontestado há 250 anos, e, por outro lado, no processo mundial da digitalização. Além disso, não está claro quais respostas o designer encontrará para as fissuras intra e intersociais, quando muito ele irá se confrontar com essa temática.

O design, como a atividade profissional conhecida hoje, dificilmente terá futuro. Pois em sociedades altamente complexas somente aquelas atividades que produzem conhecimento têm um futuro. Isso é o ponto mais vulnerável do design, já que, até o momento, falta a criação das condições institucionais para gerar conhecimentos de design. Temo que a profissão dos designers pagará um alto preço por não ter insistido nessa necessidade. A pesquisa em design deve ser consolidada como campo acadêmico com plenos direitos.

— *Qual importância terá a temática ‹informação›, como era tratada na Escola de Ulm, no futuro do ensino?*

O departamento de design de informação era um componente estranho no programa da HfG. Somente um pequeno grupo de estudantes se matriculou nos cursos desse departamento. É surpreendente que a HfG tenha sido a primeira e – até o momento – a única instituição de ensino do design a incluir explicitamente a linguagem como temática no programa de ensino, elevando a linguagem ao *status* de um departamento. Inicialmente, o departamento se desenvolveu sob a influência de Max Bense, como departamento de teoria. Hoje, provavelmente, será concebido desde o começo como departamento de teoria do design. O fato de que nos programas de ensino do design não se tenha prestado atenção à linguagem possivelmente é uma das causas da, tantas vezes lamentada, afasia dos designers. O que denomino como processo de perda de autonomia, iniciado massivamente na década de 1980, tem uma de suas causas também em não lidar o bastante com a linguagem. Dessa maneira, outras profissões assumiram o papel de representar o design e entraram nesse campo deixado aberto pelos designers. Na matemática isso dificilmente será possível.

Meu ceticismo com relação ao futuro do design cresceu quando trabalhei com um grupo de estudantes na preparação de um CD sobre design de informação. Ficou claro que um designer que não tem certa competência linguística, e que não está disposto a arcar com um trabalho cognitivo, no melhor dos casos pode prestar ser-

viços auxiliares, porém, não poderá satisfazer à reivindicação de intervir nos pontos nevrálgicos da nossa civilização.

— *Qual o papel da reflexão sobre a própria profissão e a autocompreensão?*

Cada profissão é obrigada a meditar sobre si mesma e questionar o que, até o momento, é considerado como dado. As distinções linguísticas contribuem para constituir uma profissão. Não quero ser mal interpretado: eu não digo que uma profissão é sinônimo das distinções linguísticas que a constituem. Pensar sobre a própria função é uma característica do intelectual, como se definiu Ettore Sottsass no congresso de Aspen em 1989, provocando certo assombro dos colegas que se veem, em primeiro lugar, como ‹fazedores›. Se o designer abstém-se da reflexão sobre as condições sociais da produção de design, dificilmente poderá quebrar o quadro do afirmativo.

— *O designer se transformará em um designer de mídia?*

Não estou seguro do que significa esse conceito. Você entende esse termo como um híbrido de vídeo, áudio, televisão, publicidade, marketing e técnicas digitais? Por que o designer deveria se transformar em um designer de mídia? A despeito da ampla divulgação, o conceito multimídia me parece difuso demais. Por isso, prefiro usar o termo design de informação. Confrontados com a inundação de informações, precisamos de um compressor de informações. Essa função excede o campo tradicional do designer gráfico como visualizador.

— *O ensino do design é orientado excessivamente à prática?*

Se o conceito prática significa que a prática pode avançar sem teoria, isso me parece questionável.

Justamente as instituições de ensino não deveriam somente reproduzir a prática, e sim antecipá-la. Um ensino orientado somente à prática não acerta a prática. Se, por um lado, o ensino deve cobrir o conjunto de práticas vigentes, por outro, deve ir além desse conjunto.

— *Qual será a importância futura da interface para o designer e que função ele cumpre no design de interfaces?*

Durante uma estadia de três anos nos EUA, tive a oportunidade de familiarizar-me com a temática do design de interfaces. A partir dessa experiência, ampliei o termo ‹interface design› e reinterpretei o design como design de interfaces. Interface não é uma ‹coisa› – mas sim uma zona na qual está se constituindo o caráter ferramental de um artefato material ou semiótico. Somente o designer cuida dessa relação entre corpo e artefato. Frente a essa dimensão, as categorias das ciências exatas e das engenharias falham. O uso de artefatos e o contexto, histórico e social, no qual esse uso ocorre não são captados pela rede de categorias das ciências. Por isso, é tão difícil acessar o design a partir das engenharias. Interpretando o design como design de interfaces somos mais bem preparados contra tendências reducionistas que querem amarrar o design principalmente no campo da estética. As interpretações tradicionais recorrem a conceitos tais como: forma, estrutura, função, qualidade formal. Eu os considero esgotados.

— *Existe uma diferença entre o projetar como artista e como designer?*

São diferentes modos de ver. Também as condições básicas da produção social das artes e do design são diferentes. O caráter da obra artística não pode ser igualado ao caráter projetual de um artefato. Estou consciente de que essa separação

não é aceita geralmente no discurso projetual na Itália, onde se procura estabelecer relações entre o mundo das artes e o mundo do design. Porém, os argumentos para esse procedimento não me convencem. Para o design, o conceito de ‹estar à mão› (*Zuhandenheit*) é constitutivo, mas não o é para as artes.

— *Qual é o lugar do designer?*

O designer tem seu lugar na prática cotidiana. Ele conecta artefatos ao corpo – na dimensão perceptiva e operativa. Por isso, o designer intervém em um ponto central da prática vital de lidar com artefatos. Design é, para mim, uma categoria básica como a linguagem. Por isso, considero bem provável que nas novas universidades do século XXI o design (projeto) seja ensinado como disciplina básica como é, hoje, a matemática.

— *Atualmente os estudantes recebem uma formação suficientemente fundada para captar as relações que ocorrem no processo projetual?*

De jeito nenhum. Por isso, a profissão do designer corre o risco de se perder na celebração de coisas secundárias. É bem possível que outras profissões assumam a função do designer caso não sejam revisados os programas de ensino.

— *Isso significa que não aprendemos mais a linguagem de outras profissões que participam do processo projetual?*

Não somente a linguagem de outras profissões, mas, principalmente, a competência de introduzir conceitos típicos do discurso projetual no debate.

— *Caso você desenvolvesse uma nova forma de ensino partindo da Escola de Ulm, em quais pontos complementaria o programa?*

Retomaria a temática da linguagem como terreno fértil, cultivado no programa da Escola de Ulm. Dividiria o programa em três setores: projeto, gestão e pesquisa. Importante é a história do design (não entendida aqui como história das artes). Se não sabemos de onde viemos, não podemos saber onde estamos e, menos ainda, aonde vamos. Sem dimensão histórica não se pode ganhar a dimensão do futuro.

— O design se transformou em um bem inflacionário?
Possivelmente, hoje mesmo, mais pessoas escutem a palavra ‹design› que há trinta anos, porém associarão esse conceito como um segmento estreito de produtos do design de interiores e dos *bibelôs* (aconchegante, arrojado, bonito, *chic*). Vale a pena pesquisar como se chegou a esse uso inflacionário do conceito ‹design› e quais interesses favorecem.

— O marketing é ruim para o design?
Eu não demonizaria o marketing. Na economia de mercado, o marketing é uma realidade com a qual o designer deve lidar.

— Hans Gugelot (designer holandês, docente na Escola de Ulm, conhecido pelo aporte ao design dos produtos da empresa Braun) dizia: «Design ist nicht lehrbar» (o design não é ensinável). É verdade?
Não concordo com essa formulação. Pode-se ensinar o design assim como se pode ensinar a dirigir um carro. Se o design não fosse ensinável, então estaria perdida a razão de ser das instituições de ensino. Envolver o design com a auréola do ‹não se pode ensinar› contradiz meus interesses pedagógicos.

— Toda pessoa é um designer?
Em qualquer área da prática humana podem ser criadas inovações. Se alguém inventa uma nova

receita culinária, realiza um ato projetual. Um cirurgião que desenvolve um novo método de cirurgia é um designer, ainda que ele não se defina como tal. Por isso, eu diria nem toda pessoa é um designer, embora possa se transformar em designer em uma área específica.

— Com relação ao hipertexto e às novas mídias, mudarão a leitura no futuro?
Provavelmente as novas tecnologias levarão a novas formas de recepção e produção de textos. Porém, parece um alarmismo especulativo falar do fim do livro (impresso) e de uma decadência da cultura de leitura.

— O campo de trabalho do designer deixará de ser o de um ‹tradutor›, transformando-se em ‹coautor›? Refiro-me aos hipertextos e à multimídia nos quais o designer muitas vezes se apresenta como coautor.
A interpretação tradicional sobre o que é design de comunicação não é mais suficiente. Designers têm de prestar serviços de redação e conceito, caso contrário serão somente ajudantes de conceitos já definidos. Daria ainda um passo à frente para formular a tese – ambiciosa e seguramente não aceita pelos produtores de textos – de que o autor de um texto e o designer tipográfico ocupam um nível mutuamente complementário, já que o designer faz visível o texto no espaço perceptivo. Por isso, pode-se atribuir à tipografia um papel de coautoria.

— Os designer são preparados para isso?
Não. Precisamos lidar mais com a linguagem. Só isso não é suficiente, mas pelo menos oferece uma abordagem inicial útil.

— Qual a função do designer como gestor de informação frente ao excesso de informações?
Ele pode contribuir para dar mais transparência

aos dados não estruturados e diminuir a entropia cognitiva. O designer faz compreensíveis relações entre dados/informações. Isso é uma dimensão nova que excede o design gráfico tradicional.

— *Qual é a função do designer no desenvolvimento de software?*
Definir a maneira como se apreende um programa, como se usa um programa, como se faz compreensível a documentação de um programa, essas são tarefas do designer.

— *Até que ponto o ensino deveria preparar o designer para essa tarefa?*
O suficiente para entender de programação e pelo menos poder conversar com um programador.

— *O que você entende pelo termo «gestão de informação»?*
Examinar (*screening*), ordenar, ponderar, comprimir, relacionar dados. Tornar essas informações accessíveis para um usuário, orientar o usuário no espaço de dados e permitir a navegação nesse espaço.

— *Em síntese, o lema da Bauhaus era unir arte e técnica. Na Escola de Ulm, o lema era unir ciência e design. Qual seria o lema para o futuro?*
Não tenho um lema para o futuro. Tampouco sou de tender a simplificações tipo manchete. Não haverá um lema para o futuro até se incluir também o componente sociopolítico. Esse elemento e a dimensão da esperança não se encontram em boa forma atualmente. Quem hoje ainda se atreve a ter esperança quando o cinismo é o lema do dia? Projetar deve incluir um componente de esperança, pois cada ato projetual pressupõe a esperança de um mundo melhor. A Escola de Ulm apostava na indústria, pois via nela um instrumento para a democratização do consumo. Essa esperança hoje é prejudicada. No que se refere à função social do design, fala-se hoje de *lifestyle design*. Isso é um indício de mudanças profundas desde 1968. As ênfases mudaram.

Visão periférica

Entrevista com James Fathers

- Motivos para a opção América Latina
- *Design for need*
- Contribuições
- Pesquisas e pesquisas esotéricas
- Ensino do design

— *Você é conhecido por seus ensaios e experiências relacionadas ao design nos países em desenvolvimento, em especial nas décadas de 1970 e 1980. Você poderia descrever como começou seu interesse pelo papel do design no desenvolvimento?*

Eu estudei na HfG Ulm nos anos 1950 junto com um número considerável de estudantes estrangeiros, particularmente da América Latina. Portanto, esse foi meu primeiro contato, já que, assim como os demais europeus, pelo menos naquela época, eu não sabia nada sobre história ou cultura latino-americana. Mais tarde, em 1964, fui convidado a ir à Argentina por meu professor – amigo e mentor intelectual – Tomás Maldonado, que eu considero um dos mais importantes teóricos do design do século XX – um gigante de verdade, embora suas obras possam ser menos conhecidas fora dos ambientes idiomáticos do italiano e do espanhol.

Quando cheguei em Buenos Aires, planejava uma estadia de duas semanas e acabei alongando-a para dois meses. Fiquei fascinado com o clima cosmopolita da cidade. Em 1966, voltei à Argentina a fim de dar um curso de design de emba-

lagem e tecnologia de embalagem. O curso foi promovido pela Organização Internacional do Trabalho (OIT), que me contratou como consultor. Assim, aos poucos, meus encontros com a periferia começaram a ficar mais intensos.

Até que, em 1968, decidi mudar-me para a América Latina. Minha mudança para o Chile coincidiu com o fechamento da HfG Ulm (embora minha mudança não tenha sido motivada por esse aborto de uma das experiências mais influentes na segunda metade do século passado para o ensino do design). Eu tinha a chance de ir para Milão, que na época já era um lugar muito atraente para lidar com design, mas aceitei uma nova oferta da OIT: trabalhar no Chile como designer em um projeto para o desenvolvimento de indústrias de pequeno e médio porte. No Chile, entrei no mundo real.

Minha esposa, que era argentina, foi uma influência crucial nessa decisão. Quando discutimos essas opções, tanto ir para a Itália quanto para o Chile, ela me disse para escolher a aventura. Eu não conhecia o Chile naquela época, nem sequer falava espanhol. Ela simplesmente disse: «Olhe, na Europa, tudo já foi feito em termos de design, vamos aonde existam novos desafios».

— *Em 1973, a UNIDO (Organização das Nações Unidas para o Desenvolvimento Industrial) o chamou para escrever o relatório* Development through Design. *Como foi isso?*
No início dos anos 1970, o ICSID, nossa organização profissional internacional, tornava-se cada vez mais interessado no que acontecia nos então ‹países em desenvolvimento› – ainda nem usávamos o termo ‹países periféricos› –, e Josine des Cressonnières, a secretária-geral belga do ICSID (1963-1977), solicitou-me a redação desse relatório. O prazo era de seis semanas – um prazo bem curto, considerando que a internet ainda não existia. Eu reuni todo o material que tinha disponível sobre Índia, Cuba, Chile, Brasil e Argentina e apresentei como um documento de trabalho em uma reunião de especialistas em Viena – onde, pela primeira vez, uma organização internacional tratava explicitamente de uma política de desenho industrial para os ‹países em desenvolvimento›, como foram chamados na época. Esse rascunho foi então transformado em um guia para a política de design industrial da UNIDO.

— *Quais são as lembranças mais significativas dessa experiência de trabalhar com design no Chile e na Argentina?*
A pior lembrança da minha estadia na América Latina é o 11 de setembro de 1973. Foi quando o golpe de Estado foi implementado com a ajuda dos serviços secretos externos e o apoio militar encoberto contra o governo democraticamente eleito de Salvador Allende. Como você deve saber, esse golpe, com suas torturas, assassinatos e ‹desaparecimentos›, foi oficialmente legitimado com a declaração de que «os valores ocidentais e cristãos da nossa cultura tinham de ser defendidos». Isso

já nos diz algo sobre a cultura defendida mediante um golpe de Estado. Esse foi o lado negativo.
O lado positivo é que eu tive a sorte de me reunir e me aproximar de um grupo, muito apaixonado, de estudantes de design, que tinham concluído ou estavam por terminar seus cursos universitários. Esses cursos não cumpriam sua promessa: educar designers industriais. Seus títulos eram algo como ‹artesão-decorador›, um pouco distante do ‹design industrial› e ainda dominado pela noção do design como uma espécie de arte – ou pior, arte aplicada! Além disso, eu consegui receptividade entre altos funcionários do governo para o tipo de design que eu praticava. Esse foi, para mim, um ambiente muito fértil.
Minha experiência política na Europa foi limitada. Eu estava interessado, é claro, em questões políticas, inevitáveis no clima em ebulição dos anos 1960. Durante a minha formação na HfG Ulm, ler livros de teoria crítica de pensadores como Ernst Bloch, Theodor W. Adorno, Walter Benjamin, Herbert Marcuse e Jürgen Habermas, incluídos em nossos seminários, era uma obrigação. Mas eu não tive nenhuma experiência concreta que unisse o trabalho profissional ao ambiente sociopolítico ou a um programa sociopolítico. No Chile era possível orientar a prática profissional nesse sentido.

— *Você foi citado por Newby, em um artigo de 1976, como sendo um ‹paraquedista de Ulm›.[1] Essa frase tem sido muitas vezes usada pejorativamente para descrever a intervenção ocidental em um país em desenvolvimento. Que medidas você tomou para limitar qualquer influência negativa causada pelo seu ‹pouso› no Chile logo depois de suas experiências na HfG Ulm?*

---

1   Newby, S. «Ulm in a ‹Peripheral› landscape». *Design* 332, (1976): 40-41.

Imagino que o foco da irritação desse autor seja a abordagem de design da HfG Ulm, a qual ele pretende desqualificar – e não o meu suposto ‹paraquedismo›. A propósito, eu fui *convidado* para ir ao Chile e não advoguei – nem advogo – a favor de qualquer ideia de ‹intervenção›.

Quanto a influências negativas, eu não estou muito seguro sobre quais seriam. A abordagem racional pragmática ‹ulmiana›, que permitiu definir um perfil para o designer industrial e consolidar a sua formação, aparentemente respondeu a uma necessidade latente. Caso contrário, não geraria tanto impacto como gerou. Parece que se oculta uma noção romântica da periferia: de que esta deveria manter seu *status* de pureza primitiva, corruptível por qualquer contato com o exterior. Seria aconselhável distinguir essas influências. Eu não vejo nada de negativo na tentativa de contribuir em um projeto de emancipação social. Eu não vim à América Latina como missionário; o que eu fiz foi fornecer uma base operacional para a ação concreta do design profissional. Eu provi algumas ferramentas para a implementação do design de produtos – desde máquinas agrícolas até brinquedos infantis de madeira e mobiliário de baixo custo – e para afastar o lastro da tradição e da teoria da arte.

Na época, esse conhecimento operacional não era fornecido pelas universidades porque os professores muitas vezes não tinham realmente exercido a pratica o design. Eu me pergunto como é possível ensinar design sem praticá-lo... Por isso, havia uma lacuna e, ao mesmo tempo, um terreno muito fértil e, portanto, uma receptividade a todo fundamento e ferramenta metodológica que colaborasse na solução de problemas práticos de design.

— *Em 1976, no simpósio* Design for Need, *no Royal College of Art, você fez a seguinte declaração:*

«*Minha conclusão, com base em oito anos de trabalho contínuo em países periféricos é: o ‹design para países dependentes› deveria ler-se como ‹design em países dependentes› ou ‹design por países dependentes›. O centro não possui fórmulas mágicas e universais de design industrial a serem propagadas aos habitantes da periferia, vista como subdesenvolvida pela ideologia das agências de inteligência [...]*»[2] *Você ainda mantém essa opinião?*

Eu não mudaria em nem um milímetro a posição ou afirmação de que, a meu ver, o design deve ser feito *na* periferia e não *para a* periferia, como o resultado de algum tipo de atitude paternalista benevolente do centro. Eu insisto e sempre insisti na prática local do design. Problemas de projeto são resolvidos apenas em contexto, e não por alguém de fora que está só de passagem.

— *Nessa mesma época, Victor Papanek também escrevia sobre questões parecidas. Historiadores do design têm colocado vocês como figuras-chave no que veio a ser conhecido como movimento ‹Design for Need›. Vocês chegaram a discutir teorias ou compartilhar algum projeto? Em que medida as suas ideias diferem das de Papanek?*

Em 1964, quando passei um semestre como professor convidado na Carnegie Mellon University, Victor Papanek me pediu para ir à Carolina do Norte, onde ele lecionava, para que me mostrasse o que vinha desenvolvendo. Eu estimava muito Victor Papanek, pois ele se atreveu a nadar contra a corrente e contra a complacência na prática e no ensino do design. Devido a essa coragem ele foi fortemente punido. Por vários anos quase

---

2   Bonsiepe, Gui. «Precariousness and ambiguity: industrial design in dependent countries». In: *Design for need: the social contribution of design. An anthology of papers presented to the symposium at the Royal College of Art, London, April, 1976*, edited by J. Bicknell and L. McQuiston. Pergamon Press: Oxford, 1977, p. 13-18.

foi proibido de falar publicamente em conferências de design industrial nos EUA. Mesmo assim, minha estima não me impediu de escrever uma polêmica resenha sobre seu livro *Design for the Real World*.[3]

Ele estava encarando uma questão sensível, mas tanto a abordagem quanto as respostas que dava não me pareciam adequadas. Eu diria que ele tinha uma escassa noção da economia política do design. Como se sabe, ele ficou fascinado pelo ‹do it yourself› e não teve muito interesse na industrialização e no desenvolvimento das economias. Ele preferiu trabalhar com projetos externos ao contexto comercial e industrial, o que eu considerei tão limitado em eficácia quanto a iniciativa de um *outsider*. Embora não compartilhemos dos mesmos pontos de vista, isso tampouco significa que eu subestime a sua contribuição para o campo. A receptividade do livro *Design for the Real World*, o qual foi traduzido em muitos idiomas, mostra que ele havia tocado problemas relevantes. Mas, respondendo à sua pergunta, nunca desenvolvemos projetos em conjunto. Ocasionalmente nos encontrávamos em conferências. Eu também cheguei a escrever uma resenha de outro de seus livros, *The Green Imperative*.[4] Acho que este foi o último livro dele. Depois perdemos contato.

— *O movimento ‹Design for Need› parecia valer-se de um desejo coletivo dos profissionais de design de reagir frente às necessidades sociais. Como conhecedor dos bastidores desse movimento, você tem alguma ideia de por que ele parece ter fracassado?*

Eu não diria que ele fracassou, porque, em primeiro lugar, ele nunca chegou a deslanchar. Foi uma investida para encontrar respostas profissionais para as necessidades majoritárias de uma população neglienciada mundialmente pelo design. Esse movimento, também chamado ‹movimento tecnologia alternativa›, transformou-se em ‹movimento tecnologia apropriada› e foi promovido especialmente na Grã-Bretanha, onde havia um escritório com consultores que ofereciam esse tipo de serviço a países africanos e asiáticos. No fim da década de 1970, essa atividade perdeu o embalo e foi esquecida. Suponho que isso tenha acontecido pelas seguintes razões: tanto a ‹tecnologia apropriada› quanto o movimento ‹Design for Need› nunca conseguiram livrar-se do preconceito (e é realmente um preconceito) de que apenas lidam com tecnologia de segunda e terceira categoria. Pareciam manter uma distinção de classe entre dois tipos de tecnologia: alta tecnologia para os países centrais e *low-tech do-it-yourself* para a periferia. O movimento de tecnologia apropriada na década de 1980 foi influenciado pelos escritos de Ernst Friedrich Schumacher, que escreveu *Small is Beautiful*. Os principais protagonistas desse movimento vinham de áreas de engenharia e economia. Até onde eu sei, quase não havia designers industriais. Os designers desempenharam um papel marginal nesses esforços para fazer algo quanto ao design nos países então chamados *em desenvolvimento*.

— *Em um artigo de 1993, Pauline Madge cita uma reflexão sua, em uma comunicação pessoal, sobre o movimento de design na década de 1970: «Eu considero um mérito dos representantes do movimento de tecnologia apropriada que tenham feito algumas perguntas desconfortáveis quanto à industrialização e os seus efeitos no Terceiro Mundo, além disso, que tenham dado atenção à população rural (pobre) [...] Nos anos 1970, ainda havia a esperança de que uma organização social diferente daria origem a produtos*

---

3 Bonsiepe, Gui. «Bombast aus Pappe». *form* 61, (1973): 13-16. Também publicado com o título «Piruetas del neocolonialismo» na revista argentina *summa* 67, (1973): 69-71.

4 Bonsiepe, Gui. «Im Grünen». *formdiskurs* 1, n. 1 (dez. 1995).

e a um modo de consumo também diferentes. *Essa esperança hoje foi abalada».*[5] *A afirmação de que a esperança hoje foi* abalada *é muito forte. Você pode explicar o que o levou a essa conclusão?*

Você sabe que nos anos 1960 e 1970, e até mesmo nos anos 1980, ainda havia uma vaga esperança de que alternativas eram possíveis. Com a dissolução do bloco de países socialistas, parecia não haver qualquer alternativa além da configuração capitalista. Hoje em dia, a única alternativa identificada está dentro do sistema de globalização, do qual talvez falemos mais tarde.

Então, retomando a noção de ‹esperança abalada›: eu não tenho um caráter depressivo. Em vez disso, eu me caracterizaria como um pessimista construtivo e, portanto, não concordo em absoluto com o lema ‹TINA›, usado por Margaret Thatcher (*There Is No Alternative*). Eu asseveraria que *sempre* há alguma alternativa.

— *Nos últimos anos você não tem escrito muito sobre as questões relativas ao papel do design em contextos de desenvolvimento. O que estimulou essa aparente mudança de foco?*

Eu trabalhei no Brasil, a partir de 1981, como consultor do CNPq (Conselho Nacional de Desenvolvimento Científico e Tecnológico) participando como designer na formulação de uma política de desenvolvimento industrial. No entanto, ali eu tinha um acesso limitado à tecnologia informática. A revolução tecnológica – informação, tecnologia informática – atraiu meu interesse. Percebi que surgia uma mudança radical e um enorme desafio para os designers. Até que recebi uma carta com uma oferta para

trabalhar como designer em uma *software house* em Berkeley. Aceitei a oferta e comecei a trabalhar nesse novo campo da tecnologia, o qual eu senti que era de importância absoluta – assim como o foi a invenção dos tipos móveis para a impressão no século XV.

Se, no Brasil, eu tivesse conseguido acesso ao desenvolvimento de software e informática orientados ao usuário, provavelmente teria permanecido no país. Mas isso não aconteceu. Então, terminei mudando para os Estados Unidos, onde trabalhei durante três anos. O trabalho prático como designer em uma *software house* permitiu-me desenvolver uma reinterpretação do design, livrá-lo do tema tradicional da *forma* e *função*, até ver, com base na linguagem e na teoria da ação, de que se trata realmente o design.

Ao mesmo tempo, redescobri o trabalho de Heidegger. Para mim, como alemão, foi muito difícil ler Heidegger depois da crítica devastadora de Theodor Adorno em *The Jargon of Authenticity*. No entanto, em Berkeley, tive a sorte de poder escutar algumas discussões filosóficas de Hubert Dreyfus, entre outros. Foi a partir da tradução e interpretação em inglês que consegui entender Heidegger melhor. E, somando algumas de suas noções às ciências da computação, reinterpretei o design como domínio da interface, em que a interação entre usuários e ferramentas está estruturada. O que não é uma contribuição menor à teoria do design. Dito isso, permita-me acrescentar algo mais: meu interesse pelos países periféricos não diminuiu; pelo contrário, tem aumentado devido ao declínio econômico e ao que eu considero ser o sintoma do fim de um modelo socioeconômico unidimensional. No meu último livro disponível em inglês, eu avalio o papel do design no centro a partir do ponto de vista da periferia e vice-versa.[6] Além disso, também instituí, elaborei e

---

5   Madge, Pauline. «Design, Ecology, Technology: A historiographical review». *Journal of Design History* 6, (1993): 149-166.

6   Bonsiepe, Gui. *Interface: An approach to design.* Maastricht: Jan van Eyck Akademie, 1999.

coordenei o programa de mestrado em design de informação na Universidad de las Américas Puebla, em Cholula, México.

— *É sabido que, nas décadas de 1970 e 1980, você foi uma importante influência para o movimento ‹Design for Need›. Apesar desse destaque, também se diz que você recebeu pouco ou nenhum reconhecimento como designer, e, de fato, na década de 1980 você foi citado explicando que isso se deve, em parte, a* uma agenda política. *Tanto Er & Langrish quanto Madge afirmam que apesar de seu envolvimento na área desde 1968, você ainda é relativamente desconhecido nos círculos de design, e aparece marginalmente na literatura especializada.*[7] *As razões apontadas são: «porque a temática não atraiu interesse em um mundo do design dominado pelo subdesenvolvimento teórico e por um discurso de design egocêntrico»*[8] *e «porque o design nos países em*

desenvolvimento tem sido visto, cada vez mais, como um problema político, associado à esquerda, e não como um problema de design».[9] *Você poderia deter-se um pouco nessas questões?*

O reconhecimento é algo bem relativo. Tampouco é para mim uma preocupação. Poderíamos questionar: reconhecimento onde e de quem? Não sou particularmente inclinado ao *branding* pessoal e à autopromoção no campo profissional do design. Nem posso me queixar de uma ausência de reconhecimento – o oposto do que poderia chamar-se chauvinismo reacionário do centro,

o qual reside na presunção de superioridade ou ‹desenvolvimento›.

Existem diversos universos linguísticos, e se nos limitarmos apenas ao universo do discurso em língua inglesa, estaremos realmente nos privando de muito do que está acontecendo no mundo. Na América Latina, onde eu exerço a docência, moro e escrevo a maior parte do meu tempo, não posso reclamar de falta de reconhecimento.

— *A seu ver, como pode ser caracterizada a sua contribuição para o campo do design? Que lições foram aprendidas? E o que você faria diferente?*

São várias perguntas, então responderei uma a uma.

Eu considero a minha função na América Latina mais como a de um catalisador, que esteve por acaso no lugar certo, na hora certa, com o tipo certo de pessoas, aliado a uma decisão pessoal, devido ao meu interesse em geral pela cultura latino-americana – uma pluralidade cultural, o que eu considero muito estimulante. Sinto-me à vontade quando estou na América Latina, seja no Brasil, no México, em Cuba, na Argentina ou no Chile. Não sou um estrangeiro, pelo contrário, vejo um clima receptivo para o que estou ensinando, escrevendo e desenvolvendo como profissional. A hospitalidade e a solidariedade dos latino-americanos são notórias.

Agora, avaliando o que tenho feito até agora – e aviso que não pretendo deixar de trabalhar tão cedo! –, eu diria que auxiliei, em um momento crítico da industrialização, a definir o perfil do designer industrial na América Latina, e talvez até na Índia e em outros países periféricos. Além dessa função profissional, eduquei, ou coloquei nos trilhos, alguns estudantes, de modo que, ao mesmo tempo que adquiriram a capacidade de um pensamento crítico, também tornaram-se profissionais eficientes. Frequentemente, durante os

---

7   A cultura anglo-saxã é monolinguística e, portanto, tende a limitar sua visão sobre o que ocorre no discurso em outros idiomas. Se um autor não publicar em inglês, evidentemente não será lido onde se fala apenas esse idioma, e, consequentemente, tampouco será conhecido nesse contexto.

8   Er, H. A., and J. Langrish. *Industrial Design in Developing Countries: A Review of The Design Literature.* Manchester Metropolitan University: Institute of Advanced Studies, 1992.

9   Madge, Pauline. *Op. cit.*, p. 155.

encontros nesse evento (*Mind the Map Conference*) ressurgiu a questão conflituosa de profissionais práticos *versus* teóricos. Essa é uma tradição muito nociva. Não aceito essa polarização que rotula o profissional ou como teórico ou como prático. Essa oposição tem suas origens na formação do designer, que, historicamente, parte de uma atitude anti-intelectual profundamente enraizada. Apesar disso, os cursos universitários exigem que o estudante pense no que está fazendo, reflita sobre sua atividade, e não apenas sobre si, mas sobre o que está acontecendo ao seu redor. Isso é típico da abordagem da HfG Ulm, com a qual concordo plenamente: a operacionalidade crítica. Em suma, tentei orientar aqueles jovens que não encontravam respostas em seu próprio contexto, fornecer ferramentas de design e propagar o design industrial como uma atividade autônoma em relação à arte, à arquitetura e à engenharia. Isso não apenas na América do Sul, mas também em outras latitudes. Em 1984, sob mais um contrato de consultoria para as Nações Unidas, estive colaborando dois meses em Cuba para dar forma ao ambicioso projeto de criação da Oficina Nacional de Diseño Industrial (ONDI).

— *Atualmente, na área do ‹Design for Development›, qual o seu critério para julgar o sucesso de um projeto?*
Eu não diria que os critérios tenham realmente mudado – embora não possamos mais falar em políticas de desenvolvimento. Hoje essas políticas foram deixadas de lado e substituídas por políticas de financiamento da dívida externa. Políticas orientadas às finanças não levam em conta a industrialização local, nem as necessidades locais ou a população. O imperativo é: exportar ou morrer. Países inteiros vivem apenas para saldar dívidas que crescem exponencialmente – o que produz um cenário de miséria social propício

para conflitos. ‹Primeiro os bancos› – esse é o dogma do momento. Na América Latina presenciamos o retorno a uma situação semelhante à economia feudal agrária da Idade Média, na qual a maioria da população vivia só para servir aos governantes. Atualmente, nações inteiras hipotecam o seu futuro, devido ao pagamento de enormes dívidas contraídas em empréstimos internacionais – empréstimos de valor questionável e isentos de qualquer controle democrático, já que as populações locais, que deveriam ‹lucrar› com esses empréstimos, não são consultadas em nenhum momento. Os empréstimos simplesmente caem sobre suas cabeças como uma tempestade. Ontem mesmo, na minha apresentação, falei do fluxo de capital do Sul para o Norte, que é maior do que na direção contrária. Portanto, o Norte não está realmente ajudando o Sul, e sim – opondo-se a opinião popular – o Sul é que está transferindo valor para o Norte.

Retomando a pergunta, no meu entender, os profissionais de design são responsáveis especialmente pela qualidade de uso dos artefatos – materiais ou imateriais. É importante acrescentar que o domínio da ‹qualidade de uso› também inclui a dimensão estético-formal, intrínseca ao design, e não um acessório prescindível. Além disso, inclui critérios ambientais. Os designers intervêm facilitando a assimilação dos artefatos na prática cotidiana. Esse é para mim o papel principal tanto do design industrial quanto do design gráfico. Portanto, um critério de sucesso poderia ser parafraseado nas palavras de Brecht: tornar o mundo mais habitável – nada mal para uma profissão! De um modo geral, eu diria que o critério mais importante para que o *design para o desenvolvimento* seja bem-sucedido é que exista a tentativa de contribuir para a autonomia, seja a autonomia do usuário, do cliente ou da economia.

— ‹Design for Need› *e* ‹Design for Development› *foram termos vinculados a essa área no passado. Qual a terminologia mais adequada para descrever esse tipo de design atualmente?*

Os movimentos ‹*Design for Need*› e ‹*Tecnologia Apropriada*› não devem ser desvinculados do contexto histórico preciso – eles já são passado. Hoje, as circunstâncias gerais, e particularmente as definições macroeconômicas, transformaram-se drasticamente com a noção de ‹globalização›. Quando eu trabalhava como consultor para governos, instituições e empresas privadas, o foco estava na produção material: artefatos, máquinas, ferramentas, brinquedos e mobiliário. Independente de quais eram os produtos, o processo de industrialização estava ancorado no hardware. Atualmente, as temáticas de design mais salientes deslocaram-se da cultura material à cultura da informação, com base na tecnologia da informação.

Caso eu fosse chamado para contribuir em algum programa atualmente, priorizaria as tecnologias de informação e comunicação, as quais ainda não têm sido levadas em conta como fatores decisivos em políticas de industrialização. Ao menos desconheço qualquer plano de governo em países periféricos que tente atuar nesse âmbito a partir de uma perspectiva de design que privilegie as pessoas (*user centered*). Aí está um novo e vasto âmbito de trabalho para o design.

— *Que mensagem você daria para docentes e designers que trabalham na periferia?*

Sempre resisti ao rótulo de guru do design com respostas mágicas na manga. O que eu faço é ir a um contexto particular e ver como proceder. Não há nenhuma mágica nisso.

Dou-me a liberdade de dividir essa resposta em três partes: pesquisa, ensino e prática profissional. Todos sabem que o design é um fenômeno escandalosamente pouco pesquisado se comparado a outras esferas da vida humana e acadêmica. Uma profissão, como já foi dito em outro lugar,[10] que não produz um corpo de conhecimentos próprios, nem promove a incorporação intensiva da pesquisa, não tem futuro. Temos o desafio de construir esse conhecimento sobre design, com o apoio, é claro, de diversas disciplinas, como sociologia, ciências da computação, filosofia e história, entre outras.

Nos países periféricos, em especial, a pesquisa em design é necessária e tem uma função legítima, já que é ela que promove o discurso do design, de modo que mais pessoas comecem a pensar no assunto. Mas também estou ciente do perigo do que poderíamos chamar de ‹pesquisas esotéricas›. Atentando para alguns trabalhos de investigação, muito bem feitos, claro, e que seguem todos os rituais de procedimentos científicos, às vezes eu me pergunto qual seria a relevância dos temas tratados. Logo, a minha mensagem para os investigadores seria que se concentrem no contexto local, este é uma fonte rica que não pode ser substituída, que é própria. Que partam desse enfoque local, sem, é claro, perder de vista a perspectiva internacional, o que não significa a defesa de uma visão provinciana de design.

Falemos de ensino. A formação de designers é um tema bastante delicado, não só nos países periféricos, mas também nos países centrais. Particularmente, em todos os países da periferia o design está muito mais estabelecido no setor acadêmico do que na prática profissional, e é alarmante a explosão demográfica em cursos de design, por vezes, de qualidade duvidosa. Exis-

---

10 Bonsiepe, Gui. «Design as a Cognitive Tool: The Role of Design in the Socialisation of Knowledge.» In: *Design plus Research*. Milano: Politecnico di Milano, 2000 (mai.).

tem cursos noturnos, por exemplo, nos quais se formam designers em apenas três semestres. Se você propuser fazer o mesmo com a medicina ou com a engenharia, vão rir na sua cara! O design tem a fama – injustificada – de ser uma carreira universitária fácil, o que acaba atraindo o público errado. Outro problema é a banalização do design, consequência da década de 1990, que trivializou o design como rótulo para qualquer coisa: ‹*design for fun*›, *designer jeans, designer food, designer drugs, designer hotels, designer*...? Eu não sou contra a diversão (*fun*), só vejo como um engano priorizar esse aspecto do design e da intervenção dos designers. Ainda assim, sou definitivamente contrário à noção do design como uma função auxiliar do marketing.

No que diz respeito ao ensino do design, eu recomendo (embora saiba que seria muito difícil de cumprir) que os responsáveis pelos cursos sejam designers com experiência profissional; caso contrário, entramos em um circuito acadêmico fechado e estéril, em que não há inovação – as chamadas ‹fábricas de diplomas›. Tanto o design quanto o seu ensino baseiam-se no contato com problemas reais, desde a busca e assimilação de problemas externos até poder transmiti-los em sala de aula. O ensino do design, onde quer que aconteça, deveria reavaliar seus fundamentos, que muitas vezes são tomados como certos, academizados e burocratizados. Essa reavaliação poderia ajudar a romper paradigmas tradicionais, a revisitar a relação ainda não resolvida entre design e ciências e a desenvolver pesquisas relevantes.

Agora, a questão profissional. Não me sinto autorizado ou legitimado para dizer aos meus colegas o que devem ou não fazer. Você provavelmente conhece o livro *Conselho a um Jovem Cientista*, do biólogo molecular britânico Peter Medawar. Eu recomendaria essa leitura aos designers, é um livro muito esclarecedor. Embora, felizmente,

não fale sobre design, é um bom raio X do que um cientista é e deve ou não fazer, isso de forma irônica, tipicamente britânica. Os cientistas fazem pesquisa, escrevem artigos, produzem conhecimento e seus artigos são apresentados em conferências e logo publicados em revistas ou livros eruditos. Medawar cita um manual da Sociedade Britânica de Engenharia Elétrica sobre como apresentar uma conferência e preparar uma aula. Ele afirma que todos quando falam em público estão sob certa tensão. O manual recomenda que se você quiser sentir-se seguro, deve estar frente ao público com 40 centímetros de distância entre seus pés. Note a fantástica precisão: são 40 centímetros, e não 38! Isso, é claro, ilustra um dos aspectos ridículos dos conselhos sobre o que fazer ou não.

Portanto, recomendaria aos designers profissionais, sejam os que trabalham na indústria, em seus próprios estúdios ou em instituições públicas, que nunca percam de vista o que considero a reivindicação básica da nossa profissão: ‹design para a autonomia›.

Finalmente, gostaria de encerrar com uma citação de um escritor argentino (Juan Filloy) que viveu em três séculos. Ele escrevia livros, mas cada vez mais foi desistindo de publicá-los. Escrevia então para seus amigos. E decidiu viver longe de Buenos Aires, em uma pequena cidade do interior. Quando questionado sobre por que preferiu se distanciar da metrópole fascinante de Buenos Aires, ele respondeu com uma frase contundente (e peço que não interpretem mal essa citação, transferindo-a ao design): «*O Centro não sabe nada sobre a Periferia, e a Periferia não sabe nada sobre si*». Essa provocação pode servir como um terreno fértil para reflexões sobre a relação dialética entre diferentes discursos e práticas de design. Afinal, vivemos em lugares diferentes, mas em um mesmo planeta!

O designer e a leitura

Entrevista com Alex Coles

- · Teoria/discurso do design
- · Plataformas para o discurso de design
- · Leitura e design
- · Design-arte
- · Objetos de design e objetos de arte

— Por que você acha que a teoria do design, tanto de produto quanto de comunicação visual, se comparada à teoria da arte ou da arquitetura, permanece em um estágio prematuro de desenvolvimento?
Por enquanto, acredito que seria mais prudente deixarmos o termo ‹teoria› entre aspas e falar de um ‹discurso› do design. Quando se fala de ‹teoria›, facilmente é evocada a ‹prática› como sua contrapartida dicotômica, o que relega a teoria à dimensão do puramente acadêmico, como atividade esotérica e irrelevante para a prática.
Ainda na década de 1910, designers e críticos culturais começaram a escrever sobre o que mais tarde ficou conhecido como design industrial e comunicação visual. Eles foram pioneiros na criação de um discurso do design. Além de Adolf Loos, havia também o soviético Boris Arvatov, que, em 1925, publicou um artigo antecipatório sobre o que foi traduzido ao inglês como «*culture of the thing*». Suas contribuições raramente foram integradas em um discurso mais amplo, pelo simples fato de que os objetos do cotidiano, assim como a comunicação visual, não compartilham o mesmo *status* cultural da arte e da arquitetura.

Richard Paul Lohse foi bastante explícito quando escreveu em 1958: «Muitas pessoas viraram as costas à percepção dos problemas da vida social e cultural, zombando do design de coisas úteis».[1] Entretanto, até o mais fervoroso crítico do design industrial ou da comunicação visual e do *branding* terá de admitir que foi a partir dos anos 1960 que o discurso do design se consolidou – embora não tanto quanto o discurso da arte e da arquitetura, os quais têm um *corpus* crítico à sua disposição.

— Além de seu mentor, Tomás Maldonado, quais teóricos do design foram importantes para você nas décadas de 1960 e 1970?
Entre outros, estariam: Christopher Alexander, Herbert Simon, Abraham Moles e até Stafford Beer, se você quiser incluir Beer como um teórico do design. No entanto, nessa época, foram auto-

---

1 Lohse, Richard Paul. «Die Einheit der Gestaltungsprinzipien». In: *Lohse lesen*, (Hrsg.) Hans Heinz Holz, Johanna Lohse und Silvia Markun. Zürich: Offizin, 1958, p. 73-74.

res de áreas diversas os que exerceram em mim uma maior influência, especialmente os escritos de Walter Benjamin e dos representantes da Teoria Crítica, como Ernst Bloch, em *The Principle of Hope* (1938-1947), tão importantes quanto Wittgenstein e os estudos da linguagem na filosofia analítica. Dos anos 1990 em diante, os textos de Vilém Flusser também foram cruciais. Na América Latina, familiarizei-me com textos de cientistas sociais, economistas, cientistas políticos e críticos culturais como Edward Said, que permitem entender as razões da dependência, da dominação e da submissão aos centros poderosos que continuam ativos nessa era pós-colonial. Destaco que o prefixo ‹pós› não significa o fim de um período e o início de outro. Os modos de interferência e dominação podem ter mudado, mas não podemos dizer o mesmo sobre seu caráter estrutural.

— *Embora o campo dos estudos de design tenha desenvolvido plataformas como* Design Issues *e* Design Observer, *elas continuam tendo pouco impacto na prática – especialmente no design de produto. Nem passaria pela cabeça, mesmo dos designers mais reflexivos e informados como Konstantin Grcic (produto) ou M/M Paris (gráfico) consultar essas fontes. A que você atribuiria essa cisão entre teoria e prática? E quão úteis podem ser as teorias desenvolvidas por essas plataformas se o impacto sobre os principais designers é irrisório?*
Eu desconheço quaisquer estudos empíricos sobre a influência dessas plataformas na prática do design. Talvez a sua avaliação esteja correta. Se um grupo de designers não consulta essas plataformas, isso pode ser explicado por dois fatos: primeiro, pela desconfiança de profissionais, amplamente difundida, contra qualquer coisa ‹teórica›, e, segundo, porque nos cursos de design os estudantes não são suficientemente

motivados a aprender a ler ou a tornar a leitura uma prática comum – eu não me refiro apenas à leitura de livros sobre questões profissionais. Os designers se enganam ao aproximar-se da teoria com a expectativa de que esta possa servir como ferramenta para a prática. A teoria não é um prestador de serviços para a prática. A teoria é um espaço de reflexão – e de preferência reflexão crítica – sobre o que se está fazendo como designer e qual o seu papel na cultura material e semiótica de hoje. A teoria não pode ser facilmente explorada para fins úteis; no entanto, como já foi dito sobre a poesia, isso não significa que ela seja inútil. A relação entre teoria e prática é bem mais sutil. Até mesmo a postura antiteórica mais obstinada está repleta de tópicos teóricos – embora não o admita. Toda profissão existe em um discurso teórico – um argumento formulado com diáfana clareza por Gayatri Spivak quando ela diz que toda prática, como momento irredutível, pressupõe alguma teoria na qual se baseia.[2]

Quanto às plataformas para o discurso do design, *Design Issues* e *Design Observer* podem até ser as mais representativas para o mundo anglófono, mas essa preponderância não deve conduzir à conclusão de que não existem outras igualmente importantes em outros idiomas. Menciono dois exemplos: *agitprop*, revista digital brasileira que não deixa nada a desejar frente às que você mencionou; e *tipoGráfica*, revista impressa argentina que, infelizmente, depois de vinte anos deixou de ser publicada em 2007. O discurso do design está fragmentado em secções linguísticas um tanto fechadas; ainda não existe uma plataforma multilíngue verdadeiramente internacional para

---

2   Spivak, Gayatri Chakravorty. *The Post-Colonial Critic – Interviews, Strategies, Dialogues.* New York / London: Routledge, 1990, p.2.

o discurso do design. Isso seria intelectualmente desafiador e também interessante para os leitores externos ao design.

— *Você vem trabalhando paralelamente como consultor, educador e designer – distanciando-se dos livros e aproximando-se do estúdio/escritório. Esse movimento entre a investigação e o campo de trabalho tem influenciado seus textos? Lembro-me ter lido sobre o projeto de um sistema de sinais para o* display *de um computador mainframe Olivetti, desenvolvido junto com Maldonado, na HfG Ulm, na década de 1960...* Minha prática profissional tem sido fortemente influenciada por aquilo que leio/investigo, e vice-versa – todos os meus ensaios são profundamente afetados pelo que faço ao projetar e ensinar. Existe uma relação recíproca entre fazer design e ler. Eu tive a sorte e o privilégio de estudar em uma instituição de design que ensinou seus estudantes a seguir dois caminhos paralelos e simultâneos – uma instituição que não adotou o preconceito generalizado de que a curiosidade intelectual é contraproducente para a prática do design. Quando um designer escreve sobre algo além dos próprios projetos, ele é quase automaticamente reclassificado como ‹teórico›. Essa é a reação defensiva do design que prefere não incomodar. Espera-se que o preconceito anti-intelectual, que tem raízes nas origens do design como atividade baseada no artesanato, seja superado no futuro, deixando para trás as práticas autorrestringidas. Em uma sociedade do conhecimento, profissões que promovem a própria ignorância devem enfrentar dificuldades para sobreviver – ou, pior ainda, enfrentar o destino de sua extinção.
Todas as minhas contribuições ao discurso do design têm sido mediadas por experiências, seja enquanto designer ou educador. Jamais inventei alguma especulação surgida do nada porque não

pertenço à tradição que em alemão chamamos *Eigendenker* (autopensador). O projeto de interface que você mencionou – naquela época o termo ‹interface› ainda não existia para designar o domínio central do design industrial e da comunicação visual – não seria possível sem o estudo prévio da semiótica. A participação no projeto de vanguarda da Opsroom 1972/1973, no Chile, sob a direção de Stafford Beer, seria inviável sem assistir às aulas sobre cibernética na HfG Ulm nos anos 1950. Minhas contribuições para a retórica visual na década anterior tampouco seriam possíveis se eu não tivesse incursionado pela teoria da linguagem, estudos do cinema (imagem e som), design de informação e ciências da imagem. O mesmo vale para os esclarecimentos conceituais e terminológicos desenvolvidos desde a década de 1990 no campo da retórica audiovisual, apoiados em escritores como Raymond Queneau, Georges Perec, e Guillermo Cabrera Infante.
Meu fascínio por escritores como Italo Calvino, Jorge Luis Borges e Julio Cortázar foi o que me levou a formular exercícios de design em mídia interativa, proporcionando experiências literárias a estudantes que não estavam familiarizados com esses escritores.

— *Em relação à sua experiência ‹de campo›, o que você acha do recente desenvolvimento do chamado ‹design etnográfico›, no qual teóricos vão a campo – seja a estúdios de design, a fábricas etc. – buscando aproximar-se do processo de concepção e produção e, portanto, compreendê-lo melhor?*
É certamente bem-vindo o enriquecimento da experiência de leitura sobre design com observações empíricas do que os designers realmente fazem quando projetam. Provavelmente, a imagem folclórica do designer solitário como ‹o criativo› seja finalmente evidenciada como um folclore, desvinculada da prática concreta de

projeto como um processo social em que participam diferentes profissionais o que é ocultado pela moda atual do design autoral, que coloca o designer como um herói em um pedestal. Mas a observação por si só pode não ser suficiente, pois, para pesquisar, alguma ideia preliminar é necessária, até uma pálida ideia do que se deseja encontrar, ou uma direção para onde olhar. Até agora, o processo de design se assemelha mais a uma caixa preta que a uma caixa transparente. Além das pesquisas de design etnográfico, talvez surjam novos *insights* a partir das neurociências e ciências cognitivas. Até onde eu sei, os aspectos cognitivos das atividades de design permanecem *terra incognita* – um domínio inexplorado.

— *No livro* Las siete columnas del diseño, *você menciona um fenômeno que testemunhou na década de 1980, quando: «reviveu-se uma crítica ao racionalismo e ao funcionalismo [...] Estava de volta o tempo dos grandes gestos pessoais. As perguntas sobre a relevância social do design foram condenadas à extinção. Novamente as discussões sobre o estilo e a forma dominaram a cena. Objetos de design foram elevados ao* status *de objetos de culto. Surgiu um neoartesanato das pequenas séries, sobretudo no setor de mobiliário e das luminárias, com preços que correspondiam ao mercado de arte».[3] Vinte anos depois, isso se repete de modo mais definido com o design-arte, designers de comunicação, como M/M Paris e designers de produto, incluindo Marc Newson, que exibem nas principais galerias de arte e ditam preços exorbitantes no mercado de design, conduzidos por Design Miami e Phillips de Pury. Como você reage a isso?*

Tenho bem pouco a acrescentar ao que foi escrito há 60 anos, por Tomás Maldonado, sobre a relação entre objetos de design e objetos de arte.[4] Quando, em 1917, Marcel Duchamp selecionou um objeto industrial anônimo, produzido em massa – e ainda por cima um mictório – para apresentar no âmbito de uma exposição de arte em Nova York, ele cometeu um ato iconoclasta que provocou uma onda de choque no mundo da arte. Duas gerações mais tarde, quando Richard Hamilton inseriu imagens de design industrial massivo em suas pinturas, ele seguiu o paradigma de exposição crítica de Duchamp, dessa vez usando a imagem do consumismo. Quando Andy Warhol – um sumo sacerdote da autopropaganda – declarou a arte como sendo um nome próprio, ele proporcionou o modelo para uma categoria do design atual. Design? É o nome do designer.[5] Foi atribuído um *status* elevado a um grupo de objetos de design que são promovidos como objetos de arte por investidores, em vez dos tradicionais *marchands de tableaux*. Se trata do processo que começa na profanação e encontra seu encerramento na consagração, cooptando objetos de design para galerias de arte, como pontos de venda, uma espécie de enobrecimento necessário para o ingresso no círculo dos cânones aceitos. É sempre bom quando curadores de instituições de arte expandem a sua área de interesse para somar outros materiais contemporâneos da cultura semiótica. Isso, é claro, quando não os agrupam sob a noção de ‹artes aplicadas›, embora possa existir a tentação de adotar esse conceito ultrapassado

---

3 Bonsiepe, Gui. *Las siete columnas del diseño*. México DF: Universidad Autónoma Metropolitana Azcapotzalco, 1993. O texto citado pode ser lido integralmente no capítulo desta edição com o mesmo título, Ensaios, p. 109.

4 Maldonado, Tomás. «Design-Objekte und Kunst-Objekte». *ulm*, no. 7 (1963): 18-22.

5 Esta citação de Andy Warhol está em Maldonado, Tomás. *Arte e artefatti*. Milano: Giangiacomo Feltrinelli, 2010, p. 45.

que cria tantos mal-entendidos. As artes não são ‹aplicadas› e muito menos ao design. Há uma profunda diferença entre uma ação de marketing e a curadoria de uma exposição sobre intenções hermenêuticas de objetos e mensagens cotidianos (leia-se, uma exposição de design industrial e comunicação visual).

Ao conferir a aura de objeto de arte a um tipo restrito de objeto, o designer se perfila aos moldes de um artista – processo que considero uma regressão. A expressão ‹*commodity aesthetics*› (estética da mercadoria) pode ajudar a caracterizar esse processo: um processo impulsionado pela mídia dominante, que concede desproporcional atenção a uma limitada tipologia de produtos de luxo orientados à construção da identidade do consumidor. Não é nada provável que você encontre uma ferramenta agrícola no universo de objetos de design como objetos de arte. Uma consequência desse processo é o reforço frenético de egos, a transformação do designer em uma marca, o designer como sujeito/objeto do marketing e do automarketing. Por exemplo, no ano passado foi lançado o filme argentino *El hombre de al lado*.[6] A história se passa na única casa projetada e construída por Le Corbusier na América Latina (em La Plata, Argentina) Um dos dois protagonistas do filme é designer – um estereótipo público da profissão. Como é de se esperar, ele projeta cadeiras, o objeto emblemático da profissão de design industrial – sendo o logotipo o seu equivalente em design gráfico – e vende suas caras criações em Milão. Dentro da lógica do filme, a casa branca e moderna de Le Corbusier conforma um contexto digno para o designer. Mas ao longo do filme, você simplesmente não vê o designer trabalhando fora do escritório. Não há qualquer menção à sustentabilidade, à tecnologia ou à indústria. Esses aspectos do projeto são ignorados. Descobrir como isso foi possível seria um trabalho de pesquisa interessante para um historiador cultural.

Cada vez mais, o design está deixando-se levar pelos eventos de mídia que se concentram em aspectos morfológicos do design – na celebração da novidade estético-formal. Nos países periféricos desindustrializados pelo tsunami neoliberal que varreu a América Latina nos anos 1990, design-arte é um recurso para designers formados que não encontram clientes no mercado de design. É sintomático que os objetos de design-arte sejam produtos de baixa complexidade que, em geral, não exigem grandes investimentos de capital se comparados a produtos produzidos industrialmente. Nesses últimos anos, virou moda falar do designer como empresário – um novo modelo de profissionais que não só arcam com o custo e a responsabilidade de desenvolver um projeto, mas também com a produção e distribuição de seus projetos. Na realidade, essa é uma das manifestações da nova precariedade que se repete em diferentes atividades profissionais terceirizadas. Design-arte é uma resposta às necessidades de uma clientela particular de novos ricos – e nem tão ricos, já que sua força motriz não se limita aos escalões mais altos da pirâmide de renda. E também dialoga com o *branding* aspiracional, que direciona os canhões ao segmento mais vulnerável da sociedade: jovens pobres que vivem em favelas e batalham para usar um par de tênis de marca que excede suas possibilidades aquisitivas.[7] Existe uma diferenciação entre o

---

6 *El hombre de al lado*: http://www.imdb.com/title/tt1529252/. Acesso em: 1º jun. 2011.

7 Bercovich. Alejandro. «Los paraísos circunstanciales». *Crisis* 5 (2011): 13-15.

design-arte para os economicamente estabelecidos e o design popular para os economicamente ‹precarizados›. Ambos os fenômenos são parte do que Marx chamou de «caprichos teológicos da mercadoria» (*die theologischen Mucken der Ware*) ou daquilo que Benjamin chamou de «charme».[8] Mas essa é uma questão complexa que eu não pretendo desenvolver aqui.

— *Você acha que as atuais disciplinas de design podem vir a ser agrupadas sob a metacategoria do dito design de experiência?*
O termo ‹design de experiência› surgiu, particularmente, da correta observação de deficiências em interfaces digitais, ao concluir que deveria se dar mais atenção às preocupações dos usuários. A indiferença generalizada quanto aos usuários de software chegou a um nível tão alarmante que a expressão ‹design centrado no usuário› também teve de ser criada. Isso não há como negar. No entanto, logo o ‹design de experiência› ganhou vida própria e tomou um rumo curioso. Uma de suas reivindicações centrais é superar a mera funcionalidade. Chega a dar a impressão de que o propósito de um artefato material ou semiótico é considerado uma questão incômoda que deve ser exorcizada das preocupações dos designers. Por isso, o uso de um termo como ‹*affordances*›, de menor carga emocional, é preferível. Em contrapartida, a palavra ‹função› – *bête noire* dos emocionalistas – leva facilmente a mal-entendidos, pois evoca no mínimo três significados: primeiro, o conceito da engenharia, no sentido do que um artefato faz; segundo, como ele faz isso; e, terceiro, o conceito do design, de como o artefato

é usado. Quem defende o design de experiência costuma concentrar-se em questões subjetivas e emocionais. Palavras de praxe nesse debate são: pessoas, amor, diversão, paixão, sentimento, alegria, felicidade... O que até aqui poderia ser aceitável – embora soe estranho colocar o designer no lugar de um provedor de felicidade. Mas alguns designers de experiência vão mais longe: afirmam que o design é, antes de tudo, o projeto de emoções. E isso já me parece um profundo equívoco devido à ênfase unilateral nos aspectos semióticos menos tangíveis, mas não por isso secundários Não se pode projetar emoções diretamente. Entretanto, é factível projetar artefatos, mensagens e ambientes que evoquem emoções, e é isso que os designers industriais e de comunicação visual têm feito desde então. Querer projetar apenas emoções é como querer cozinhar sem ingredientes. E erguer a bandeira do design de experiência também pode parecer uma tentativa de anunciar e legitimar a entrada de profissões não projetuais no domínio do design. É uma investida para gerar trabalho a especialistas em marketing, administração de empresas, psicologia, isso só para citar alguns. O design é um domínio aberto, com contornos difusos. Mesmo que não sejam exigidas credenciais especiais para envolver-se em questões de design, uma prática mais prudente e instruída por parte desses neófitos pode melhorar suas chances de projetar ações eficazes.

— *Diversos textos seus estão voltados à noção de design na periferia. Você pode precisar quando foi que identificou essa questão como sendo crucial? Como vem avançando sua reflexão sobre o assunto desde então?*
Quando vim para o Chile nos anos 1960, fui confrontado com uma realidade cultural, social, econômica, industrial e política completamente

8   Benjamin, Walter. «Das Paris des Second Empire bei Baudelaire». In: *Gesammelte Schriften*, Rolf Tiedemann und Herman Schweppenhäuser (eds.) Frankfurt: Suhrkamp, 1991, p. 559.

diferente, e que passo a passo levou-me a descobrir a dimensão política da prática do design. E quando falo em ‹política› não me refiro a uma atividade partidária e, definitivamente, tampouco ao que os políticos profissionais e marqueteiros políticos entendem como política. Este ano [2011] vários países da América Latina comemoraram o que chamam de Segunda Independência. Mas as marcas de um passado colonial e a submissão ainda são perceptíveis. Séculos de experiências dolorosas podem explicar a sensibilidade contra a restrição imposta pelos centros de poder aos países latino-americanos para que se limitem a ser exclusivamente exportadores de *commodities*. Como exportador de *commodities* você não precisa do design. O ávido apetite por recursos naturais – minerais, petróleo, água, ar, terras férteis –, satisfeito pelo investimento internacional descontrolado para a exploração dessas reservas, tem o efeito de uma tática de terra arrasada. Os problemas ambientais e sociais foram simplesmente terceirizados para a periferia. É revelador ver como as consequências do infame Consenso de Washington, com sua política de subordinação impiedosa do domínio público a interesses privados e desatenção aos interesses da maioria, agora estão aparecendo em vários países europeus. Os efeitos dessa política começam a chegar aos centros de poder econômico e militar. Essa *condition périphérique* requer o enfrentamento de uma questão que não aparece nos centros de poder com muita clareza: até que ponto o design é capaz de contribuir para aumentar a autonomia – cultural, tecnológica e econômica? É provavelmente difícil recriar esse questionamento nos centros, e talvez até soe como um resíduo de um sonho ultrapassado de emancipação e autodeterminação. O cinismo e o niilismo do design vêm ganhando muito espaço hoje em dia. Essa não é uma atitude de

que eu partilhe; pertenço a uma geração que deu importância à função social do design. Os defensores do *status quo* precisam aceitar que sem um componente utópico o design perde a sua *raison d'être*. Designers conscientes, tanto dos centros quanto das periferias, podem ter um objetivo comum primordial: a defesa e o fortalecimento do domínio público, antes que ele seja devorado pelo vórtice de interesses privados de uns poucos, mas poderosos.

— *Como sua teorização sobre o design periférico se relaciona com o texto ‹Design e Democracia›?*[9]
Sem a experiência concreta em países com um histórico de instabilidade endêmica e instituições democráticas vulneráveis frente a regimes ditatoriais, eu não saberia responder. Em 2005, pareceu-me apropriado usar o convite para voltar ao Chile – país que eu deixei algumas semanas após o golpe civil-militar em 1973 – e apresentar um trabalho sobre as relações entre design e democracia em um momento em que as tradições democráticas estão expostas à erosão devido à concentração do poder financeiro e midiático. Aproveitei a ocasião para fazer um raio X contemporâneo do discurso e da prática do design, exibir a relevância de questões como erosão das qualidades centrais da democracia – e comentar as mudanças que ocorreram nos últimos quarenta anos, como o ressurgimento de correntes de pensamento que supostamente haviam sido enterradas de uma vez por todas no cemitério das ideias. Evidentemente, um modelo de sociedade baseado no princípio da laceração cruel do seu tecido social e ambiental não é capaz de deixar as atividades do design ilesas.

9   Bonsiepe, Gui. «Design e Democracia». In: *Design, cultura e sociedade.* São Paulo: Blucher, 2011, p. 15-30.

Sobre design e política

Entrevista com Justin McGuirk

- *Design thinking*
- *Branding*
- Materialidade
- Dimensão simbólica do design
- Mercados
- Crise financeira
- Sustentabilidade
- Discurso projetual

— *Parece que o discurso projetual chegou a um nível de confiança tal sobre as capacidades do design e quais áreas de influência consegue infiltrar, que, se acreditarmos nesse otimismo, os designers em breve devem substituir aos arquitetos em importância. Com o mantra ‹design thinking›, o design está permeando novos aspectos da vida, desde a saúde até os serviços penitenciários, e tudo parece ser ‹design›. É sobre isso que eu gostaria que falássemos, já que ao mesmo tempo que isso me parece impressionante e animador, também desconfio dessa retórica do* design thinking.

Partilho da sua desconfiança. Na década de 1990, uma proliferação da noção de design e das disciplinas de design produziu resultados contraproducentes, levando a uma espécie de ambição megalomaníaca de que tudo é design. Embora eu não concorde de todo com o livro *Design as Crime* – a interpretação de Hal Foster para o que é design me parece errônea (design como fenômeno artístico) – ele está certo ao afirmar que, desde os jeans até os genes, hoje tudo é

design. Infelizmente, esse *boom* do design gerou mal-entendidos – particularmente no campo da educação, devido à multiplicidade de cursos de design.

Não acredito em generalistas. Ou você é designer de produtos, ou de instrumentos médicos, ou de ferramentas agrícolas, ou de livros ou de identidade corporativa, ou mesmo de serviços – um campo recente, dos últimos dez ou quinze anos. Mesmo que concordemos que serviços também podem ser projetados, é preciso ter cuidado para não tratar o design como panaceia para todas as deficiências da nossa sociedade. Convém manter uma certa modéstia. O que tem me preocupado, e já aconteceu nos anos 1990, é a cooptação do design como ferramenta de *branding*. Especialistas em marketing – e eu entendo o porquê – veem o design como ferramenta para suas tarefas, logo, para o mercado. No entanto, não estou convencido de que o mercado seja o melhor mecanismo para enfrentar os problemas atuais. Mas hoje uma postura crítica é quase uma batalha perdida, porque o discurso do *branding* é muito poderoso. *Branding* é sinônimo de habilitar algo para o mercado. Talvez até tenhamos de terminar aceitando o mercado, mas isso não significa que eu simplesmente subordine tudo ao mercado como instituição hegemônica e unidimensional.

— *Acredito que o problema mesmo é que o* branding *veio substituir o mercado de algum modo, no sentido de que tudo agora é marca. Pessoas são marcas, e estamos todos consciente ou inconscientemente vendendo nossas próprias marcas, seja para o mercado ou para os próprios contatos do Facebook. Engolimos sem maiores questionamentos a ideia de marca. E o que antes era um processo capitalista agora é apenas um comportamento humano.*

Isso quer dizer que tudo assumiu o valor de negociação de mercado. A ênfase exagerada nas marcas tem a ver apenas com aspectos simbólicos, e não com aspectos materiais. A prioridade termina sendo o domínio simbólico ou semiótico. Isso quase levou a uma espécie de desprezo pela infraestrutura material da nossa sociedade. Se tudo é *branding*, tudo está dominado pelo valor simbólico, e se o design como profissão, e em especial o design industrial, adota essa prioridade, ele perde a sua base material. Eu fico pensando se as novas gerações de estudantes de design industrial ainda aprendem como classificar articulações, ou criar juntas... Em vez disso, elas são doutrinadas em *branding* e valores simbólicos. E isso é amparado pelos softwares. Agora existem softwares de renderização que dão a impressão de estar quase terminando um projeto quando você está recém-começando. O software cria uma *fata morgana*, como se ‹design› significasse apenas apresentar um *rendering* atraente, que depois é passado para técnicos que lidam com questões secundárias e banais como produção e montagem.

— *Parece até uma analogia entre o destino do design e o que aconteceu na crise financeira – com a perda do fundamento dos serviços financeiros na materialidade. É como se ao perder de vista a materialidade você estivesse fadado à crise.*

Definitivamente, criando uma realidade virtual separada de estruturas materiais estamos fadados à crise. Ao ignorar isso você começa a especular em um mundo virtual fantasioso. A crise financeira de 2008 foi uma crise do mercado, da especulação, da criação dos chamados produtos financeiros, o que permitiu o endividamento progressivo de muitas pessoas sem capacidade de pagamento a longo prazo, enquanto os investidores nem sequer podiam avaliar o risco dos ativos adquiridos. E a política de aplicar dinheiro público para resolver o problema (‹salvar› bancos com recursos públicos) não deve nos tirar dessa enrascada. Até agora, o público vem assumindo os custos decorrentes de interesses privados delirantes dos bancos de investimento.

— *Isso significa que na medida em que o design está investindo nos mesmos fantasmas que as finanças, também está a caminho de algum tipo de correção. Em outras palavras, é possível manter uma economia de produtos virtuais, de imagens e de simulações que, às vezes, nem sequer se tornam realidade?*

Isso não tem o menor futuro. Mesmo sem abandonar o ceticismo, confio suficientemente na inteligência humana, que mais cedo ou mais tarde descobrirá que essa exacerbação da dimensão simbólica do mundo material – e também do mundo financeiro – não leva a nada. Ele explodirá (ou implodirá) e teremos de recomeçar.

— *Até agora viemos falando de mercados; eu gostaria de resgatar algo que você diz na palestra* Design e Democracia. *Você citou Kenneth Galbraith, que afirmou que o design estava sendo usado por cor-*

porações para ganhar e consolidar poder. Algo que todos temos notado. Enquanto isso, há um grupo de designers e fanáticos de design que pensam no design thinking *como o caminho a seguir. Eu sugeriria que o* design thinking *representa uma forma mais sofisticada, talvez até mesmo sinistra, do auge do capitalismo. No sentido de que ele ainda está a serviço das corporações, mas de uma maneira muito mais inteligente e difícil de definir. Está concedendo o controle às corporações em um nível muito mais profundo – o das experiências e do comportamento. As empresas, muitas vezes, costumavam aproximar-se do design via* sex appeal *e* branding, *com o fim de vender mais, ao passo que agora elas estão usando o* design thinking *de uma forma que realmente entra na cabeça dos consumidores.*

Gostaria de questionar a validade da noção de ‹design thinking›. Don Norman, cientista cognitivo americano, escreveu em seu *blog* uma nota bastante aguda para desmistificar o *design thinking.* Diz que é algo inconsistente, e eu concordo. Como pode ser que empresas que, por décadas, sequer mencionaram o design ou sabiam de sua existência, de repente juntem-se a esse movimento e agitem a bandeira do *design thinking* como uma nova solução? Enquanto designers, talvez devêssemos estar contentes por receber tanta atenção – mesmo que equivocada –, mas eu não concordaria com a nova interpretação desses gestores espertinhos sobre o que é o design.

— *Bem, podemos seguir céticos, mas há uma nova geração entusiasta de designers e professores de design. Para se ter uma ideia, eu estava conversando com Bruce Nussbaum, que leciona na Parsons*[1] *e escreve sobre design para a* Business Week, *exatamente um desses canais entre design e grandes empresas, e ele*

---

1 Parsons The New School For Design, New York.

acredita tanto no design thinking *que na Parsons eles até consideraram a substituição do termo «artes liberais» por «design thinking». Então eu questionei se isso queria dizer que* design thinking *era o novo humanismo, e ele disse que sim. E quando eu vejo IDEO, que vende* design thinking *a grandes corporações, começo a ficar preocupado. Para você, com qual finalidade eles aprimoram essas operações? Através de qual moedor de carne querem nos fazer passar agora?*

Eu seria mais cauteloso com esses novos conceitos. Quais são os interesses ocultos nesses esforços para mudar um conceito por outro? O que cobiçam os que usam esses termos? Estaria fora de alcance tentar substituir a noção de artes liberais por uma noção tão limitada como o *design thinking.*

— *Para mim, um dos problemas é a própria história do design, com suas associações à criação maquínica, por isso, o que se pretende com o* design thinking *é fazer com que as coisas andem melhor, aplicando a qualquer problema uma espécie de engenhosidade própria do designer, seja um problema de negócio ou um problema social. É aí que a palavra ‹design› começa a desvanecer.*

É verdade, o design tem uma conotação maquínica, mas o que acontece quando nos distanciamos da noção de design e tentamos substituí-la por ‹projeto›? Projeto no sentido atribuído por Daniel Defoe, em seu famoso livro *An Essay upon Projects.* Defoe projeta um sistema de proteção social para marinheiros a partir do qual se o trabalhador perdesse um dedo receberia uma determinada indenização em dinheiro, e outros valores no caso de uma mão ou um olho. Assim, ele estabelece uma tabela de valores para quem não está protegido em trabalhos perigosos. Então, podemos chamar isso de design? Eu diria que não. É um projeto aplicado a um problema social:

como lidar com pessoas que sofrem acidentes de trabalho? A noção de ‹projeto› é mais ampla do que a noção de ‹design›.

— *Bem, parece interessante a sua proposta, já que, para mim, a dificuldade está em lidar com conceitos tão amplos, e ‹design› já é amplo demais. O problema do conceito de ‹design› é linguístico, com antecedentes na Itália renascentista – no conceito de* disegno *– e que nos leva a uma situação de tal flexibilidade que essa palavra acaba sendo abarcadora demais. É quase como se devêssemos decodificá-la e dividi-la em vários conceitos, mas é uma palavra tão útil...* Concordo que exista algum perigo nessa expansão conceitual excessiva. Será que é possível trabalhar no ‹design› de uma festa de aniversário?

— *Sem dúvida! O sultão de Brunei vai pagar alguém para projetar a festa de aniversário de seu filho.* Sim, é um caso típico de design de serviços... Apareceu na década de 1990 uma noção de design a partir da qual um salão de manicure poderia tornar-se ‹nail designer›, ou você cortaria o cabelo em um ‹hair designer›. Surgiram *designer jeans, designer drugs* etc. E isso tem contribuído para a degradação do termo, já que tudo se torna design. Design não é o melhor remédio para os problemas atuais – existem outros problemas além dos problemas de design. Mas podemos tentar entender isso a partir de décadas de *status* social baixo, enquanto agora os designers encabeçam a cena, e o design tem permeado os mais altos escalões empresariais. No fim de contas, não se pode lamentar que os designers incursionem pela gestão – talvez esse seja o único caminho para lidar seriamente com o design dentro das empresas e definir uma política de design.

— *Vejamos, consagrou-se um design autoconfiante que atingiu um nível de acesso sem precedentes, e,*

ainda assim, o discurso e a teoria são insuficientes. O design precisa mesmo de um discurso? A quem estamos tentando persuadir?
O discurso do design não é apenas necessário, é imprescindível. Pensemos na arquitetura, na medicina, na jurisprudência, ou na engenharia – são todas profissões reconhecidas. Cada profissão está imersa em um mundo linguístico chamado discurso. Portanto, para o bem ou para o mal, existe um discurso do design. Talvez não esteja muito formalizado, mas existe. Estruturar esse discurso – outorgar-lhe mais peso ou credibilidade – é uma tarefa que precisa ser encarada. Existem discursos mais fortes e existem discursos mais fracos, e eu diria que no design, até agora, o que temos é um discurso fraco.

— *Retomando a conferência* Design e Democracia, *eu gostaria que pensássemos sobre o paradoxo em que estamos vivendo. No ocidente, estamos um pouco desencantados com a produção em massa e com a própria industrialização, já que seus produtos, sejam alimentos ou produtos de uso doméstico, agora são vistos com um certo desgosto – talvez até como um mal necessário, e, na pior das hipóteses, como uma espécie de poluição descartável. Só se fala em artesanato, comida orgânica e assim por diante. Enquanto isso, nos países periféricos, onde vive a maior parte da população mundial, a produção industrial será absolutamente necessária em termos de democratização do conforto e erradicação da pobreza, e isso dando acesso a confortos básicos que nós na Europa consideramos naturalmente garantidos.*
Em sociedades altamente complexas, principalmente as ocidentais, a palavra ‹industrialização› não tem a mesma conotação positiva que aqui na América do Sul. Existe um consenso geral de que o único modo de promover uma distribuição de renda mais homogênea e o acesso a algum conforto cotidiano é a industrialização. Não há

outro caminho. Se você vive em um mundo onde, digamos, as necessidades básicas são satisfeitas através de meios industriais, então você pode assumir a atitude quase *blasé* de rejeitar os produtos anônimos produzidos em massa e exigir o seu próprio objeto *artsy-crafty*. Esse é um fenômeno dos países ricos, e não dos países pobres. Estamos vivendo em um período histórico no qual a industrialização ainda tem conotações positivas na América Latina. Mesmo existindo uma visão crítica local sobre as consequências ou custos da industrialização – devastação e exploração desapiedada de recursos e o que de fato se consegue em troca – quase não há governo que deixe de colocar essa palavra em sua bandeira (excluindo os que adotam a política de exportação de matéria-prima e produtos agrícolas).

Será que realmente existe o design ‹sustentável› – eu duvido muito – ou este é apenas um *slogan* apaziguador? As empresas dizem que produzem produtos sustentáveis ou que têm políticas sustentáveis, mas é tão difícil projetar um produto sustentável de uma maneira realmente atestável – são necessários diversos estudos para avaliar o custo que qualquer produto ou serviço impõe ao meio ambiente. Descobrir e quantificar esse custo é uma tarefa científica de dimensões gigantescas, que os designers não podem enfrentar sozinhos. E é justamente nessa situação que um discurso forte poderia vir a calhar.

Quanto ao crescimento das cidades, registramos na periferia um processo semelhante ao das economias consolidadas: a tendência à gentrificação, que pressiona as pessoas a mudarem para zonas marginais, já que os custos de moradia se tornam impraticáveis onde antes se costumava viver por muito menos. Sem dúvida, o poder do setor imobiliário (*real estate*), alinhado à mídia hegemônica, está pronto para criminalizar os movimentos populares de protesto que se in-

surgem nesse processo. Como último recurso, interesses especulativos podem adotar a militarização dos protestos – e a história nos oferece um exemplo impactante: o massacre e a subjugação da Comuna de Paris, em 1871.[2]

— *Concordo com Slavoj Žižek quando ele diz que a sustentabilidade é um novo dogma do medo, e que com sua espada pairando sobre nossas cabeças fica mais difícil cultivar sonhos ambiciosos. Antes, queríamos ir à lua. Agora, a palavra ‹sustentabilidade› implica intensões mais limitadas, pela sobrevivência. Estamos claramente em uma encruzilhada, e parece haver dois caminhos pela frente. Está o ethos «do berço ao berço»* (from cradle to cradle), *o que implica que, enquanto reciclarmos, poderemos seguir produzindo tanto quanto quisermos com total impunidade – uma celebração do consumismo que eu não posso evitar pensar que é uma fantasia. E também é uma abordagem mais filosófica, de que nós apenas temos de aprender a querer menos, e não ter tudo o que queremos porque sim.*

Podemos querer fazer o mesmo com menos? Seria esse o problema? Este é um velho paradigma que vem dos áureos tempos do capitalismo do século XVI. Portanto, talvez alguém tenha de inventar uma nova tipologia de objetos. Houve uma esperança de que nos países socialistas uma nova cultura do produto seria inventada, mas essa esperança não foi concretizada. Na arquitetura, os novos tipos de construção destinados a atender às novas demandas sociais tiveram mais sucesso.[3] O paradigma da sociedade de consumo ocidental, com uma infinidade de produtos, exer-

2 Lissagaray, Prosper Olivier. *History of the Paris Commune of 1871*. Translated by Eleanor Marx. St. Petersburg: Red and Black Publishers, 2007 (originally published in 1876).

3 Pare, Richard. *The Lost Vanguard – Russian Modernist Architecture 1922-1932*. New York: The Monacelli Press, 2007.

ceu uma forte atração nos então países socialistas. Mas eu me pergunto se os políticos e designers imaginavam outro tipo de cultura do produto. Era uma ideia utópica.[4]

— *Acho que você traz um ponto interessante, porque a frase «mais com menos» está muito presente. «Mais com menos» é a linguagem da recessão, é o que dizem aos funcionários que ficam quando seus colegas são despedidos. Não é problemático que as linguagens da recessão e da sustentabilidade sejam iguais? Você chegou a assistir* The Wire? *Na última temporada, o editor de um jornal está demitindo funcionários e a frase que não para de repetir é «Precisamos fazer mais com menos.» E em algum momento um dos jornalistas diz: «Não se faz mais com menos, fazemos menos com menos». E eu acho que nós estamos nessa situação em que temos de decidir se vamos fazer mais com menos, ou apenas fazer menos.*
Isso também depende se estamos falando de sustentabilidade ecológica ou social. O que não é a mesma coisa. Eu trato de usar a palavra ‹ecologia› sem esquecer a dimensão social por trás dela. A natureza não existe como tal, por si só. A natureza está sempre relacionada com a sociedade. Você não pode falar de uma sem falar da outra. Ambas estão ligadas dialeticamente – esta é uma questão marxista bem conhecida.

— *Há uma espécie de presságio na conferência* Design e Democracia, *em 2005, quando você diz que a intervenção pública no mercado só não é demonizada quando paga as dívidas de um serviço privatizado falido. É é exatamente o que aconteceu na Europa e e nos Estados Unidos há dois anos (2008).*

Sim, foi o que aconteceu aqui na Argentina, em 2001 e 2002. Essa conferência foi escrita a partir da experiência de viver e trabalhar no mundo periférico, e certamente seria pouco provável escrevê-la se eu tivesse decidido ficar em Milão ou em Ulm.

— *E como é escrever sobre design a partir do ponto de vista da América Latina?*
Essa pergunta alcança a dimensão política do design. Diz-se que os países periféricos estão em uma chamada situação pós-colonial – eu tenho minhas dúvidas quanto a isso, e acho que de certa forma ainda estamos em um estado colonial. Esses países seguem buscando a autonomia, e isso é um projeto político. É onde o design pode ser imbuído desse desejo de diminuir a dependência e aumentar a autonomia. Essa necessidade não é tão sentida em países europeus ou bem estabelecidos, os dominantes. É difícil entender, mas na América Latina essa fibra de independência – ou de reduzir o domínio externo sobre nós – é um sentimento comum compartilhado, é a ‹sopa existencial› na qual vivem os designers aqui. Em outro contexto poderíamos chegar a dizer, *para que todo esse discurso romântico, idealista* – «autonomia», «independência» – *mas aqui é a realidade.* Esses países estão lutando por um novo *status*, para diminuir sua dependência extrema e sua vulnerabilidade.

— *Então o design é uma ferramenta para a libertação.*
Sim, pode, e deveria ser. Essa é a dimensão política do design.

---

4 Ćurčić, Branka (ed.). *Ideology of Design.* New York: Autonomedia, 2009.

Design material (produtos)

Projetos

Esta seção do livro é dedicada à descrição de uma série de projetos desenvolvidos em diferentes contextos (no Chile e na Argentina) e vinculados a diferentes categorias de produtos (bens de consumo de baixa complexidade, dispositivos para transporte de alimentos e bens de capital de média complexidade). A maioria desses projetos foi elaborada em instituições públicas, quando estavam vigentes políticas de inovação tecnológica-industrial. Em comparação com essas condições, sofremos uma mudança radical. Atualmente, o Estado, como representante de interesses comuns – função desejável, mas ridicularizada nas últimas três décadas por defensores de interesses hegemônicos –, tem abdicado do compromisso com a inovação. Se antes existiam equipes de projeto em arquitetura e design, elas foram desmanteladas ou – as que ainda sobrevivem – relegadas a atividades periféricas. No que diz respeito ao design industrial, o Estado aplica uma política de promoção, limitando-se, em boa parte dos casos, a financiar eventos de design apoiados pelo eco da mídia. Quer dizer, implementa-se uma política nominal de design que é meramente a sombra tênue de uma efetiva política de design.

Não é de surpreender que os projetos aqui documentados encontrem-se no polo oposto ao ‹design de autor›. São relíquias de épocas históricas – até mesmo tecnologicamente –, mas, apesar de sua distância, tanto temporal quanto política, revelam resultados que podem servir para ilustrar a possibilidade de trilhar outros caminhos para o design – ou ao menos mostrar que isso já foi possível. Não há pretensão alguma de aspirar a um carácter paradigmático. Longe disso. São apenas signos residuais representantes de um pensamento crítico. Eles comunicam a necessidade não só de se manter abertos outros caminhos, mas também a oportunidade de se *pensar* nesses caminhos possíveis – dado o nível de domínio atingido pelas forças do *status quo*. Em tempos de um individualismo frenético, que transforma o designer em produtor de si mesmo como ‹brand›, vale destacar que os projetos aqui apresentados são advindos do trabalho em equipe.

Caixa para transporte de pescado

Projeto: INTEC | Comité de Investigaciones Tecnológicas, Santiago do Chile, Grupo de Diseño Industrial, Área de Polímeros y Plásticos, em colaboração com o Centro Chileno-Danés

Comitente: Comité Sectorial Pesquero [1973]

| 1 | Caixa com capacidade de 25 kgs para transporte de merluza.
| 2 | Caixa hexagonal.
| 3 | Empilhamento das caixas hexagonais vazias.
| 4 | Caixa retangular.

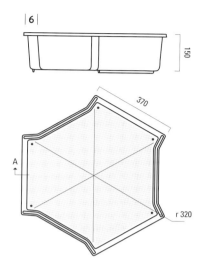

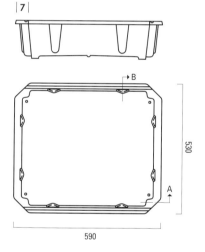

O objetivo deste projeto era substituir o uso de caixas de madeira no transporte de merluza a fim de melhorar a qualidade de uso, levando em conta:
- Como apresentar o peixe no ponto de venda ao consumidor
- Evitar farpas, pregos ou arames que possam ferir os cargadores
- Evitar a absorção de água
- Facilitar o empilhamento e a limpeza.

Com base em visitas a portos e mercados, foi estabelecida a seguinte lista de requerimentos:
- Capacidade da caixa (37 litros) carregada com 25 kg
- Superfície lisa para facilitar a limpeza
- Redução do espaço de estoque de caixas vazias empilhadas
- Encaixe seguro para o empilhamento de caixas cheias
- Drenagem do conteúdo (pescado e gelo)
- Fácil manipulação.

Foram projetadas duas variantes. Primeiro, a caixa hexagonal, que permite uma rotação de 60 graus para o empilhamento, com a desvantagem de ainda ocupar muito espaço. O volume dessas caixas vazias e empilhadas reduz-se a 2/3.

Segundo, as retangulares, que permitem um melhor aproveitamento do espaço. Além disso, apresentam duas canaletas na zona superior que calçam os pontos de drenagem no fundo de cada caixa. O contorno termina em um ângulo de 45 graus em relação à outra aresta, permitindo o escoamento do líquido de todas as caixas no mesmo ponto, além de evitar uma zona exposta a golpes. Nas laterais localizam-se 4 nervuras para reforço estrutural.

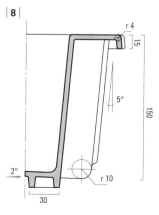

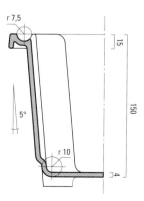

| 6 | Caixa hexagonal. Medidas gerais.
| 7 | Caixa retangular. Medidas gerais.
| 8 | Detalhe das bordas.

Gabinete para calculadora eletrônica de mesa

Projeto: INTEC | Grupo de Diseño Industrial, Santiago do Chile

Comitente: Corporación de Fomento [1971]

|1|

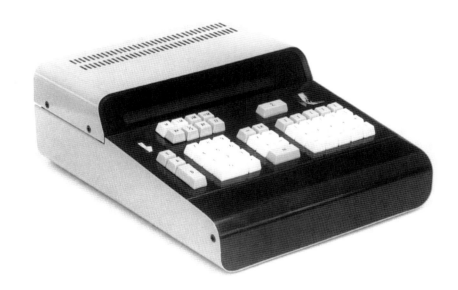

|2|

|1| Calculadora de mesa.
|2| Parte posterior como dissipador de calor.

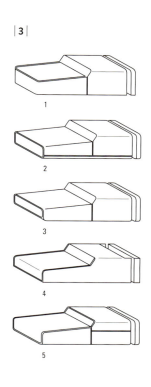

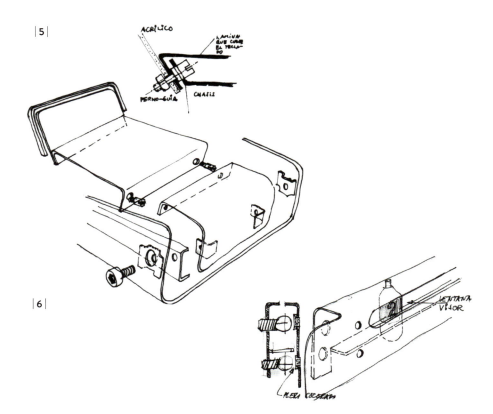

| 3 | Alternativas para a subdivisão do gabinete.
| 4 | *Rendering*.
| 5 | Esboço das uniões.
| 6 | Detalhe da fixação dos tubos.

Além das medidas totais predeterminadas e do teclado (importado), a restrição mais importante consistia na limitada quantidade de produção (inicialmente 10 unidades). Por essa razão, foram evitadas propostas projetuais com material plástico, já que requereriam moldes onerosos. Portanto, o projeto deveria ser orientado a um processo de produção artesanal. A máquina consiste nos seguintes componentes:
- chassi para cartões e circuitos eletrônicos
- chassi para o teclado
- chassi para 16 tubos de Nixie / fila de tubos com números
- dissipador térmico.

Para o gabinete, foram desenvolvidas várias possibilidades de subdivisão (ver ilustração 3). Optou-se pela variante 5 devido à simplicidade de produção e possibilidade de resolver detalhes estético-formais. O gabinete consiste em duas lâminas dobradas em forma de ‹U›, uma lâmina para o teclado e o descanso de mão. As peças são unidas com parafusos hexagonais e a fabricação é bastante facilitada, considerando que todos as dobras das latas têm raios idênticos.

Jogo de louça econômico

Projeto: INTEC | Grupo de Diseño Industrial, Santiago do Chile

Cliente: Empresa Fanaloza [1971]

| 1 | Jarra e bule de chá.
| 2 | Bule de café.
| 3 | Variantes de pratos com borda empilhável.

O objetivo deste projeto foi, por um lado, reduzir a variedade de formas do jogo preexistente com o objetivo de racionalizar a produção (com um menor número de moldes), e, por outro lado, também melhorar a qualidade de uso (facilitar a limpeza e o armazenamento).

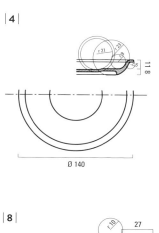

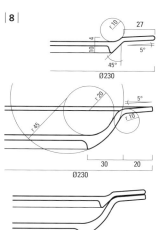

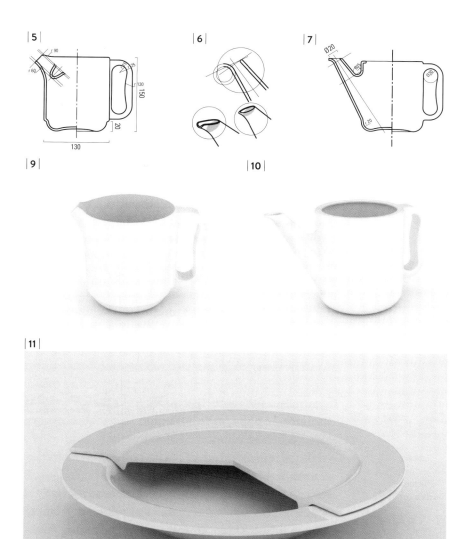

| 4 | Detalhe do pires para xícara.
| 5 | Variantes formais para a saída de líquido.
| 6 | Variantes formais para a saída de líquido.
| 7 | Variantes formais para a saída de líquido.
| 8 | Detalhe do empilhamento de pratos.
| 9 | Jarra.
| 10 | Bule de café.
| 11 | Prato raso e prato fundo com detalhe do empilhamento.

| 12 | Variante para a xícara.
| 13 | Xícara. Proporção entre a parte superior e a inferior 1:1. Volume ¼ litro.
| 14 | Variantes para a xícara.
| 15 | Xícara com detalhe colorido.
| 16 | Diversos recipientes para açúcar, geleia etc.

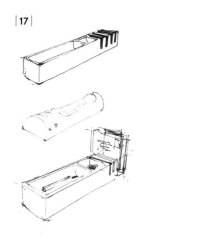

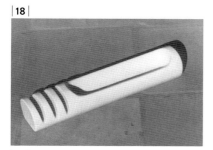

Componentes do jogo de louça:
- pratos grandes (raso e fundo)
- pratinho de sobremesa
- xícara e pires
- xícara pequena para café
- bule
- jarra para água, leite, vinho
- recipientes com tampa (açucareiro).

Para o empilhamento das xícara, optou-se pela forma típica do cachepô (exemplarmente usada no jogo de porcelana de Nick Roericht, de 1959). Usaram-se curvaturas na transição entre o fundo e as laterais para facilitar a limpeza e a secagem. O açucareiro segue a mesma forma da xícara, sem a alça. As duas variantes de pratos diferenciam-se na zona de contato para o empilhamento. Para a decoração, é possível o processo de imersão (engobo) ou a aplicação de estampas. Além disso, foram feitos diversos utensílios adicionais (cinzeiro, organizador para materiais de escritório, caneco de cerveja).

| 17 | Esboço do organizador.
| 18 | Organizador para materiais de escritório.
| 19 | Cinzeiro.

Conjunto de móveis

Projeto: INTEC | Grupo de Diseño Industrial, Santiago do Chile

Comitente: Ministerio de Vivienda, Santiago do Chile
[1971]

| 1 | Conjunto de móveis.

Posicionado no polo oposto ao design de autor surgido nos anos 1990, este é um projeto de produtos destinados à moradia econômica. Para isso, foi desenvolvida uma série de móveis de madeira e derivados de madeira prevendo processos simples de fabricação e um custo final baixo. Formam o conjunto:

|2|

- cadeira com duas variantes
- mesa para seis pessoas, ou quatro adultos e quatro crianças
- banco para duas crianças
- cama para uma pessoa, com a possibilidade de montar beliches
- cama de casal
- mesa pedestal / mesa de cabeceira
- móvel divisor.

Em placas de pinho de diversas espessuras (15, 20, 30 mm), todos os elementos estruturais do sistema baseiam-se em varas ou perfis de corte simples, na maior parte dos casos com cantos arredondados. A mesa consiste numa estrutura em forma de «X» em cujos extremos estão fixadas as pernas (giradas em 45 graus para absorver melhor as torções). Os pés das camas terminam em uma esfera – um detalhe já muito comum nas camas locais. Os móveis podem ter acabamento em betume ou verniz (opção 20% mais cara que o betume).

|3|

|4|

|5|

|6|

|7|

|2| Cadeira ‹delta›.
|3| Cadeira ‹delta›.
|4| Cama de solteiro para beliche.
|5| Cama de casal.
|6| Estante.
|7| Conjunto mesa / cadeiras.

Móveis para jardim de infância

Projeto: INTEC | Grupo de Diseño Industrial, Santiago do Chile

Comitente: Junta Nacional de Jardines Infantiles [1972]

| **1** | Variante rectangular.
| **2** | Variante delta.
| **3** | Protótipo.

|4|

|5|

Foi projetada uma série de móveis para creches, destinados tanto para crianças (com idades entre 45 dias e 6 anos) como para colaboradores administrativos. Empregou-se uma proposta projetual básica, semelhante àquela dos móveis para residências econômicas: bastidores laterais unidos com superfícies horizontais e verticais (assento e respaldo), de pinho, com acabamento de pintura colorida. Os valores métricos para determinar as medidas foram baseados em um estudo ergonômico anterior. Para as mesas era viável usar tubos (com mínima curvatura), para a superfície usou-se madeira prensada revestida com uma lâmina de melamina.

O conjunto de unidades abarca:
- cadeiras, em duas variantes
- mesa
- armário aberto
- berço
- cama para sesta
- fraldário
- banco penico
- lousa
- cadeira alta para comer, para crianças de até 2 anos.

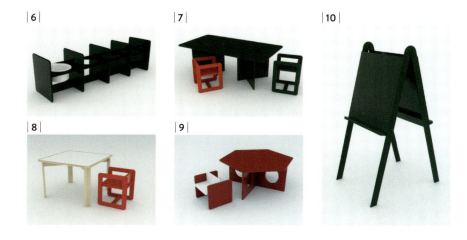

| 4 | Berço.
| 5 | Mesa para colaboradores da creche.
| 6 | Banco penico.
| 7 | Mesa com cadeiras.
| 8 | Mesa e cadeira.
| 9 | Mesa hexagonal.
| 10 | Lousa.

Semeadeira combinada

Projeto: INTEC | Grupo de Diseño Industrial em conjunto com o Centro Nacional de Mecanización Agrícola, Santiago do Chile

Comitente: Comité de Mecanización Agrícola [1972]

| 1 |

| 1 | Protótipo.

Este projeto integrou as iniciativas do governo para reduzir a importação de maquinários agrícolas. Tais importações representavam uma importante carga na balança de pagamentos, afetada pelo clima de pressões internacionais que antecederam o golpe civil-militar de 1973, já gestado desde as eleições. A transferência tecnológica foi enfrentada criticamente, pois poderia revelar-se como um cavalo de Troia ao pressupor a existência, no mercado internacional, de uma semeadeira e adubadeira perfeitamente adaptável às condições locais. No transcurso de dez meses, a equipe de jovens engenheiros e designers industriais, sem qualquer experiência prévia no projeto de máquinas agrícolas, conseguiu realizar um primeiro protótipo.

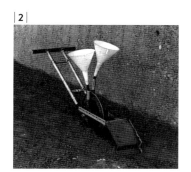

|2|

|3|

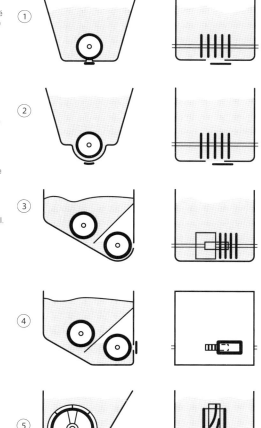

|4|

1
Agitador rotativo sobre orifício cuja abertura é regulada por uma lâmina. Descartado por não funcionar.

2
Semelhante à variante 1. Nível de saída com forma curvada.
Descartado por entupir o fluxo do fertilizante.

3
Disco e cilindros montados sobre um eixo. Entre eles, uma lâmina que suporta o peso do fertilizante. Ao variar a distância entre o cilindro inferior e o orifício de saída regula-se a dosagem.
Descartado por não fechar completamente. Ao deixar o cilindro em contato com a zona de saída, também transporta fertilizante.

4
Semelhante à variante 3.
Sobre o orifício de saída há uma lâmina móvel. Descartado, embora cumpra o objetivo.

5
Proposta projetual final: semeadeira combinada para cereal e fertilizante.
Hélice sobre um eixo que gira proporcionalmente à velocidade da semeadeira. Saída no fundo da caçamba, tapada com elemento giratório em forma de ‹U›. Ao girar o ‹U› para dentro aumenta-se a liberação de fertilizante. As hélices empurram o fertilizante para a saída.

|2| Dispositivo experimental para a colocação de fertilizante e semente no sulco.
|3| Controle da disposição do fertilizante em relação à semente.
|4| Variantes do dosador de fertilizante.

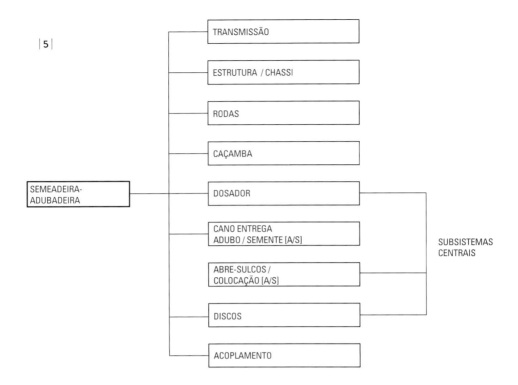

|5|

A princípio pensou-se na simples adaptação tecnológica de uma máquina importada, mas, ao definir a lista de especificações e parâmetros, ficou claro que as máquinas importadas não cumpriam satisfatoriamente uma série de condicionantes:

1. No Chile, diferentemente de outros países, se usava principalmente o salitre granulado, e não em pó.

2. A colocação do fertilizante no sulco é um fator decisivo para o valor de uso da máquina. Como mostra o diagrama, existem quatro possibilidades para a disposição da semente em relação ao fertilizante. Agrônomos que haviam realizado uma análise fitotécnica recomendaram a quarta possibilidade, levando em conta o tipo de semente e o grau de germinação no momento de espalhar o adubo. Este requerimento implicou no projeto de um novo sistema nevrálgico para a máquina.

A fase de formulação das especificações levou dois meses, portanto, 20% do tempo total do projeto. A partir dessa lista foram desenvolvidas cinco variantes para o subsistema *sulcador/disposição da semente/fertilizante*, todas submetidas a provas empíricas, até se chegar à proposta projetual mais satisfatória para o dosador de fertilizante.

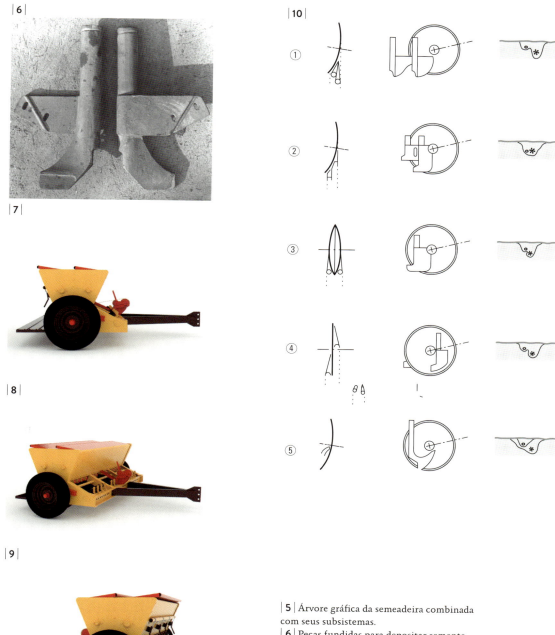

|5| Árvore gráfica da semeadeira combinada com seus subsistemas.
|6| Peças fundidas para depositar semente e fertilizantes.
|7| Vista da semeadeira.
|8| Vista da semeadeira.
|9| Vista da semeadeira.
|10| Variantes experimentais para otimizar a relação entre semente e fertilizante no sulco. A variante 5 foi a melhor alternativa.

Equipamento de som

Projeto: INTEC | Grupo de Diseño Industrial, Santiago do Chile

Comitente: Comité Sectorial de Industrias Eléctricas y Electrónicas
[1973]

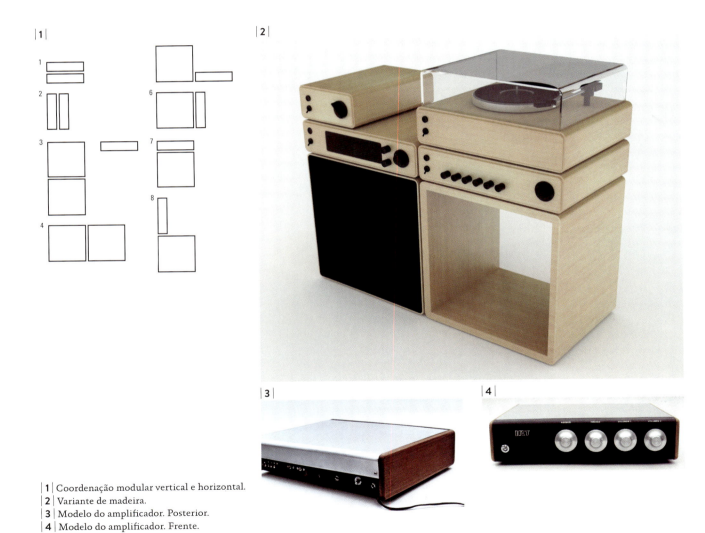

| 1 | Coordenação modular vertical e horizontal.
| 2 | Variante de madeira.
| 3 | Modelo do amplificador. Posterior.
| 4 | Modelo do amplificador. Frente.

|5|

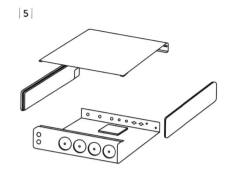

|6|

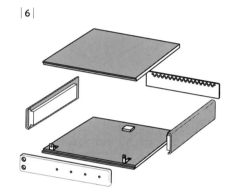

A princípio a tarefa solicitada foi o desenvolvimento de um amplificador de som de baixo custo, fácil de ser operado e de alta resistência ao tratamento descuidado, destinado a escolas, hospitais, sindicatos, associações de bairro e outras organizações comunitárias. Deveria funcionar em voltagem 220 V, 50 Hz, e com bateria de automóvel de 12 V.

Durante a fase inicial do projeto, foi considerado mais conveniente propor um sistema modular composto de: sintonizador, amplificador, toca-discos, toca-fitas, gravador, caixas de som e até televisor.

O primeiro módulo base foi estabelecido com a forma quadrada de 350 x 350 mm, dividido horizontalmente em quatro partes iguais para cada operação.

O segundo módulo tinha dimensões de 80 x 350 mm, com uma diferença de 1 cm para encaixar o apoio de borracha na base. O terceiro módulo resulta de uma subdivisão vertical que, com a tolerância de 1 cm, mede 170 x 350 mm. Tais medidas permitem uma ordenação modular, tanto horizontal como vertical.

Foram desenvolvidas duas alternativas a partir de dados que indicavam a necessidade de aproveitar a capacidade produtiva de carpintaria, então ociosa. A primeira variante é totalmente feita em madeira, e a segunda combina madeira e lâminas metálicas. Os componentes são montados sobre uma base de aglomerado (12 mm) com acabamento em eucalipto. A parte posterior é de madeira prensada de 3 mm.

|5| Variante de metal. Desmontagem.
|6| Variante de madeira. Desmontagem.
|7| Equipamento modular.
Variante de madeira. Vista geral.
1. Toca-fitas cassette
2. Sintonizador
3. Caixa de som
4. Toca-discos
5. Amplificador
6. Armazenamento.
|8| Variante de metal. Conjunto.

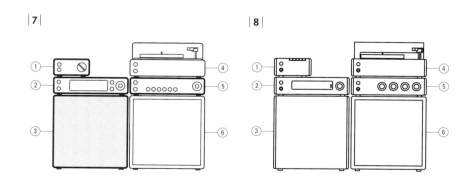

Toca-discos portátil

Projeto: INTEC | Grupo de Diseño Industrial, Santiago do Chile

Comitente: IRT, Industria de Radio y Televisión / CIEE, Comité Industrias Eléctricas y Electrónicas / CETEC, Centro de Tecnología Electrónica y Control de Calidad
[1972]

|1| Variante 1.

Estava programada para 1973 a fabricação de um novo toca-discos portátil para consumo popular. Os componentes eletromecânicos com dimensões padronizadas (motor, alto-falante, etc.) foram impostos como fatores condicionantes, assim como o material para o gabinete e seu processo de produção (poliestireno de alto impacto injetado). Embora um polímero tipo ABS fosse mais adequado para este tipo de produto, naquela época prescindiu-se de seu uso devido aos custos (o ABS custava aproximadamente 100% mais que o poliestireno). Outra restrição anteriormente definida era que o toca-discos deveria ser portátil, mesmo dependendo de alimentação na rede elétrica.

|2|

|3|

|4|

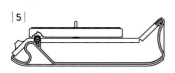

|5|

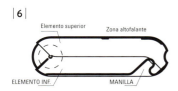

|6|

|2| As três alternativas básicas para a alça.
|3| Variante 2 com tampa / alto-falante móvel.
|4| Variante 2 com tampa aberta.
|5| Variante 1. Suspensão da lâmina de montagem.
|6| Variante 2 com alça integrados na parte inferior e ranhura para o polegar.

Propostas projetuais

Foram desenvolvidas uma série de alternativas básicas para o gabinete (sua fisionomia geral e subdivisão):

1   Forma tipo ‹maleta›, com alça articulada e reforço na zona de união entre as duas partes do gabinete.
2   Forma retangular, com alça integrada ao contorno do próprio gabinete.
3   Forma com alça totalmente integrada.

A alternativa 3 foi a escolhida, já que não seria conveniente destacar a alça em um produto que não possibilita tanta mobilidade, como um equipamento que funciona a pilha ou bateria. Essa proposta, por sua vez, foi elaborada em duas variantes.

Variante 1

Gabinete composto por duas peças idênticas. A forma é determinada pelas seguintes razões:
· A ranhura na superfície substitui a alça, já que serve para evitar que os dedos deslizem.
· O ângulo de 45 graus implica uma forma arredondada na parte anterior e posterior para poder extrair a peça injetada sem elementos retráteis na matriz.
· A lâmina de montagem para os componentes eletromecânicos se adapta ao corte lateral do gabinete (em forma de ‹S› horizontal).

Variante 2

Gabinete composto por duas peças diferentes, conservando em boa parte as características formais da variante 1.
· Apresenta um eixo pivô destacado por um elemento circular.
· A tampa é removível em 45 graus, o que permite utilizar a superfície de apoio (mesa ou parede) como caixa de ressonância.
· Na parte frontal do gabinete há uma zona linear, ligeiramente côncava, que é um cômodo apoio para o dedo polegar.
· O aparelho se apoia sobre duas linhas, e não sobre pontos ou superfícies.
· O alto-falante (4" x 6") fica fixado na tampa para evitar transmitir vibrações.
· A lâmina de montagem que segura todos os componentes eletromecânicos fica suspensa sobre quatro anéis de borracha (platina flutuante).

Machado
com motor elétrico

Projeto: CIDI / INTI | Grupo de Diseño Industrial, Buenos Aires

Comitente: Instituto de Investigaciones Argopecuarias y Forestales, IIAF, Província de Chaco
[1975-1976]

|1|

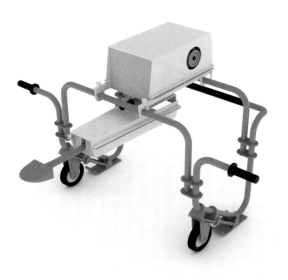

| 1 | *Rendering* da proposta selecionada.

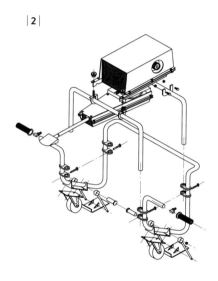

| 2 |

O desenvolvimento desta máquina visava a simplificar o trabalho de seu operador, além de aumentar a produtividade no processo de descasque da madeira de quebracho. As especificações previam cortar a casca a uma profundidade de 2 cm e ainda outra capa de 5 cm de espessura. O uso de uma fresadora foi descartado por ser uma alternativa de custo elevado. Optou-se por uma variante mais simples, em forma de ‹machado mecânico›, composta, entre outros, pelos seguintes subsistemas:
- uma ferramenta em forma de machado
- um dispositivo para comprimir uma mola em intervalos
- um motor elétrico
- um chassi
- uma estrutura de tubos para transportar os componentes e oferecer aos operadores uma zona segura de contato manual para guiar a máquina.

| 2 | Desmontagem dos componentes da máquina.
| 3 | Vista lateral.

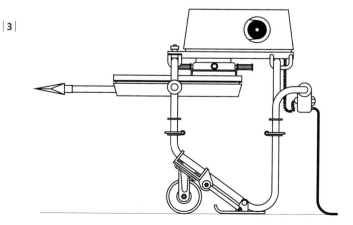

| 3 |

Bibliografia

Rey, José A. *Historia del CIDI - Un impulso de diseño en la industria argentina*, org. Carolina Muzi. Buenos Aires: Ciudad de Buenos Aires – Red de amigos del CMD, 2009.

Medidor de tensão arterial com cronômetro (esfigmomanômetro)

Projeto: Grupo de Desenvolvimento E6, HfG Ulm

Cliente: Walter Beck, Stuttgart [1967]

|1| Esfigmomanômetro em uso.

Os rituais de uso no setor de instrumentos médicos são fortemente marcados pela tradição da medicina. Porém, uma análise mais detalhada revela que as formas estáveis e comprovadas não são tão comprovadas como se pensa. Os esfigmomanômetros mecânicos consistem, em geral, de uma caixa cilíndrica para o manômetro (relógio) com um fole, ligada a uma bomba de borracha (‹pera› infladora) e uma braçadeira com manguito.

| 2 | Produto com cronômetro integrado de 60 segundos.
Giro do anel à esquerda: abrir a válvula.
Giro à direita: ligar o cronômetro.
| 3 | Vista.
| 4 | Anteprojeto do esfigmomanômetro com tecla vermelha para o controle do cronômetro de medição do pulso.

No redesign do produto, deveriam ser considerados os seguintes fatores:
1 diâmetro do manômetro de pelo menos 50 mm (cifras maiores para melhorar a legibilidade);
2 volume de ar em cada compressão da bomba;
3 o instrumento deve ser estável, isto é, a sua parte superior não deve ser mais pesada que a inferior.

Em conjunto com os engenheiros da empresa, entre várias alternativas, foi selecionada a proposta de caixa com escala inclinada para o usuário e botão de controle na parte posterior. Mais tarde, esse botão foi substituído pelo anel de controle da pressão do ar, integrado na caixa. Também o corpo da bomba está integrado na forma dominante do mostrador circular.

Comparando uma série de transições entre a caixa, o fole e a bomba, a esfera foi considerada a mais apropriada. Nesse conceito formal, ocorreram experimentações com três variantes:
1. esfera com raios de transições para o cilindro;
2. esfera com raios de transições separados do cilindro por um anel;
3. esfera separada do cilindro por um anel largo.
A primeira variante ofereceu melhores resultados, pois a linha de separação da caixa coincidia com o anel de controle da saída do ar. Integrou-se, ainda, um contador de segundos, pois a medição do pulso costuma estar combinada à medição do pulso durante um minuto.

Aquecedor de água solar

Projeto: Grupo de Diseño Industrial CIDI / INTI, junto à Comisión de Estudios Geo-heliofísicos, Buenos Aires

[1975-1976]

|1|

|1| Unidades acopladas formando conjuntos maiores.

Seguindo a lógica do sistema econômico, deveria-se privatizar o Sol – um feito limitado até o momento por razões técnicas. Ainda assim, essa limitação não impede o uso de seu potencial na produção de energia de modo descentralizado. A origem precisa do aquecedor solar não é conhecida, mas sabe-se que no final dos anos 1930, nos Estados Unidos, eram realizadas medições sistemáticas da capacidade de rendimento de coletores solares. Geralmente, esses produtos são constituídos pelos seguintes componentes:

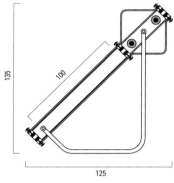

|2|

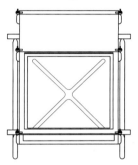

1. Uma placa coletora, com a função de captar a energia solar e transmiti-la à água (que corre por tubos entre o tanque de água e a placa coletora).
2. Um tanque de água, com conexões tanto para o tubo de entrada de água fria quanto para a saída de água quente e a alimentação do coletor. Caso o sistema funcione sem troca de calor, pode-se prescindir de uma bomba.
3. Um sistema de tubulação entre o coletor e o tanque.
4. Uma carcaça com isolante térmico (para evitar perdas de calor), coberta por um vidro que permite captar os raios solares (princípio do efeito estufa).

De acordo com uma opinião amplamente difundida naquela época, a ocorrência de inovações era maior no setor dos materiais (por exemplo, tintas melhores) que no campo do design. Essa opinião foi questionada por um grupo de desenvolvimento de produtos quando lhe foi solicitado o projeto de um aquecedor de água solar, na Argentina, destinado às zonas rurais com pouca densidade populacional. O produto deveria ser produzido em oficinas, com recursos simples.

Na Comisión de Estudios Geo-heliofísicos já havia sido desenvolvido um protótipo convencional, que precisava ser transformado em um produto viável para a produção com métodos industriais. A dúvida em relação à validade da proposta técnica adotada (tubos de cobre caros, soldados sobre a placa coletora) levou à integração tanto do tanque de água quanto da placa coletora em uma unidade compacta. O sistema deveria ter uma configuração geométrica que permitisse a circulação de água conforme o princípio de termossifão: a água entra na zona inferior

|2| Medidas gerais da variante em fibrocimento.
|3| Segunda variante para o modelo totalmente em chapa. Corte esquemático.
1. Tanque / chapa para captar raios solares
2. Chapa de separação interna
3. Bastidor
4. Perfis de apoio
5. Pano de vidro
6. Carcaça inferior
7. Carcaça superior
8. Estrutura de suporte
9. Isolamento com lã de vidro.

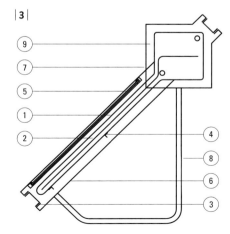

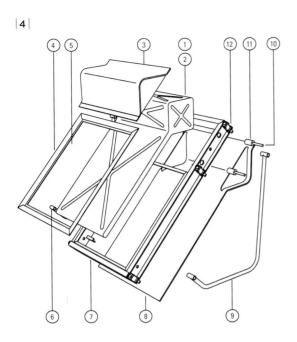

| 4 | Desmontagem do modelo em fibrocimento e bastidor de chapa dobrada.
1. Tanque / chapa para captar raios solares
2. Separador interno
3. Carcaça superior
4. Perfil ‹Z›, chapa 2 mm
5. Vidro com 4 mm de espessura
6. Tubo de vinculação entre bastidores
7. Bastidor de chapa dobrada 2.5 mm
8. Carcaça inferior
9. Suporte de tubo metálico
10. Mangueira de borracha
11. Cilindro chapa 1 mm
12. Gancho de fechamento.
| 5 | Módulo básico.

do coletor inclinado e sobe para o tanque, onde começa um segundo circuito, até que a temperatura atinja 65 °C graus aproximadamente. Este é o limite de temperatura para aquecedores que funcionam sem concentração de calor, por exemplo, mediante espelhos parabólicos.

Em vez de tubos, optou-se por um fluxo laminar, em forma de uma ‹cortina de água› com a espessura de 1 cm. No espaço vazio do coletor, entre o lado frontal e o lado posterior, foi introduzida uma parede separadora que chega até o tanque, determinando a configuração formal compacta do sistema de circulação. A unidade integrada vem colocada em uma carcaça de madeira ou fibrocimento. Para o isolamento térmico, os interstícios são preenchidos com lã de rocha ou de fibra de vidro. As chapas zincadas são soldadas eletricamente (como os tanques de combustível dos carros). Levando em conta a importante pressão hidrostática exercida sobre o sistema, o coletor do tanque, com capacidade de 100 litros, é enrijecido com molduras em forma diagonal. O conjunto está dimensionado para uma suportar a pressão de 0.3 atmosferas.

As unidades podem ser acopladas formando conjuntos maiores, apoiados sobre um estrutura tubular. A instalação é prevista para telhados planos, com orientação ao norte, de modo tal que, com a posição mais baixa do sol durante o inverno, próximo ao meio-dia, os raios solares caiam perpendicularmente sobre o coletor. Foram desenvolvidos dois modelos projetuais: um com fibrocimento e outro totalmente em chapa de metal.

Bibliografia

Rey, José A. *Op. cit.*, p. 209-210.

Notas de referência

(1) Um sistema de símbolos para um computador de grande porte
Versão atualizada do texto «Zeichensystem für elektronische datenverarbeitende Anlagen (1960-1961).» Publicado em forma bilíngue (alemão/inglês) em *ulm – Journal of the Ulm School for Design* 8/9 (1963): 20-24. Projeto: Tomás Maldonado e Gui Bonsiepe.

(2) Design de software
Programa de correio electrônico MacAccess desenvolvido em 1987-1988 na empresa de software Action Technologies, Emeryville, Cal. Coordenação da programação: Pablo Flores. Interface design: Gui Bonsiepe.

(3) Sobre um método para quantificar a ordem no design tipográfico
Versão revisada do texto «Über eine Methode, Ordnung in der typografischen Gestaltung zu quantifizieren». Publicado em *ulm – Journal of the Ulm School for Design*, 21 (1968), e, posteriormente, no *Journal of Typographic Research*, vol. II, 3 (1968): 203-220. Colaborador no design tipográfico: Franco Clivio.

(4) Infodesign e hipermídia
Texto ampliado de uma palestra apresentada nas Jornadas do Design, Colônia, 25 de outubro de 1993.

(5) Multimídia e design de CD-ROM
Projeto desenvolvido no Departamento de Design da Universidade de Ciências Aplicadas, Köln, 1994.

(6) Design de interface para aplicações móveis ‹multi-touch›
Autor: David Oswald. Contribuição especial para o livro.

(7) Design de ‹games›
Autor: Ralf Hebecker. Contribuição especial para o livro.

(8) Arabescos da racionalidade – Uma revisão crítica da metodologia do design
Publicado originalmente com o título «Arabesken der Rationalität / Anmerkungen zur Methodologie des Design». Publicado em *ulm – Journal of the Ulm School for Design* 19/20 (1967): 9-23.

(9) Do ‹design turn› ao ‹project turn›
Conferência apresentada no Simpósio *re-set*, na Hochschule für Gestaltung, em Offenbach, 16 de maio de 2014.

(10) As sete colunas do design
Conferência apresentada no Simpósio *Cultura e Novos Conhecimentos*, Universidad Autónoma Metropolitana, Azcapotzalco, México, entre 17 e 20 de fevereiro de 1992.

(11) Projetando o futuro: Perspectivas do design na periferia
Conferência apresentada no encontro «Diseñando el Futuro», México, abril de 1989. Publi-

cada: Bonsiepe, Gui, and John Cullars. «Designing the Future: Perspectives on Industrial and Graphic Design in Latin America». *Design Issues 7*, n. 2 (1991): 17-24.

(12) Tendências e antitendências no design industrial
Conferência apresentada no 4° Fórum Internacional *Design como Processo*, evento integrado à 4ª Bienal Brasileira de Design, Belo Horizonte, 20 de setembro de 2012.

(13) Sobre a aceleração do período de semidesintegração dos programas de estudo de design
Palestra na Faculdade de Arquitetura e Urbanismo da Universidade de São Paulo (FAU USP), 15 de maio de 2013.

(14) Meio ambiente e antagonismo Norte-Sul
Conferência apresentada na *2ème Quadriennale Internationale de Design, Caravelle*, Lyon, julho de 1991. Publicada na revista *Design & Interiores*, n. 29 (1992) 83-86.

(15) Antinomias centro-periferia do design na América Latina
Conferência apresentada no 13° Congresso da Design History Society (DHS), Ahmedabad, setembro de 2013.

(16) Design & gestão
Palestra para a Federação das Indústrias do Uruguai, Montevidéu, 1° de abril de 1992.

(17) A cadeia da inovação
Palestra no Centro Tecnológico da Universidade Federal de Santa Catarina, Florianópolis, 12 de Julho de 1993.

(18) Design | Ensino | Ruptura
Entrevista com Antonino Benincasa, em novembro de 1994, não publicada anteriormente.

(19) Visão periférica
Entrevista com James Fathers como parte do programa do evento *Mind the Map Conference*, organizado pela Istanbul Technical University e Kent Institute of Art & Design, em Istambul, Turquia, julho de 2002. Publicada originalmente com o título «Peripheral Vision: An Interview with Gui Bonsiepe. Charting a Lifetime of Commitment to Design Empowerment». *Design Issues 19*, n. 4 (2003): 44-56.

(20) O designer e a leitura
Entrevista com Alex Coles. Publicada em: Coles, Alex. *The Transdisciplinary Studio*. Vol. 2. Berlin: Sternberg, 2011.

(21) Sobre design e política
Entrevista realizada com Justin McGuirk, crítico e curador, em novembro de 2010, em La Plata. Publicada em: Ross, Johanna Agerman (org.). *Disegno 1*. London: 2011.

Participantes nas diferentes equipes de projeto

Sistema de símbolos para um computador de grande porte:
Projeto: Grupo de Desenvolvimento E6, HfG Ulm: Tomás Maldonado (coord.), Gui Bonsiepe.

Design de software:
Projeto: Gui Bonsiepe (interface design) e Pablo Flores (programação) na empresa de software Action Technologies, Emeryville, California.

Design tipográfico
Projeto: Grupo de Desenvolvimento E6, HfG Ulm: G. Bonsiepe (coord.), Franco Clivio.

Design de um CD-ROM
Projeto desenvolvido no Deparamento de Design na Universidade de Ciências Aplicadas, Köln.
Estudantes: Jutta Frings, Ralf Hebecker, Justus Herrmann, Jan Rikus Hillmann, David Oswald, Oliver Priester, Miriam Steffen, Eva-Maria-Schreiner, Andreas Wrede, Oliver Wrede.
Docente: G. Bonsiepe.

Design de interface para aplicações móveis ‹multi-touch›
Projeto: Open air radio.
Estudantes: Martin Diebel, Lisa Giannis, Sebastian Kluge. Universidade de Ciências Aplicadas Berlim.
Docente: David Oswald.

Projeto: Cubodo
© out there communication 2013.
Thomas Schmudde. Inicialmente desenvolvido no projeto de mestrado na Universidade de Ciências Aplicadas Bremen, 2010-11.
Docentes: Barbara Grüter, David Oswald.

Projeto: App para compartilhar a localização de objetos perdidos
Estudantes: Robin Ahle, Christian Rietz. Universidade de Ciências Aplicadas Berlim, 2013.
Docente: David Oswald

Design de ‹games›
Scherbenwerk – Fragments of Eternity
Projeto dos estudantes de mestrado Mathias Fischer, Michael Kluge, Clemens Kügler, Marc Victorin e Vanessa Zeeb.
Docente: Ralf Hebecker. Universidade de Ciências Aplicadas Hamburgo (HAW).

Grupo de Diseño Industrial, Instituto de Investigaciones Tecnológicas, INTEC, Santiago de Chile. Integrantes G. Bonsiepe (coord.), Guillermo Capdevila, Gustavo Cintolesi, Pedro Domancic, Alfonso Gómez, Rodrigo Walker, Fernando Shultz, Michael Weiss, Werner Zemp.

Caixa para transporte de pescado
Projeto: INTEC | Grupo de Diseño Industrial y Área de Polímeros y Plásticos, Instituto de Investigaciones Tecnológicas, INTEC, Santiago de Chile.

Gabinete para calculadora eletrônica de mesa
Projeto: INTEC | Grupo de Diseño Industrial, Instituto de Investigaciones Tecnológicas, Santiago de Chile.

Jogo de louça econômico
Projeto : INTEC | Grupo de Diseño Industrial, Instituto de Investigaciones Tecnológicas, Santiago de Chile.

Conjunto de móveis
Projeto: INTEC | Grupo de Diseño Industrial, Instituto de Investigaciones Tecnológicas INTEC, Santiago de Chile.

Móveis para jardim de infância
Projeto: INTEC | Grupo de Diseño Industrial, Instituto de Investigaciones Tecnológicas, Santiago de Chile.

Semeadeira combinada
Projeto: INTEC | Grupo de Diseño Industrial em conjunto com o Centro Nacional de Mecanización Agrícola, Santiago do Chile.

Equipamento de som
Projeto: INTEC | Grupo de Diseño Industrial, Instituto de Investigaciones Tecnológicas, Santiago de Chile.

Toca-discos portátil
Projeto: INTEC | Grupo de Diseño Industrial, Santiago do Chile.

Machado com motor eléctrico
Projeto: CIDI / INTI Grupo de Desarrollo de Productos, Gui Bonsiepe (coord.), Sergio López.

Esfigmomanômetro
Projeto: Grupo de Desenvolvimento E6, HfG Ulm: G. Bonsiepe (coord.), Franco Clivio.

Aquecedor de água solar
Projeto: CIDI / INTI Grupo de Desarrollo de Productos, Gui Bonsiepe (coord.), Sergio López, e F. López Bielsa, J. Rappallini de la Comisión de Estudios geo-heliofísicos.

Imagens

1. Um sistema de símbolos para um computador de grande porte
Pág. 11, 12, 13: Associazione Archivio Storico Olivetti, Ivrea - *Italy*
Pág. 14, 15 , 16, 17, 18: Gui Bonsiepe.

2. Design de software
Pág. 22, 24, 25, 26, 27: Arquivo Gui Bonsiepe.

3. Sobre um método para quantificar a ordem no design tipográfico
Pág. 32/33/34/36: Gui Bonsiepe.

4. Infodesign e hipermídia
Pág. 44: Gui Bonsiepe.

5. Multimídia e design de CD-ROM
Pág. 48, 49, 50, 51: Arquivo Gui Bonsiepe.

6. Design de interface para aplicações móveis ‹multi-touch›
Pág. 55, 56. 60, 63, 66: Arquivo David Oswald.

7. Design de ‹games›
Pág. 68, 71, 73: Ralf Hebecker.
Pág. 74 ,76, 77, 78, 79 *Scherbenwerk* e figura de *Kester*:
All media copyright 2013 by Scherbenwerk team: Fischer, M., Kluge, M., Kügler, C., Victorin, M., Zeeb, V.

13. Sobre a aceleração do período de semidesintegração dos programas de estudo de design
Pág. 131: *Scientific American* – Brasil 11, n. 126 (2013): 39-43. Modificada por Gui Bonsiepe.

Design e gestão
Pág. 154: Gui Bonsiepe.

A cadeia da inovação
Pág. 164: Gui Bonsiepe.

Projetos
Todas as ilustrações: Arquivo Gui Bonsiepe.